YUDELOVE

Tao Yoga und sexuelle Energie

Eric Steven Yudelove

Tao Yoga
und sexuelle Energie

Die sinnliche Schule
des Wohlbefindens

Mit einem Vorwort
von Mantak Chia

Aus dem Amerikanischen von
Maria Müller

IRISIANA

IRISIANA

Die Originalausgabe erschien unter dem Titel
Taoist Yoga and Sexual Energy
bei Llewellyn Publications
© 2000 Eric Steven Yudelove

Gewidmet
Mantak Chia,
dem Großen Meister
&
Jimmy Page,
dem Großen Zauberer der Magic Guitar

Die Deutsche Bibliothek – CIP-Einheitsaufnahme
Yudelove, Eric Steven:
Tao-Yoga und sexuelle Energie : die sinnliche Schule des Wohlbefindens / Eric Steven Yudelove.
Mit einem Vorw. von Mantak Chia. Aus dem Amerikan. von Maria Müller. –
Kreuzlingen ; München : Hugendubel, 2001
(Irisiana)
Einheitssacht.: Taoist yoga and sexual energy <dt.>
ISBN 3-7205-2211-3

© der deutschsprachigen Rechte
Heinrich Hugendubel Verlag, Kreuzlingen/München 2001
Alle Rechte vorbehalten

Umschlaggestaltung: Zembsch' Werkstatt, München
Produktion: Maximiliane Seidl, München
Satz: Verlagsservice G. Pfeifer/EDV-Fotosatz Huber, Germering
Druck und Bindung: Huber, Dießen
Printed in Germany

ISBN 3-7205-2211-3

Danksagung

Der Autor dankt Meister Mantak Chia für seine Unterstützung bei der Entstehung dieses Buches. Einiges Material dieses Buches stammt direkt – mit einigen Abänderungen – aus den Werken Meister Chias. Ein großer Teil des in diesem Buch veröffentlichten Materials erschien nie in Meister Chias Büchern, sondern ist vielmehr das Ergebnis meiner fast zwanzigjährigen Verbindung mit ihm, zunächst als Schüler, und dann als Lehrer bzw. als Senior Instructor für das Healing Tao. Das dadurch gewonnene Wissen und die Weisheit waren die Voraussetzung für dieses Buch. Mein Dank gilt Meister Chia auch dafür, dass er mich in den Rang eines Tao-Meisters erhoben und mir die Erlaubnis erteilt hat, mein eigenes Unternehmen, TaoMagic, zu gründen. Ein Dankeschön geht auch an David Knoll, einer meiner Lehrer der Er-Mei-Tradition des Chi Kung. Ich danke außerdem Meister Yun Xiang Tseng dafür, dass er mich sein tiefes Wissen des Chi Kung und Kung Fu gelehrt hat. Aurora Press gebührt Dank dafür, dass sie die beiden ersten Bücher von Mantak Chia publiziert haben. In diesen Büchern steht vieles von dem, was ich durch mündliche Überlieferung von Meister Chia direkt gelernt habe, bevor es schriftlich niedergelegt wurde. Ich möchte auch Michael (»Ich bin kein Meister«) Winn danken, durch dessen Unterstützung dieses Buch zu Ende geführt werden konnte. Wir sind nicht immer einer Meinung, aber Brüder im Tao. Michael ist Leiter des Healing Tao USA.

Mit großer Trauer gedenke ich meiner verstorbenen Frau, Mary Anne, die ich immer »Little Fox« (Kleiner Fuchs) genannt habe. Dieses Buch wurde kurz vor ihrem allzu frühen Tod fertig gestellt. Ich möchte dir sagen, dass ich dich immer lieben und ehren werde, bis wir wieder miteinander vereint sind. Du warst eine großartige Frau, Mutter und Geliebte. Das Tao ist voller Geheimnisse und seine Wege sind ebenso geheimnisvoll.

Im vorliegenden Buch habe ich erneut mein Bestes gegeben, um die taoistischen Praktiken akkurat darzustellen. Ein großer Teil des verwendeten Materials ist vorher noch nie gedruckt worden. Die Art und Form des Aufbaus und damit auch der Erfolg bzw. Misserfolg ist ganz alleine meine Verantwortung.

Schließlich möchte ich noch den vielen Lesern danken, die mir mit ihren vielen ermutigenden Briefen und E-mails über ihren Erfolg mit meinem vorherigen Buch *100 Days to Better Health, Good Sex & Long Life* berichteten.

Inhalt

Die Übungen

DIE GRUNDLAGEN
    Bauchatmung
    Umkehratmung
    Die Sechs Heilenden Laute
        Der Heilende Laut der Lunge
        Der Heilende Laut der Nieren
        Der Heilende Laut der Leber
        Der Heilende Laut des Herzens
        Der Heilende Laut der Milz
        Der Heilende Laut des Dreifachen Erwärmers
    Sexual-Kung-Fu
        Das Versiegeln der beiden vorderen Pforten
        Hoden- und Eierstockatmung
        Das Große Emporziehen

1. WOCHE
    Aktivieren der Drei Pumpen und Ausrichten der Schultern
    Stehen mit den Armen an den Seiten

2. WOCHE
    Den Baum umarmen

3. WOCHE
    Hände auf dem Kopf ruhen lassen

4. WOCHE
    Der einseitige Stand

5. WOCHE
    Das Wasser teilen

6. WOCHE
Verwurzelungspraktik: Teil 1
Die Füße

7. WOCHE
Verwurzelungspraktik: Teil 2
Knöchel und Knie

8. Woche
Verwurzelungspraktik: Teil 3
Der Chi-Gürtel

9. Woche
Stehendes Chi Kung: Weitere Formen
Einen treibenden Wasserball drücken
Zwei Fußbälle stützen
Zwei Wasserbälle halten

10. Woche
Stehendes Chi Kung: Sitzformen
Zwei Bälle halten
Ruheposition
Arme hochhalten mit den Füßen auf dem Boden
Arme hochhalten und Füße nach vorne gestreckt

11. Woche
Stehendes Chi Kung: Liegende Formen: Teil 1
Liegen mit den Armen an den Seiten
Liegen mit den Händen auf dem Bauch verschränkt
Liegen mit verschränkten Händen und gekreuzten Füßen
Liegen mit den Händen auf der Brust und aufgestellten Beinen
Sexual-Kung-Fu
Hodensack-Kompression
Hodenmassage mit den Fingern
Hodenmassage mit den Handflächen
Massage und Dehnung der Samenleiter
Massage der Drüsen mit Sexualenergie

14

12. Woche
Stehendes Chi Kung: Liegende Formen: Teil 2
Liegen auf der Seite
Sexual-Kung-Fu
Abklopfen der Hoden
Penismassage
Dehnen der Sehnen an Penis und Hoden
Massage der Organe mit Sexualenergie

13. Woche
Stehendes Chi Kung
Die Inneren Feuer aktivieren

14. Woche
Stehendes Chi Kung
Bewegungsformen

Vorwort

Ich freue mich sehr, dieses Vorwort zu Erics neuem Buch schreiben zu dürfen. Eric ist seit nunmehr fast zwanzig Jahren mein Freund und Bruder im Tao. Unzählige Male erschien er wie aus dem Nichts, um mir zu helfen, mir Botschaften zu überbringen oder mir ein wertvoller Führer zu sein. Er war immer da, wenn ich ihn brauchte, war immer bereit, seinem Meister zu Hilfe zu eilen, genauso wie es in den Kung-Fu-Büchern und -Filmen immer ist, die ich – wie er weiß – so gerne mag. Eric hat selten für seine Hilfe und Unterstützung eine Gegenleistung verlangt. Manchmal war wirklich eine unbeschreibliche Kraft in ihm, wenn er das Unmögliche möglich machte. Und egal wie sehr ich meine Studien und Übungen weiterentwickelte und zum Beispiel eine neue Technik ausarbeitete – wenn ich mit Eric darüber sprach, kam immer die Antwort: »Oh ja, genau damit habe ich auch letzte Woche angefangen.« Unglaublich, wie oft das passierte!

Vor einigen Monaten teilte ich ihm etwas mit, was mir schon lange klar war – dass er ein Meister des Tao ist. Das, was er in allen Lebensbereichen erreicht hat, macht ihn zu einem wahren Meister. Er bat mich nicht darum. Er hatte mir einen großen, fast unmöglichen Gefallen getan, und ich fragte ihn: »Wie hast du das nur gemacht?« Er antwortete: »Na ja, ich bin fast ein Tao-Meister.« Da konnte ich nicht mehr damit hinter dem Berg halten. Ich sagte zu ihm: »Nein, du *bist* ein Tao-Meister.«

Eric ist der erste meiner Schüler, den ich als Meister anerkannt habe. Das bedeutet, dass er ein Lehrer des Tao mit einem eigenen System ist. Es dauerte eine Weile, bis ich erkannte, dass er tatsächlich sein eigenes System entwickelt hatte. Anfangs war mir nicht klar, was er machte, als er mir das Manuskript zu seinem letzten Buch, *100 Days to Better Health, Good Sex & Long Life*, zeigte. Wir waren auf einem meiner Workshops in New York City, und er hatte mir das Manuskript am Vorabend gegeben. Ich stand vor einem Bücherstand, wo meine eigenen Bücher auslagen, als er mich fragte, wie mir sein Buch gefiele. Ich antwortete: »Du hast dieses Buch (ich zeigte darauf) und jenes Buch und das Buch da drüben etc. genommen. Du hast *alle* meine Bücher in *deinem* einen Buch untergebracht. Wie hast du das gemacht?« Und er antwortete: »Ich habe alle deine Bücher hergenommen, aber ich habe auch etwas Neues hinzugefügt, etwas aus alten Quellen, das in keinem deiner Bücher vorkommt.«

Und wie es sich herausstellte, entsprach das der Wahrheit. Inzwischen empfehle ich *100 Days* allen neuen Tao-Schülern, die es wirklich ernst meinen, und auch jedem Schüler des International Healing Tao – meines eigenen Systems – als beste Einführung in die taoistischen Praktiken. Mit seinem neuen Buch, *Taoist Yoga and Sexual Energy*, ist Eric ein wahres taoistisches und spirituelles Meisterwerk gelungen. Es ist verblüffend, wie er all die vielen komplizierten taoistischen Lehren zu einem Ganzen verwoben hat, das einfach zu verstehen und umzusetzen ist. Seine Beschreibung der sexuellen alchemistischen Formen, »Das Antreiben der Yin-Yang

Wasserräder«, übertrifft alles, was in englischer Sprache jemals über die taoistische Sexualalchemie geschrieben wurde.

Doch er hat noch viel mehr geleistet. Eines Tages wird sich zeigen, dass die Knochenmarksatmung eine der wichtigsten Formen der Selbstheilung ist, die je von Menschen entwickelt wurde. Erics Anleitung dazu und seine Beschreibung der Techniken für die Nutzung sexueller Energie, um die Übung noch effizienter zu machen, ist meisterhaft. Es ist gut möglich, dass die Atemübungen in den Chi-Abschnitten des Buches nie zuvor im Westen so passend beschrieben wurden: angefangen bei der Haaratmung über die Quadratische Atmung und Knochenmarksatmung bis hin zur Ganzkörperatmung. Diese so lange geheim gehaltenen taoistischen Lehren werden nun offen dem Westen präsentiert, wo sie nicht von repressiven Regierungsmaßnahmen unterdrückt werden können. Meister Eric bewahrt so die wahren taoistischen Praktiken, nicht zensierte und verzerrte Versionen, wie sie die Unterdrückungen der taoistischen Lehren im Laufe der letzten dreißig Jahre hervorgebracht haben. Diese Lehren nun in den Westen zu bringen, zeigt Erics großen Mut. Er ist mein Bruder im Tao.

Ich grüße dich, mein Freund.

MEISTER MANTAK CHIA
Tao Gardens
Chiang Mai, Thailand
5. September 1999

Einleitung

Die Energie eines Sterns ist die Grundlage allen Lebens auf unserem Planeten. Gäbe es keine Sonne, gäbe es auch kein Leben auf der Erde. Gäbe es keine Sonne, gäbe es auch keine Erde. Die Anziehungskraft der Sonne ließ die Planeten entstehen und im Orbit kreisen, sodass unser Sonnensystem entstand.

Welche göttliche Inspiration steht hinter der Struktur des Sonnensystems? Welche ehrfurchtgebietende Kraft erdachte sich diese außergewöhnliche Struktur? Unsere Sonne ist eine Fabrik, die Leben produziert und Leben erhält. Sie ermöglicht den Evolutionsprozess und bringt auf unserem Planeten intelligentes Leben hervor.

Wer weiß schon, wie viele andere Sterne da draußen im Weltraum auch solche Lebens-Fabriken sind? Früher glaubte man allgemein, dass wir die einzigen sind. Die Logik sagt uns, dass dem nicht so ist. Noch haben wir keine Beweise dafür, dass es irgendwo anders in unserem Sonnensystem, geschweige denn in unserer Galaxie oder den Milliarden anderer Galaxien im Universum, Leben gibt.

Auf unserem Weg ins neue Jahrtausend erweitern wir auch unser Wissen über die Größe und Weite des Universums. Die Naturwissenschaften und die Religionen gelangen bei ihrem Versuch, den Ursprung des Universums zu erklären, an den gleichen Punkt. Wissenschaftler postulieren sogar, dass unser Universum nur eines aus einer unbekannten Anzahl von Universen ist, die durch Schwarze Löcher im Weltraum entstehen und wieder verschwinden. Dem Verstand schwindelt angesichts der Möglichkeiten und der unendlichen Ungeheuerlichkeit. Wenn ich Bücher über moderne Physik lese, kommt mir der Gedanke, dass nichts real ist. Alles wird ständig erschaffen, ähnlich einem Signal im Fernsehgerät. Doch wo ist die Quelle unseres Signals? Dort wo die Logik nicht mehr weiterkommt, beginnt die Magie.

Das Tao, in seiner Form als Gott der Schöpfer, ist der große Magier, der unser Universum aus dem Nichts erschaffen hat. Die Erschaffung intelligenten Lebens ist dabei der beste Zaubertrick von allen. Doch wozu diese Intelligenz?

Ich wohnte einmal in der Nähe eines Parks; dort hatte ich einen Lieblingsbaum, zu dem ich oft ging und mich in Kontemplation versenkte. Es war ein großer, alter, hässlicher Baum, aber mit einer majestätischen Präsenz. Er wurde für mich zu etwas ganz Besonderem. Eines Nachts stellte ich dem Baum eine Frage und war überrascht, als der Baum mir antwortete. Ich fragte: »Baum, wenn wir beide lebendig sind, was ist dann der Unterschied zwischen einem Menschen und einem Baum?« Der Baum antwortete: »Ich bin ein Baum. Ich kann nur ein Baum sein. Doch du bist ein Mensch. Ein Mensch kann alles sein.«

TEIL 1:

GRUNDLAGEN FÜR DIE PRAXIS

Einssein

Einssein mit dem Universum. Sie sind eins mit dem Universum. Wie kann das sein? Was bedeutet das? Sie bestehen aus dem gleichen »Stoff« wie das Universum. Sie und das Universum haben eine gemeinsame Quelle. Wir könnten sie das Tao nennen. Wir alle wurden aus dem »Urknall« erschaffen. Unser Ur-Vater und unsere Ur-Mutter sind letztendlich die gleichen, für dich wie für mich. Mein Ursprung ist der gleiche wie der eines Felsens oder eines Baumes. Unser aller Quelle ist das Tao. Das Tao ist unser aller Ur-Vater, unsere Ur-Mutter.

Unser Ur-Vater ist der Schöpfer des Universums. Es ist Vater Yang, der große Himmelsarchitekt, der die Schöpfung nach seinem Plan erschuf. Er ist mein Vater und dein Vater. Manche nennen ihn Gott, doch es gibt auch andere Namen für ihn. Manche geben ihm überhaupt keinen Namen. Nennen Sie ihn wie Sie wollen – er ist und bleibt doch der gleiche Vater.

Unsere Ur-Mutter erhält das Universum. Es ist Mutter Yin, die alles nährt, vom kleinsten subatomaren Partikelchen bis hin zu den Sternen und Galaxien. Sie ist meine Mutter und auch Ihre Mutter. Manche nennen sie Mutter Natur, doch auch sie trägt andere Namen oder auch gar keinen. Nennen Sie sie wie Sie wollen – sie ist und bleibt doch die gleiche Mutter.

Das Tao ist die Quelle und der Ursprung unseres Vaters und unserer Mutter. Das Wort Tao bedeutet »der Weg«. Dies ist ein Titel, kein Name. Der wahre Ursprung ist namenlos, jenseits aller Namen und Titel.

Ich bin Teil des Tao. Sie sind Teil des Tao. Wir alle sind aus dem gleichen »Stoff«. Wer hinter die Wörter und Titel gelangt, in das Reich der Stille, kann dort erkennen, dass er eins mit dem Ursprung des Universums ist. Jeder von uns ist ein Miniatur-Universum. Wir haben den gleichen Ursprung und sind aus dem gleichen »Stoff« gemacht.

Zu erkennen, dass man eins ist mit dem Universum, ist keine leichte Aufgabe. Es ist ein Abenteuer mit vielen Straßen und Pfaden. Ein paar davon möchte ich Ihnen zeigen.

Wir leben auf der Oberfläche des Planeten Erde und sind von einem riesigen Meer aus Chi umgeben, das bis hoch in den Himmel reicht. Dieses Chi-Meer brauchen wir zum Leben. Ohne Chi sterben wir. Chi nährt uns und erhält uns am Leben.

Ersetzt man das Wort »Chi« durch »Luft«, ist das für die Menschen im Westen völlig einleuchtend. Die ursprüngliche Bedeutung von Chi *ist* Luft. Niemand würde abstreiten, dass wir in einem riesigen Meer aus Luft leben, der so genannten Atmosphäre. Da Luft und Chi Synonyme sind, könnte auch kein rational denkender Mensch abstreiten, dass wir in einem weiten Meer von Chi leben. Ohne das Chi sterben wir.

Es dürfte leicht einzusehen sein, warum Chi auch mit der Lebensenergie assoziiert wird. Was ist diese geheimnisvolle Lebenskraft? Die Taoisten nennen sie Chi. Kennen Sie einen besseren Namen dafür? Ohne Chi haben wir auch keine Lebenskraft. In diesem Sinne ist Chi sogar noch umfassender und größer als der Chi-Ozean, der uns umgibt. Die Lebenskraft existiert auch dort, wo es keine Luft gibt, zum Beispiel unter Wasser. Die Meere, Seen, Flüsse und Teiche der Erde sind Leben spendend und Leben erhaltend. Dieses Leben unter Wasser stirbt ganz schnell, wenn es aus dem Wasser in den Ozean der Luft kommt, genauso wie wir schnell sterben würden, wenn wir versuchen würden, unter Wasser zu atmen. Alle Lebewesen werden von dieser Lebenskraft am Leben erhalten. Umgekehrt hat jedes Lebewesen seine eigene Lebenskraft, also sein eigenes Chi.

Die Bedeutung von Chi als Lebensenergie wird auf den Begriff der Energie ausgeweitet. Praktisch alles in diesem unserem Universum hat eine Art von Energie. Selbst nicht lebendige Dinge haben Energie auf einer molekularen, atomaren oder subatomaren Ebene. In jedem Atom der Materie, überall im Universum ist Chi. Ein Fels hat Chi. Wasser hat Chi. Ein Baum hat Chi. Die Organe im Körper haben Chi. Die Sonne, der Mond und die Planeten unseres Sonnensystems haben Chi. Die Sterne und Konstellationen da draußen im Weltraum haben Chi.

Die Taoisten haben gelernt, all diese Arten von Chi anzuzapfen, um das Einssein aller Dinge besser verstehen zu können. Genau dieses Wissen soll dieses Buch vermitteln.

Was ist die Innere Alchemie?

Im Allgemeinen bedeutet Alchemie die Transformation von etwas in etwas anderes, was sich dadurch verändert. Innere Alchemie bezieht sich auf Veränderungen im Körper.

Der Prozess der Inneren Alchemie ist bei weitem nicht so bekannt wie die Äußere Alchemie, die sich, wie man im Westen weiß, damit beschäftigte, Grundmetalle wie Blei in Gold zu verwandeln. Der Alchemist versuchte dabei, die Essenz der Materie zu verändern, ein Metall in ein anderes Metall zu transformieren. Bis heute kann das nicht wissenschaftlich im Labor erreicht werden (in begrenztem Umfang ist es in der Realität mit Wasserstoffbomben möglich). Wenn tatsächlich einige Alchemisten, wie die Geschichten erzählen, dabei erfolgreich waren, muss wohl ein unbekanntes riesiges Unternehmenskonglomerat – aus Angst um seine Riesenprofite – deren Geheimnisse aufgekauft und sie tief in einer Höhle versteckt haben, zusammen mit der Formel für die Umwandlung von Wasser in Benzin. Die Äußere Alchemie des Westens hat hauptsächlich mit der Geburt der modernen Chemie zu tun, die historisch im späten 18. Jahrhundert anzusiedeln ist. Doch wenn man gründlich genug sucht, findet man wohl auch heute noch westliche Alchemisten, die Blei in Gold zu verwandeln suchen.

Auch im alten China bezog sich die Äußere Alchemie darauf, Blei (Zinnober) in Gold zu verwandeln, doch in viel größerem Maße betraf sie die Suche nach der Unsterblichkeit durch Einnahme verschiedenster Substanzen, vor allem Gold und Zinnober. Die Suche nach der Pille der Unsterblichkeit ist ein Thema, das in der ganzen chinesischen Geschichte, in Legenden und der Mythologie immer wieder auftaucht. Das *Pao Pu Tzu* (dessen erster Teil als *Nei Pien* bzw. Innerer Teil bekannt ist) von Ko Hung aus dem Jahre 320 n.Chr. ist der erste bekannte vollständige Text, der die verschiedenen Prozesse, Formeln und Überzeugungen der frühen chinesischen Alchemisten beschreibt.

Es gibt zwar keine echten historischen Beweise, doch dürfte die Äußere Alchemie ihre Anfänge im so genannten Bronze-Zeitalter haben, dem Zeitalter der menschlichen Evolution nach der Steinzeit. Das Wissen darum, wie man aus Kupfer und Zinn Bronze herstellt, dürfte bei unseren Vorfahren ein wohl gehütetes Geheimnis gewesen sein. Mit Bronzewaffen war man den Nachbarn, die nur Holz- und Steinwaffen besaßen, entscheidend überlegen. Nach der Bronzezeit kam die Eisenzeit: Die Menschen erlernten den Gebrauch von Eisen und später Stahl, ähnlich radikale technologische Fortschritte. Bei dem damals noch sehr begrenzten Wissen über die Struktur der Materie scheint die Überzeugung, dass man aus Blei oder Zinnober Gold herstellen könnte, gar nicht mehr so weit hergeholt.

Doch bereits damals, im Jahre 320 n.Chr., schrieb Ko Hung, dass neben der Pille der Unsterblichkeit sowie Kräutern und Mineralien zur Heilung von Krankheiten auch Atemübungen und leichte gymnastische Übungen erforderlich seien sowie das Erlernen der korrekten sexuellen Regeln, unter anderem das Zurückhalten des Samens, um das Gehirn zu verjüngen und die Heilkraft des Geschlechtsverkehrs zu stärken, aber auch das Wissen um die Fünf Elemente und die Bewegung der Energie im Körper. Diese sexuellen Praktiken, die Fünf Elemente und die Energiebewegung im Körper wurden schließlich als Innere Alchemie bezeichnet.

Es gibt Bücher, die sogar älter sind als das *Nei Pien*, die den Wandlungsprozess im Körper so obskur und kryptisch beschreiben, dass sie praktisch gesehen völlig nutzlos sind. Im Laufe der letzten 20 Jahre wurde eine Reihe dieser taoistischen Texte ins Englische übersetzt. Größtenteils sind diese für die Umsetzung in eine in sich geschlossene Praxis für die Menschen im Westen völlig ungeeignet. Die Innere Alchemie beschäftigt sich mit der Umwandlung von Energien im Körper. Zunächst muss man lernen, die Energien aus den fünf Hauptorganen zu sammeln und diese Energie zu harmonisieren und sie von einer negativen in eine positive Energie umzuwandeln. Dieser Prozess wird als die »Fusion der Fünf Elemente« bezeichnet.

Die alten Taoisten versuchten, sich mit der Natur und dem Universum zu verbinden. Sie glaubten, dass der Mensch eine Miniatur bzw. ein Mikrokosmos des Universums ist. Um sich mit den Energien des äußeren Universums zu verbinden, muss man, so ihre Überzeugung, zunächst einmal lernen, die Energien des eigenen inneren Universums zu kontrollieren. Dies ist ein Prozess der Verfeinerung, um die Energie aus der Natur, der Erde und der Planeten, Sterne und Konstellationen absorbieren zu können und so zu einem Miniatur-Universum zu werden.

Ein großer Teil der taoistischen Philosophie beschäftigt sich mit dem Einssein des Universums. Für den westlichen Geist ist dies ein verwirrendes Konzept. Es ist zu hoffen, dass der Leser nach Beenden dieses Buches diese zu Grunde liegende Einheit besser verstehen wird. Die Anfangspraktiken der Inneren Alchemie sind sehr wohltuend und sollen in erster Linie negative in positive Energie umwandeln. Genau darum geht es: um die Transformation von negativer in positive Energie – ein einfaches Konzept.

Das vorliegende Buch bringt dem Leser taoistische Praktiken nahe, die zu besserer Gesundheit und zu einer guten Sexualität beitragen sowie verjüngend und lebensverlängernd wirken. Es werden wahre taoistische Transformations-Übungen gelehrt. Zunächst lernen wir, wie die Energie gesammelt wird; dann wird die Energie harmonisiert und so der Prozess der Transformation in positive Energie eingeleitet. Keine Sorge: All dies klingt vielleicht etwas mysteriös, das gebe ich zu; aber sobald mit dem Praktizieren der Inneren Alchemie begonnen wird, wird alles klar und verständlich werden.

Die Drei Kostbarkeiten des Taoismus:
Die Grundlagen

Bei den taoistischen Praktiken werden die »Drei Kostbarkeiten« des Taoismus reguliert: Chi (bzw. Qi), Jing und Shen. Diese drei Begriffe werden für unsere Zwecke mit Atem, Körper und Geist übersetzt. Im vorliegenden Buch wird eine Art »dreizinkiger Ansatz« verwendet: In den hundert Tage bzw. 14 Wochen dauernden Lektionen werden jede Woche Praktiken für jede der Drei Kostbarkeiten des taoistischen Yoga gelernt: Chi, Jing und Shen bzw. Atem, Körper und Geist. So wird ein Thema, das ansonsten eventuell nur schwer in ein durchführbares System umgesetzt werden kann, ausgewogen angegangen.

Im diesem Abschnitt werden die Grundlagen der Praxis vermittelt, als Vorbereitung auf die 14 Wochenlektionen.

Wie bereits erwähnt, steht Chi sowohl für Atem als auch für die Lebensenergie. Wir werden im Allgemeinen unter Chi die Energie verstehen. Energie zirkuliert im Körper in Kanälen, die auch als Akupunktur-Meridiane bezeichnet werden. Die Erste Kostbarkeit des Tao-Yoga beschäftigt sich mit der Praxis der Chi-Regulierung.

Die grundlegendsten Übungen des Tao-Yoga sind die Atemübungen. In den Praktiken der Ersten Kostbarkeit werden verschiedene Methoden zur Kontrolle und Regulierung des Atems erlernt. Es gibt zwei grundsätzliche Atemtechniken, die man als Vorbereitung auf die in diesem Buch vorgestellten Lektionen kennen und praktizieren sollte: die Bauchatmung und die Umkehratmung.

Bauchatmung

Bei der Bauchatmung wird das Zwerchfell beim Einatmen nach unten gedrückt. Dabei sollte der Brustkorb so flach und entspannt wie möglich bleiben, wodurch sich der Unterbauch nach allen Seiten ausdehnt, deshalb der Name Bauchatmung. Wenn die Lunge ganz mit Luft gefüllt ist, wird langsam ausgeatmet und dabei der Unterbauch mit möglichst wenig Muskelkrafteinsatz kontrahiert und das Zwerchfell entspannt.

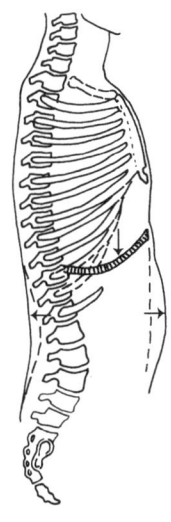

Diese Art der Atmung ist sehr effizient. Kleine Kinder atmen so. Man nimmt beim Atmen nicht nur mehr Sauerstoff auf, sondern setzt dabei auch die Muskeln weniger ein und massiert die inneren Organe. Mit dem Älterwerden wird die Atmung oft flacher. Die Bauch- und die Umkehratmung helfen uns dabei, tief und gesund zu atmen.

1. Atmen Sie aus und ziehen Sie dabei Bauch und Magen in Richtung Wirbelsäule.
2. Der Brustkorb und das Brustbein entspannen sich und sinken ein wenig ein. Wenden Sie dabei keinerlei Kraft auf. Es reicht, wenn Sie einen leichten Zug oder das Abflachen des Brustkorbes wahrnehmen.

3. Nun atmen Sie langsam durch die Nase ein und halten dabei den Brustkorb und den Magen möglichst flach.
4. Füllen Sie die Lunge mit Luft. Atmen Sie nach unten zum Zwerchfell hin und fühlen Sie, wie dieses nach unten gedrückt wird.
5. Der Bauch dehnt sich beim Einatmen nach allen Seiten aus (nicht nur nach vorne) wie ein Wasserball. Die Brust und/oder der Magenbereich oberhalb des Nabels dehnen sich dagegen nur minimal oder gar nicht aus.

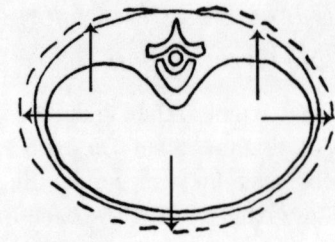

Querschnitt durch den Bauchraum

6. Wenn Sie ohne Anstrengung die volle Einatmungskapazität erreicht haben, atmen Sie langsam wieder aus und ziehen dabei den Bauch mit leichter Muskelkraft zusammen und entspannen das Zwerchfell.
7. Das Ein- und Ausatmen sollte langsam und ohne Unterbrechung geschehen, mit gleich langen Atemzügen und so lautlos wie möglich. Ein echter Fortschritt ist erzielt, wenn der Atem nicht mehr wahrgenommen werden kann.
8. Anfangs sollten Sie mindestens drei Atemzyklen – einatmen und ausatmen – praktizieren. Wer kann, führt diese Atmung neunmal oder sogar noch öfter aus.

Umkehratmung

Die Umkehratmung, die zweite Grundatemübung, ist das Gegenteil der Bauchatmung. Beim Einatmen wird das Zwerchfell nach unten gedrückt und der Unterbauch Richtung Wirbelsäule gezogen. Beim Ausatmen wird der Unterbauch wieder entspannt und ausgedehnt. So »atmet« ein Fötus im Mutterleib. Die positiven Auswirkungen entsprechen denen der Bauchatmung.

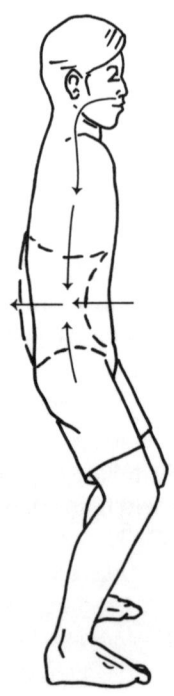

1. Beginnen Sie zunächst mit drei Bauchatmungen. Ziehen Sie bei der letzten Ausatmung den Unterbauch ein und drücken Sie den Magen flach.
2. Nun atmen Sie langsam ein und ziehen den Unterbauch in Richtung Wirbelsäule. Dabei ist ein Druck nach unten auf das Perineum (Damm, hinter den Geschlechtsorganen und vor dem Anus) zu spüren.
3. Als Nächstes ziehen Sie das Perineum und die Geschlechtsorgane nach oben und drücken gleichzeitig das Zwerchfell nach unten.
4. Atmen Sie aus und lösen Sie die Sexualorgane und das Zwerchfell wieder von dem Druck. Stellen Sie sich vor, dass Sie direkt durch die Wände des Unterbauchs ausatmen, der sich nach allen Seiten ausdehnt.
5. Es sollten bei jedem Üben mindestens sechs Umkehratmungen durchgeführt werden.

Bei allen weiteren Lektionen des Buches werden diese beiden Atemtechniken häufig eingesetzt.

Jing Körper

Die wichtigste Chi- bzw. Energiequelle sind all die verschiedenen Flüssigkeiten und Hormone, die im Körper produziert werden, unter anderem das Blut, die Lymphe, alle Hormone, die von Drüsen im Körper abgesondert werden, sowie die Sexualflüssigkeiten und -hormone von Mann und Frau, beispielsweise Sperma und Ei. In ihrer Gesamtheit wird all dies als Jing bezeichnet, was man mit »Essenz« übersetzen könnte. Für die Menschen des Westens ist dieses Konzept oft schwierig. Hier ein anschauliches Beispiel: Man stelle sich den Menschen als nassen Schwamm vor; alles, was man an Flüssigkeit ausdrücken könnte, wäre die Essenz, das Jing.

Jing ist nicht das gleiche wie Chi. Essenz ist nicht das gleiche wie Energie. Vielmehr wird die Essenz im Körper in Energie verwandelt.

Die Essenz wird über die Nahrung aufgenommen und in Chi umgewandelt, das die energetischen Bedürfnisse des Körpers speist. Nahrung und Atem sind die beiden wichtigsten Jing-Quellen außerhalb des Körpers.

Die Praktiken der Zweiten Kostbarkeit, Jing, sind der wesentliche Bestandteil des so genannten Chi Kung (oder auch Qi Gong). Wer mit einer Form von Chi Kung oder Tai Chi Chuan bereits vertraut ist, sollte die Übungen auch weiterhin durchführen. Doch auch wenn Sie sich noch nicht damit auskennen, ist das kein Problem. In Laufe des Buchs wird eine Form von Chi Kung vermittelt, allerdings werde ich mich auf wirklich einfache Übungen beschränken, hauptsächlich statische Formen von Chi Kung im Stehen, Sitzen und Liegen. Man kann während des Übens dieser Formen Atemübungen oder die Meditationen der Dritten Kostbarkeit ausführen.

Vielleicht möchten Sie auch eine Form des Bewegungs-Chi-Kung bzw. Tai Chi Chuan lernen. Das ist zwar nicht unbedingt notwendig, aber wenn Sie möchten, können Sie das natürlich tun. Allzu lange war Tai Chi die einzige taoistische Übungsform, die auch dem westlichen Publikum zugänglich war. Für viele Menschen ist Tai Chi aber einfach zu komplex, und meiner Meinung nach hielt das viele Menschen im Westen, die daraus Nutzen ziehen könnten, davon ab. Das Tao-Yoga und das Chi Kung sind jedoch mehr als nur Tai Chi Chuan. Wenn Sie Tai-Chi-Erfahrung haben, ist das wunderbar, wenn nicht, ist es auch okay.

Die Sechs Heilenden Laute

Bevor Sie sich mit den Lektionen in diesem Buch beschäftigen, sollten Sie die Praktik der Heilenden Laute kennen lernen. Dies sind spezielle Laute zum Reinigen, Kühlen und Heilen der wichtigen Organe. Im Tao-Yoga geht es auch darum, was im Inneren des Körpers passiert. Durch die Sechs Heilenden Laute kommen wir mit den fünf wichtigsten Organen in Kontakt, der Lunge, den Nieren, der Leber, dem Herzen und der Milz. Außerdem gibt es noch den *Dreifachen Erwärmer*, der für die Taoisten ein eigenes Organ darstellt. Nach westlichem Verständnis ist dies kein Organ. Der Dreifache Erwärmer besteht aus drei Körperbereichen: oben, Mitte, unten. Der Laut des Dreifachen Erwärmers wird zum Regulieren und Balancieren der Körpertemperatur in diesen drei Bereichen eingesetzt. Jedes der fünf Hauptorgane steht in Verbindung mit bzw. entspricht einem der Fünf Elemente (dies gilt nicht für den Dreifachen Erwärmer). Mit Hilfe der Heilenden Laute können also die Elemente in Balance gebracht werden. Dies ist für die taoistische Praxis sehr wichtig, da die Elemente die physische und emotionale Gesundheit erhalten. In diesem Buch geht es oft um das Wiederherstellen und Harmonisieren der Balance der Fünf Elemente im Körper. Am Anfang der Praxis stehen die Fünf Heilenden Laute.

Die Heilenden Laute werden nur beim Ausatmen hervorgebracht. Sie können im Sitzen, Stehen oder Liegen ausgeführt werden. Der Laut wird sehr leise und sanft ausgesprochen. Dabei richtet sich das Bewusstsein in und um das entsprechende Organ. Mit ein wenig Übung werden die Laute dann subvokal erzeugt, sodass sie gar nicht mehr zu hören sind und aus den Organen selbst zu kommen scheinen. So wird das innere Hören entwickelt, die Fähigkeit, nach innen zu lauschen. Man macht das immer, wenn man auf den Geist hört, doch die meisten Menschen sind sich nicht bewusst, dass man auch anderen Körperteilen lauschen und zuhören kann.

Auch Farbe spielt bei den Heilenden Lauten eine wichtige Rolle. Jedem der Fünf Elemente wird eine bestimmte Farbe zugeordnet. Wenn man beim Ausatmen und Ausführen des Heilenden Lautes visualisiert, dass das Organ von der entsprechenden Farbe umgeben ist, verstärkt dies den Prozess. Die Laute selbst sind sehr einfach. Die folgende Tabelle zeigt die Organe sowie das ihnen zugeordnete Element, den Heilenden Laut und die Farbe auf.

Organ	Element	Heilender Laut	Farbe
Lunge	Metall	S-s-s-s-s-s-s	weiß
Nieren	Wasser	Tsch-o-o-o-o	blau oder schwarz
Leber	Holz	Sch-h-h-h-h	smaragdgrün
Herz	Feuer	H-h-a-a-a-a	rot
Milz	Erde	Ghr-o-o-o-o	gelb
Dreifacher	Erwärmer	kein Element	H-h-i-i-i-i keine Farbe

Der Heilende Laut für die Lunge
1. Richten Sie Ihre Aufmerksamkeit auf die Lunge.
2. Atmen Sie tief ein (entweder Bauch- oder Umkehratmung).
3. Nun machen Sie den Mund zu, sodass sich die Zähne leicht berühren. Die Lippen bleiben ein wenig offen.
4. Legen Sie die Zungenspitze gegen den unteren Gaumen, direkt unterhalb der unteren Vorderzähne.
5. Beim Ausatmen geben Sie ganz sanft den Laut S-s-s-s-s-s-s-s-s von sich. Versuchen Sie zu spüren, wie aus Ihrer Lunge Hitze strömt.
6. Stellen Sie sich vor, dass Ihre Lunge in weißem Licht badet.
7. Wiederholen Sie dies mindestens dreimal pro Sitzung.

Der Heilende Laut für die Nieren
1. Ihre Aufmerksamkeit richtet sich auf die linke und die rechte Niere. Sie sitzen hinten an beiden Seiten der Wirbelsäule, in etwa am unteren Ende des Brustkorbs.
2. Atmen Sie tief ein.
3. Atmen Sie nun langsam und geräuschlos aus und machen Sie dabei den Heilenden Laut der Nieren: Tsch-o-o-o-o. Dabei wird der Bauch (Solarplexus) leicht eingezogen.
4. Stellen Sie sich vor, dass beide Nieren von saphirblauem bzw. schwarzem Licht umgeben sind. Spüren Sie die Hitze, die aus den Nieren abstrahlt.
5. Wiederholen Sie dies mindestens dreimal pro Sitzung.

Anmerkung: Die Nieren sind sozusagen der Speicher des Wasserelements, was einer kalten Temperatur entspricht. Es kann passieren, dass beim Praktizieren des Nieren-Lautes überschüssige kalte Energie aus den Nieren freigesetzt wird.

Der Heilende Laut der Leber
1. Ihre Aufmerksamkeit richtet sich auf die Leber, die sich vorne, rechts unterhalb des Rippenbogens befindet.
2. Sie atmen tief ein.
3. Nun atmen Sie so langsam und still wie möglich aus und machen dabei den Heilenden Laut Sch-h-h-h-h.
4. Stellen Sie sich vor, dass Ihre Leber in smaragdgrünem Licht badet und Hitze ausstrahlt.
5. Wiederholen Sie dies mindestens dreimal pro Sitzung.

Der Heilende Laut für das Herz
1. Ihre Aufmerksamkeit richtet sich auf das Herz.
2. Sie atmen tief ein.
3. Nun öffnen Sie leicht den Mund und machen mit runden Lippen den Heilenden Laut H-h-a-a-a-a.
4. Stellen Sie sich vor, dass Ihr Herz in strahlend rotem Licht badet und Hitze ausströmt.
5. Wiederholen Sie dies mindestens dreimal pro Sitzung.

Der Heilende Laut der Milz
1. Ihre Aufmerksamkeit richtet sich auf die Milz, im unteren linken Teil des Brustkorbs.
2. Sie atmen tief ein.
3. Nun atmen Sie so langsam und leise wie möglich aus, formen die Lippen zu einem kleinen Kreis und machen den Heilenden Laut Ghr-o-o-o-o.
4. Stellen Sie sich vor, dass Ihre Milz in leuchtend gelbes Licht getaucht ist. Spüren Sie, wie die Hitze ausströmt.
5. Wiederholen Sie dies mindestens dreimal pro Sitzung.

Der Heilende Laut des Dreifachen Erwärmers
1. Sie atmen tief ein.
2. Nun atmen Sie so langsam und leise wie möglich aus und machen den Heilenden Laut H-h-i-i-i-i.

3. Stellen Sie sich vor, wie eine große Rolle an Ihrem Körper abwärts gleitet, vom Kopf durch die Brust, den Solarplexus bis hinunter zum Unterbauch. Spüren Sie, während Sie den Heilenden Laut praktizieren, wie Hitze im Körper hinab- und dann ausströmt. Es kann sein, dass die Hitze durch die Fingerspitzen und Zehen austritt.
4. Wiederholen Sie dies mindestens dreimal pro Sitzung.

Sexual-Kung-Fu

Sexual-Kung-Fu ist ein wichtiger Teil der Praktiken für die Zweite Kostbarkeit. Mit dem Altern werden die Sexualorgane zur primären körpereigenen Quelle des Jing. Beim Mann ist das Jing im Samen und den männlichen Sexualhormonen zu finden, bei der Frau im Ovum und den weiblichen Sexualhormonen. Das Jing der Geschlechtsorgane wird im Körper in kraftvolles Chi umgewandelt. Mit der Pubertät wird die Sexualessenz zur wichtigsten Triebkraft des Körpers. In den mittleren Jahren und später, wenn die sexuelle Potenz langsam abnimmt, sinkt auch das Energieniveau beträchtlich.

Die Taoisten haben erkannt, dass beim Mann durch den Verlust des Samens riesige Mengen an Jing verloren gehen, und zwar bei jeder Ejakulation. Deshalb wurden Techniken entwickelt, mit deren Hilfe das Sexual-Jing bewahrt und in stärkerem Maße in Chi umgewandelt werden kann. Die Praktik des Sexual-Kung-Fu beruht auf dieser Fähigkeit, die sexuelle Essenz (Jing) in Lebensenergie (Chi) umzuwandeln.

Bei der Frau geht Jing hauptsächlich durch den Blutverlust während der Menstruation verloren. Ein Mann verliert im Vergleich mehr Jing als eine gleichermaßen sexuell aktive Frau. Nach taoistischer Auffassung ist dies einer der Hauptgründe dafür, dass Frauen durchschnittlich länger leben als Männer. Ihnen steht mehr Essenz für die Umwandlung in Energie zur Verfügung. Im Folgenden wird das sexuelle Jing als Jing Chi bzw. Sexualenergie bezeichnet.

Sexualenergie ist die einzige Energie im Körper, die bei Aktivierung an Kraft gewinnt. Ohne sexuelle Erregung nimmt man die Sexualenergie meist gar nicht wahr. Doch sobald man sexuell erregt ist, spürt man, wie diese Kraft im Körper gewaltig zunimmt. Wie kann man diese zusätzliche Energie messen? Es gibt keine Möglichkeit, aber nichtsdestotrotz kann man sie sich nutzbar machen.

Die sexuellen Geheimnisse des Taoismus sind wohl die höchstentwickelten der Welt. Es gibt Übungen, die man alleine durchführen kann, die so genannte »Einfache Kultivierung«. Daneben gibt es Übungen, die man mit einem Partner praktiziert, die so genannte »Zweifache Kultivierung«. Im vorliegenden Buch werden beide Übungsrichtungen vorgestellt. Dabei geht es um langsamen, sinnlichen Sex, Sexualmassage, Sexualheilung, das Zirkulieren der Sexualenergie sowie die Verbindung mit den spirituellen Aspekten des Sex.

Die taoistische Lehre besagt, dass die Sexualorgane zwei so genannte »Eingangspforten« haben. Ist die Sexualenergie schwach, kann durch diese Pforten Energie austreten und verloren gehen. Dagegen hilft die folgende Übung, »Das Verschließen der beiden Eingangspforten«; sie soll die Sexualorgane stärken und so den Verlust von Jing Chi bzw. der Sexualenergie verhindern.

Das Verschließen der beiden Eingangspforten

Für Männer:

Die Erste Pforte befindet sich an der Öffnung der Penisspitze. Durch Konzentration auf diesen Punkt kann diese Öffnung verschlossen werden. Die Zweite Pforte ist an der Peniswurzel zu finden, dort wo der Penis mit dem Körper verbunden ist. Direkt hinter diesem Punkt liegt der Beckenboden. Auch diese Pforte kann durch Konzentration auf diese Stelle verschlossen werden.

1. Ziehen Sie die Pforte an der Penisspitze leicht zusammen.
2. Dann ziehen Sie die Pforte an der Peniswurzel (Beckenboden) zusammen.
3. Gleichzeitig ziehen Sie sanft die Muskeln um die Augen an, als ob Sie die Augen in die Augenhöhlen hineinziehen würden.
4. Führen Sie diese Übung drei- bis neunmal durch.
5. Die Übung kann, muss aber nicht mit der Atmung koordiniert werden. Probieren Sie es einfach aus: Ziehen Sie beim Einatmen ein, dann beim Ausatmen. Was fühlt sich für Sie besser und stärker an?

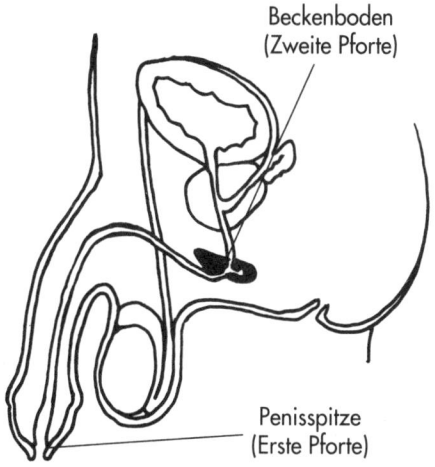

Für Frauen:

Die Erste Pforte befindet sich an der Vaginaöffnung. Man konzentriert sich auf die Öffnung der Schamlippen und zieht sie zusammen. Die Zweite Pforte liegt in der Vagina, am Beckenboden, vor der Öffnung am Gebärmutterhals (Muttermund). Durch Konzentration auf diesen Punkt kann man ihn kontrahieren.

1. Ziehen Sie leicht die Schamlippen zusammen.
2. Dann kontrahieren Sie die Pforte in der Vagina, am Beckenboden.
3. Gleichzeitig ziehen Sie die Muskeln um die Augen an.
4. Wiederholen Sie diese Übung drei- bis neunmal.
5. Die Übung kann, muss aber nicht mit der Atmung koordiniert werden. Probieren Sie es einfach aus: Ziehen Sie beim Einatmen ein, dann beim Ausatmen. Was fühlt sich für Sie besser und stärker an?

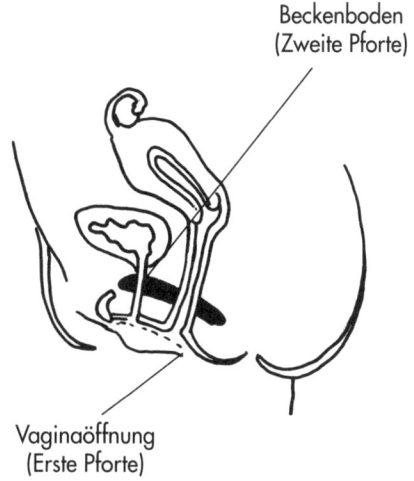

Für Männer und Frauen:

Wer Schwierigkeiten hat, die Zweite Pforte zu finden, kann es mit der folgenden Übung versuchen. Auch sie dient der Stärkung dieser Pforte.

Versuchen Sie beim Wasserlassen den Urinstrahl dadurch zu stoppen, dass Sie die Vagina bzw. den Penis tief innen zusammendrücken. An der Stelle, die man dazu kontrahieren muss, liegt die zweite Pforte. Wenn man nur die erste Pforte kontrahiert, also die Penisspitze bzw. die äußeren Schamlippen, wird der Urinstrahl höchstwahrscheinlich nicht unterbrochen.

Das taoistische Sexual-Yoga besteht aus vielen Techniken zur Stärkung der Sexualorgane und des gesamten Lendenbereichs. Ich nenne dies die Perineum-Kraft. Zum Perineum- bzw. Dammbereich gehören die Geschlechtsorgane, der Damm selbst sowie der Anus und der Pubococcygeus-Muskel (PC-Muskel), der um den ganzen Bereich herum verläuft, vom oberen Rand der Sexualorgane bis zum Steißbein. Die Vorteile und der Nutzen, die man aus der Stärkung dieses Bereichs gewinnt, sind so zahlreich, dass sie hier nicht alle aufgeführt werden können. Der ganze Körper ruht praktisch auf dem Dammbereich. Ein schwacher Damm schwächt somit den ganzen Körper. Wenn die Muskeln keinen gesunden Tonus haben, können durch die Eingangspforten (die Geschlechtsorgane) leicht Energie und Sexualenergie (Chi und Jing Chi) verloren gehen. Wer lernt, die Tore zu schließen oder zu versiegeln, kann die Energie bewahren und auch – wie wir noch lernen werden – in andere Körperteile lenken.

In der alten taoistischen Literatur wurde immer wieder betont, wie wichtig es ist, den Unterbauch zu stärken (unter anderem den Dammbereich), um eine feste Grundlage für die taoistischen Yoga-Praktiken aufzubauen. Die Taoisten lernten, die Richtung der Sexualenergie umzukehren, sodass sie nicht mehr aus dem Körper fließt, sondern umgeleitet werden und zur Stärkung der Lebenskraft genutzt werden kann. Die nächsten zwei Grundübungen sollten Sie beherrschen, bevor Sie mit den anderen Übungen weitermachen.

Hoden- und Ovaratmung

Die erste dieser Grundübungen ist die so genannte Hodenatmung für Männer bzw. Eierstock-/Ovaratmung für Frauen, eine einfache, sanfte Übung, die für Mann und Frau im Wesentlichen dieselbe ist.

Sie sitzen auf einer Stuhlkante. Als Mann lenken Sie Ihr Bewusstsein auf die Hoden, als Frau auf die Eierstöcke. Dann atmen Sie tief, aber sanft ein. Der Mann zieht dabei durch leichte Kontraktion der Muskeln und den Einsatz der Mentalkraft die Hoden nach oben. Die Frau kontrahiert leicht die Schamlippen und zieht mental die Energie der Eierstöcke hinunter zum Perineum. Wenn die Sexualenergie ansteigt, wird sie mental langsam hinauf zum Steißbein und weiter, Schritt für Schritt, hoch zum Kreuzbein und weiter die Wirbelsäule und den Nacken hinauf bis in den Kopf gelenkt. Diese Übung wird neunmal wiederholt. Dadurch füllt sich das Gehirn mit Sexualenergie. Dann lassen Männer diese Energie spiralig neunmal im und dann neunmal gegen den Uhrzeigersinn im Kopf kreisen. Frauen machen es umgekehrt: zunächst neunmal gegen, danach neunmal im Uhrzeigersinn.

Nun bringen Sie die Zungenspitze hoch zum oberen Gaumen, direkt hinter die Vorderzähne. Führen Sie die Energie mental durch die Zunge an der Vorderseite des Körpers nach unten und speichern Sie sie hinter dem Nabel. Diese Übung stärkt den gesamten Beckenbereich und führt belebende Sexualenergie (Jing Chi) ins Gehirn.

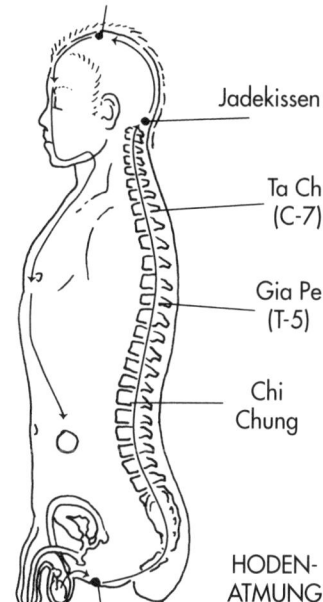
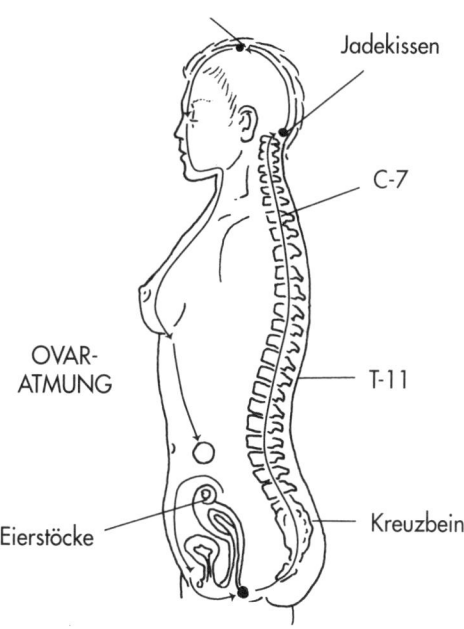

Scheitelpunkt/Pai-Hui

Jadekissen

Ta Chi
(C-7)

Gia Pe
(T-5)

Chi
Chung

HODEN-
ATMUNG

Perineum

Scheitelpunkt/Pau-Hui

Jadekissen

C-7

OVAR-
ATMUNG

T-11

Eierstöcke

Kreuzbein

Das große Emporziehen

Diese Übung ist auch unter dem Namen Kraftverschluss (bei Männern) bzw. Orgasmisches Emporziehen (bei Frauen) bekannt. Mit diesen sehr kraftvollen Techniken wird die erregte Sexualenergie nach oben in die höheren Energiezentren des Körpers gezogen und dabei in Lebensenergie und spirituelle Energie (eine höhere Form des Shen) transformiert. Diese Methoden werden sowohl alleine als auch mit einem Partner angewandt, können also entweder mit oder ohne Partner geübt werden. Diese Übung ist vor allem für Männer sehr wichtig, da sie der erste Schritt zur Kontrolle der Ejakulation ist. Nach taoistischer Theorie verliert der Mann beim Samenerguss sehr viel Energie. Deshalb sind Männer nach dem Orgasmus oft so müde. Wenn sie lernen, den Orgasmus zu kontrollieren, können sie die Energie zurückhalten, anstatt sie zu verlieren. Mit entsprechender Übung kann ein Mann einen Orgasmus haben, ohne zu ejakulieren. Frauen verlieren beim Orgasmus keine Sexualenergie. Sie können multiple Orgasmen haben und sich dabei gleichzeitig voller Energie fühlen. Deshalb ist – so die taoistische Lehre – die Sexualenergie des Mannes begrenzt, die der Frau dagegen unbegrenzt. Allerdings verlieren Frauen während der Menstruation Sexualenergie.

Auch diese Übung ist im Prinzip für Männer und Frauen gleich gut geeignet. Man kann sie mit einem Partner oder alleine beim Masturbieren praktizieren, es ist aber wichtig, dass man voll erregt ist und kurz vor dem Orgasmus steht, bevor man mit der Übung anfängt. Dies gilt insbesondere für Männer. Wenn ein Mann seinen Orgasmus erst einmal gehabt hat, ist es zu spät. Bei

Frauen ist dies nicht ganz so wichtig, da bei ihnen im Orgasmus die Sexualenergie nicht verloren geht.

Man fängt damit an, dass man einmal kurz einatmet, dann die Zunge an den oberen Gaumen legt und die Zähne zusammenpresst. Das Kinn wird nach innen hin zum hinteren Nacken gezogen, die Muskeln um die Augen werden kontrahiert. Schauen Sie nach oben zum Scheitelpunkt. Ziehen Sie Anus und Gesäß fest an und ziehen Sie die Genitalien nach oben. Dadurch wird die Kreuzbeinpumpe aktiviert, die die Sexualenergie die Wirbelsäule hoch leitet. Pressen Sie die Fäuste, Arme und Beine zusammen, ohne dabei die Schultern und den Brustkorb zu verspannen. Das klingt alles komplizierter als es ist; es läuft praktisch alles gleichzeitig ab. Die Sexualenergie wird dann die Wirbelsäule hoch in den Kopf gezogen. Lassen Sie sie dort spiralig kreisen, wie bei der Hoden- bzw. Ovaratmung. Dann bringen Sie die Zungenspitze an den oberen Gaumen, ziehen die Sexualenergie nach unten zum Nabel und speichern sie dort. Man kann diese Übung immer dann ausführen, wenn man die entsprechende Privatsphäre hat. Sie vor dem Schlafengehen zu praktizieren ist allerdings keine gute Idee, da die so aufgebaute Energie Sie am Einschlafen hindern könnte.

Männer sollten immer bedenken, dass sie so viel Sexualenergie wie möglich bewahren sollten. Sie sollten sexuell nicht zu erregt sein, da sie sonst Gefahr laufen, das ganze Jing Chi im Orgasmus und beim Samenerguss zu verlieren. Wenn Sie spüren, dass Sie zu erregt sind, können Sie mit der Übung aufhören, ein paar schnelle Bauchatemzüge machen und die Augen nach oben links drehen. Mit dem Zeige-, Mittel- und Ringfinger einer Hand können Sie die Vertiefung am Damm, direkt hinter den Hoden, erspüren und mit dem Mittelfinger nach innen und oben drücken. Dieser Punkt ist bei den Taoisten als der »Eine-Million-Dollar-Punkt« bekannt. Erspüren Sie den Punkt, bevor Sie diese Praktik ausführen. Einfach nur den Damm drücken hält den Samenfluss nicht zurück. Sie müssen die kleine Vertiefung ertasten, Ihren »Eine-Million-Dollar-Punkt«. Probieren Sie es, es dürfte nicht so schwer sein. Wer alleine während der Masturbation übt, kann so lernen, einen Orgasmus zu haben, ohne zu ejakulieren und ohne den Samen zu verlieren. Massieren Sie danach den Damm mit den drei Fingern. Die Taoisten haben über die Jahrhunderte hinweg unglaublich viel Wissen über die Sexualität angesammelt. Dies sind nur ein paar wenige Übungen dazu; es gibt noch viel mehr davon.

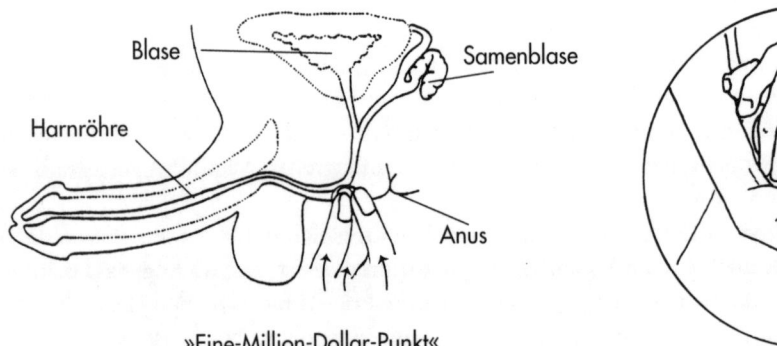
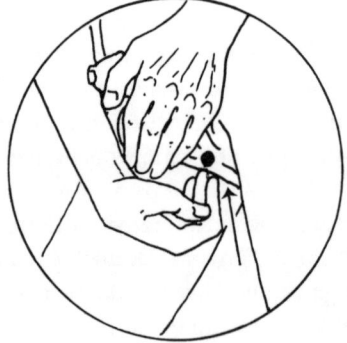

»Eine-Million-Dollar-Punkt«

Die Übungen für die Dritte Kostbarkeit – Shen – sol-
len den Geist und auch die Emotionen zur Ruhe brin-
gen und uns zeigen, wie wir mit Hilfe des Geistes den
Fluss der Lebenskraft Chi lenken können. Die innere
Welt der Taoisten kannte viele verschiedene Möglichkeiten, sich den Geist zu Nutze zu machen. Die-
se Art des Chi Kung macht Spaß und ist in vielerlei Hinsicht der am tiefsten gehende Teil der
gesamten Praxis.

Das Innere Lächeln

Die unzähligen Nutzen des Inneren Lächelns können hier nicht alle angeführt werden. Zunächst
führt es zu einer Beruhigung und Konzentration des Geistes. Die Sechs Heilenden Laute und
das Innere Lächeln stellen die beiden taoistischen Grundpraktiken zur Stresskontrolle dar. Die
Energie des Lächelns hat ein großes Heilungspotenzial. Das Innere Lächeln setzt blockierte negative Energien frei und ersetzt sie durch glückliche, positive Energie.

   In ein Organ hineinlächeln und es mit glücklicher, liebevoller Energie zu füllen und so zu beruhigen, ist eine äußerst sinnvolle Selbstheilung. Mit ein wenig Übung strahlt dieses Lächeln von
innen nach außen. Auch Ihre Mitmenschen werden so diese Energie des Lächeln spüren und
davon positiv beeinflusst. Ein echtes Lächeln kann oft Wunder bewirken. Ganz tief aus dem Innern kommend ist es wie ein Sonnenstrahl, der durch die Wolken bricht. Wir lernen, wie es im
I Ging steht, »nicht traurig, sondern, wie die Sonne am Mittag zu sein«.

   Jedes der fünf Hauptorgane steht in Korrelation zu einem der Fünf Elemente. Durch das Praktizieren des Inneren Lächelns, bei dem die Energie des Lächelns in die fünf Hauptorgane gelenkt wird, wird der Prozess der Balancierung der Fünf Elemente im Körper fortgesetzt, was sich
direkt auf die emotionale Verfassung auswirkt: Die Organe kontrollieren die Ausgewogenheit
der Elemente im Körper. Diese Elemente wiederum kontrollieren die Emotionen. Durch das Innere Lächeln, welches auf die Organe gerichtet ist, kommen sie zur Ruhe, entspannen sich, arbeiten effizienter und – am allerwichtigsten – wandeln negative in positive Emotionen um, wodurch wiederum die Fünf Elemente in Balance kommen. Diese Ausgewogenheit der Elemente
neutralisiert negative Emotionen und führt zu einer positiveren emotionalen Verfassung.

   Für die westliche Psychologie ist das Gehirn praktisch das ausschließliche Kontrollzentrum
für die Emotionen. Die Taoisten wissen schon seit Tausenden von Jahren, dass auch die Organe eine wichtige Rolle dabei spielen. Viele Menschen nehmen das, was in ihrem Inneren vor
sich geht, nicht mehr wahr als das, was in ihren Autos und Computern passiert. Aber sagen Sie
selbst: Es macht doch wirklich Sinn, sich, um gesund zu bleiben, seiner Organe bewusst zu sein,
sie gesund und glücklich zu erhalten, und zwar indem man ihnen zulächelt und dafür dankt,
dass sie uns am Leben erhalten. Zumindest für die Taoisten ist das sehr vernünftig.

   Das Innere Lächeln ist eine wunderbare Technik. Man lernt, die Empfindung eines glückli-
chen Lächelns in die Augen zu bringen. Die Augen werden als die beiden positiven Pole des
Körpers betrachtet, weshalb die Transformation negativer in positive Körperenergien hier beginnt. Die Energie des Lächelns wird dann von den Augen aus nach unten in drei »Linien« in

den Körper geleitet. Die »Vorderlinie« besteht aus den Hauptorganen: Herz, Lunge, Nieren, Leber und Milz.

Die »Rückenlinie« läuft vom Gehirn aus in die Wirbel des Rückgrats hinunter. Mit ein wenig Übung geht das ziemlich schnell, und der ganze Körper fängt an, ein positives, glückliches Gefühl auszuströmen. Lächelnde Augen bewirken außerdem schiere Wunder bei den Menschen, mit denen man während des Tages zu tun hat. Das Innere Lächeln ist eine sehr mächtige Transformationstechnik. Alle weiteren vorgestellten Meditationstechniken wirken noch stärker, wenn man davor kurz das Innere Lächeln praktiziert.

Erster Schritt: Die Vorderlinie

Sie sitzen aufrecht auf einem Stuhl, die Lehne stützt Sie. Die Knie sind eng beieinander, beide Füße stehen fest am Boden. Die Hände liegen ineinander auf dem Schoß, die linke Handfläche zeigt nach oben, die rechte nach unten.

Schließen Sie die Augen und atmen Sie ganz regelmäßig. Einatmen – ausatmen. Entspannen Sie sich.

Konzentrieren Sie sich auf Ihre Nasenspitze. Nehmen Sie bewusst die Muskeln links und rechts davon wahr. Balancieren Sie deren Zug, sodass es links und rechts keinen Zug mehr gibt.

Nach ein paar Augenblicken lenken Sie die Konzentration auf den Punkt zwischen den Augen.

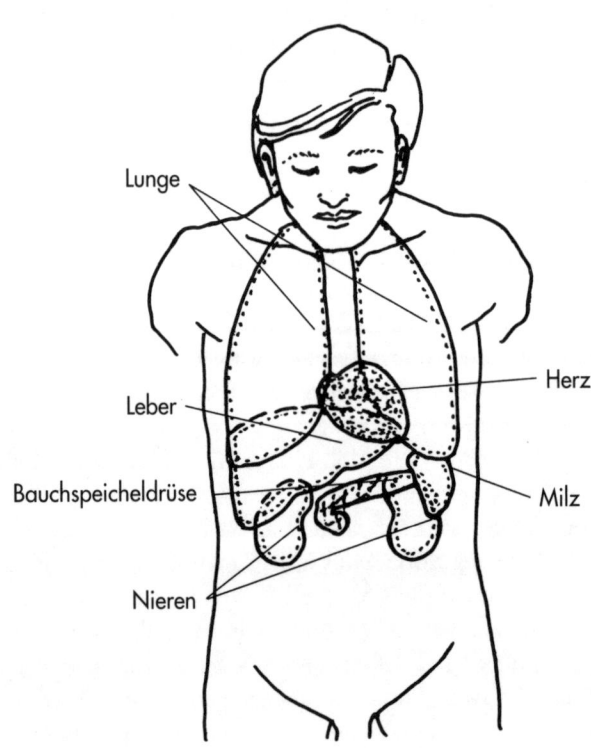

Stellen Sie sich eine lächelnde Sonne oder ein freundliches, lächelndes Gesicht vor – das Gesicht einer geliebten Person, eines echten oder eines Phantasie-Liebhabers oder einfach ein lächelndes Baby. Spüren Sie, wie das Lächeln sich direkt in Ihre Augen fortpflanzt. Das linke Auge beginnt zu lächeln und bald darauf auch das rechte. Sie heben die Mundwinkel an, spüren, wie sich die Wangenknochen nach oben ziehen, und auch die Augenwinkel ziehen sich zu einem Lächeln hoch.

Das Lächeln überzieht das ganze Gesicht und auch die Kopfhaut, geht hinunter zum oberen Gaumen, der sich beim Lächeln entspannt. Die Zungenspitze geht zum oberen Gaumen, direkt hinter die Zähne. Die lächelnde Energie geht die Zunge hinunter, durch den Hals und hin zur Thymusdrüse in der Brustmitte, hinter dem Brustbein (Sternum).

Lächeln Sie in die Thymusdrüse. Spüren Sie, wie sie sich weitet und öffnet wie eine Blüte. Die Thymusdrüse ist die Drüse der Verjüngung. Durch ein Lächeln wird sie aktiviert.

Lächeln Sie nun in Ihr Herz. Lassen Sie strahlend rotes Licht um das Herz herumfließen, spüren Sie, wie es lächelt und aufblüht wie eine Blume. Spüren Sie das Glück im Herzen.

Lächeln Sie nun Ihrer Lunge zu. Umgeben Sie die Lunge mit metallweißer Farbe und spüren Sie, wie die Lunge Ihnen zulächelt.

Nun ist die Leber dran. Lächeln Sie ihr zu und lassen Sie smaragdgrünes Licht um die Leber fließen. Spüren Sie, wie die Leber Ihnen zulächelt.

Lächeln Sie in Ihre Nieren, lassen Sie saphirblaues (oder glänzend schwarzes) Licht um die Nieren fließen und spüren Sie deren Lächeln.

Lächeln Sie nun Ihrer Milz zu (Magenbereich inklusive Bauchspeicheldrüse). Milz und Bauchspeicheldrüse werden mit einem strahlend gelben Licht umgeben. Spüren Sie, wie die Milz und die Bauchspeicheldrüse Ihnen zulächeln.

Zweiter Schritt: Die Mittellinie

Bringen Sie das Lächeln in die Augen zurück. Jetzt lernen wir, Speichel auf taoistische Art zu schlucken. Dazu müssen wir den Speichelfluss im Mund anregen. Auch der Speichel kann durch ein Lächeln mit Energie aufgeladen werden. Bringen Sie die Zungenspitze vor die Vorderzähne und hinter die Lippen. Lassen Sie die Zunge zwischen Zähnen und Lippen neunmal kreisen, egal in welche Richtung. Machen Sie dabei einen vollständigen Kreis.

Nun bringen Sie die Zungenspitze hinter die Zähne und lassen sie sechsmal in umgekehrter Richtung kreisen. Spüren Sie, wie Ihr Mund sich mit Speichel füllt. Lächeln Sie nun in den Speichel hinein. Er hält die Energie des Lächelns wie ein Magnet fest. Stellen Sie sich eine lächelnde Sonne vor, die Glück ausstrahlt, und lassen Sie sie in den Speichel hineinfließen.

Bringen Sie nun die Zungenspitze zum oberen Gaumen, direkt hinter die oberen Zähne. Ziehen Sie das Kinn nach innen, strecken Sie die Rückseite des Nackens und schlucken Sie den Speichel mit einem Schluckgeräusch hinunter.

Spüren Sie, wie das Innere Lächeln den Hals und die Speiseröhre hinunterfließt, bis hinein in den Magen und weiter durch die ganzen Verdauungsorgane. Lächeln Sie Ihrem Dünndarm zu; er ist ungefähr sechs Meter lang und liegt in der Mitte des Bauchraums.

Lächeln Sie dem Dickdarm zu: dem aufsteigenden Ast, rechts unten am Hüftknochen entlang, über den querliegenden Ast hinüber zur linken Seite und den absteigenden Ast hinunter, bis

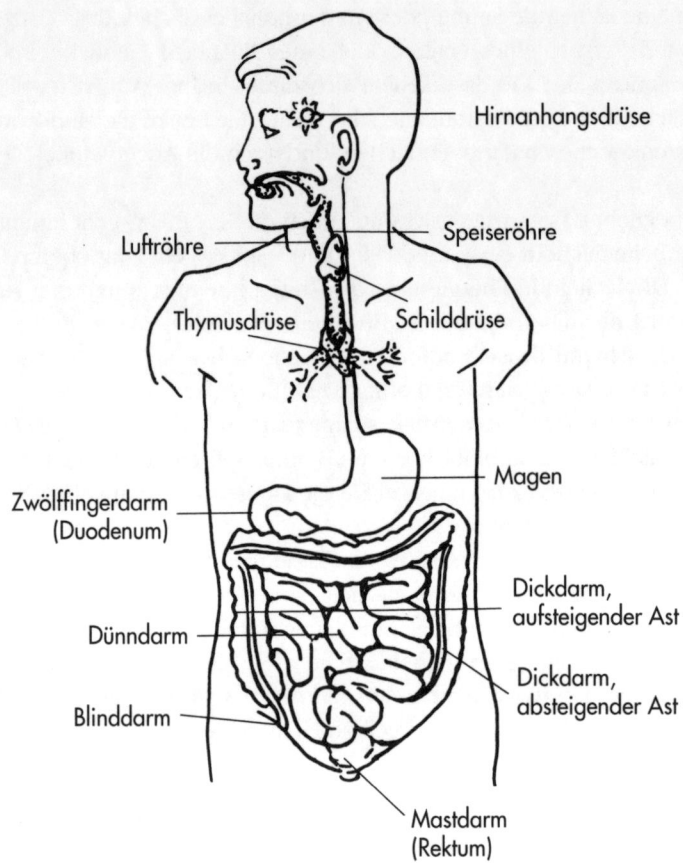

Hirnanhangsdrüse

Speiseröhre

Luftröhre

Thymusdrüse

Schilddrüse

Magen

Zwölffingerdarm
(Duodenum)

Dickdarm,
aufsteigender Ast

Dünndarm

Dickdarm,
absteigender Ast

Blinddarm

Mastdarm
(Rektum)

zum s-förmigen Darm im Becken, bis hinunter zum Rektum und zum Anus. Der Dickdarm ist insgesamt etwa eineinhalb Meter lang.

Bringen Sie nun das Lächeln wieder in die Augen zurück und versuchen Sie, die Empfindung des Lächelns im gesamten Verdauungstrakt zu spüren. Ziehen Sie auch die Mundwinkel und die Augenwinkel zu einem Lächeln hoch.

Dritter Schritt: Die Rückenlinie

Bringen Sie ein Lächeln in die Augen und lenken Sie die Energie des Lächelns dann in die linke Gehirnhälfte. Vergessen Sie alles andere. Spüren Sie, wie die ganze linke Gehirnhälfte einfach aufleuchtet, lächelt und sich entspannt. Spüren Sie, wie das Lächeln vor und zurück, auf und ab und um die linke Gehirnhälfte herum fließt.

Nun bringen Sie das Lächeln in die rechte Gehirnhälfte. Vergessen Sie alles, lächeln Sie einfach in die rechte Hälfte und spüren Sie, wie auch sie aufleuchtet. Bringen Sie das Lächeln nach oben, nach hinten, nach unten und rundherum. Spüren Sie es in der ganzen rechten Gehirnhälfte.

38

Nun lenken Sie die Aufmerksamkeit auf die Scheidewand zwischen den beiden Gehirnhälften. Spüren Sie, wie die Energie des Lächelns direkt in der Mitte hinuntergeht. Es fühlt sich an, als ob es keine Trennwand mehr gäbe. Gehen Sie hinunter bis zu dem Punkt am Hinterkopf, wo der Schädel auf den Nacken trifft.

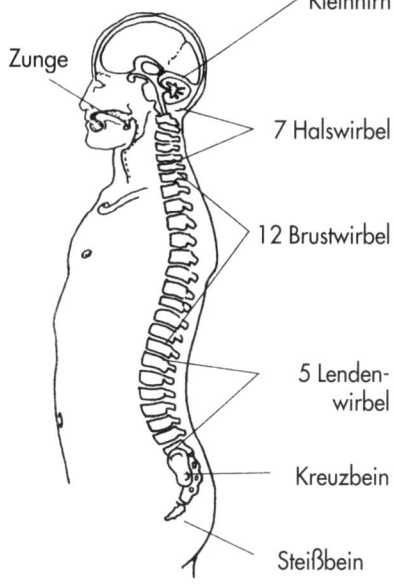

Die Energie des Lächelns gelangt nun in die Wirbelsäule. Lächeln Sie zunächst den sieben Halswirbeln, einem nach dem andern, zu, dann langsam weiter nach unten, zum Nackenansatz, wo die Wirbelsäule anfängt, zunächst zu den zwölf Brustwirbeln, langsam, einen nach dem anderen, bis zum Herzen, und weiter zu dem Bereich hinter dem Solarplexus und dem Punkt hinter dem Nabel, wo die Lendenwirbelsäule mit den fünf Lendenwirbeln beginnt. Die Energie fließt weiter zum Kreuzbein, durchquert diesen verschmolzenen Wirbel und landet am Steißbein.

Entspannen Sie sich nun und spüren Sie die liebevolle, lächelnde Energie im ganzen Gehirn und in der Wirbelsäule. Lassen Sie die Energie die Wirbelsäule hoch- und hinabfließen und sich im ganzen Nervensystem ausbreiten. Spüren Sie jeden einzelnen Nerv im Körper, in den Armen und Beinen, Händen und Füßen, Fingern und Zehen. Das ganze Nervensystem »lächelt«.

Jetzt bringen Sie das Lächeln zurück in die Augen und praktizieren den letzten Heilenden Laut, den des Dreifachen Erwärmers. Es fühlt sich an, als ob eine Energiewelle vom Scheitelpunkt des Kopfes nach unten, durch den Nacken, die Brust, die Arme, den Torso, den Bauchraum und die Beine, bis hinunter in die Füße fließen würde. Leiten Sie jegliche noch vorhandene negative Energie über die Fingerspitzen und Zehen aus dem Körper hinaus.

Sind Sie soweit? Dann geht es los. Bringen Sie das Lächeln in die Augen. Machen Sie den Heilenden Laut des Dreifachen Erwärmers: H-h-i-i-i-i-i. Lassen Sie ihn wie eine Welle durch den Körper laufen. Atmen Sie langsam ein und aus und führen Sie dabei den Heilenden Laut aus. Lächeln Sie noch einmal. Atmen Sie ein, atmen Sie auf den Laut aus: H-h-i-i-i-i-i. Und dann ein drittes Mal.

Nun entspannen Sie sich eine Minute lang.

Öffnen Sie die Augen.

Reiben Sie die Hände aneinander, bis sie warm werden, und massieren Sie dann das Gesicht, die Stirn, die Nase und die Ohren. Das ist die Chi-Gesichtsmassage.

Der Kleine Energiekreislauf

Der Kleine Energiekreislauf kann auf vielerlei Weise gelehrt werden; man kann ihn im Stehen oder im Sitzen ausführen. Gemeinsam ist allen Methoden, dass das Lenkergefäß und das Dienergefäß geöffnet werden; sie sind die beiden Hauptenergiekanäle im Körper und stellen den Kleinen Energiekreislauf dar. Das Lenkergefäß beginnt am Damm, an dem Punkt zwischen den Genitalien und dem Anus, und verläuft nach oben, über das Steißbein, in die Wirbelsäule und hoch zum Nacken, hinauf in den Kopf und über den Scheitelpunkt hinunter zu einem Punkt hinter dem »Dritten Auge« (dem Punkt zwischen den Augenbrauen) und weiter zum Punkt im oberen Gaumen, direkt hinter den Zähnen. Das Dienergefäß verläuft vom oberen Gaumen im Mund nach unten zum Nacken, durch die Brust, den Solarplexus, den Nabel, vorbei an den Genitalien bis zum Perineum. Die Energie kann in diesen Energiebahnen in beiden Richtungen fließen. Bei vielen Menschen sind sie allerdings blockiert und schwach.

Um den Kleinen Energiekreislauf zu Ende zu führen, müssen Lenker- und Dienergefäß miteinander verbunden werden. Das Chi steigt vom Damm über das untere Ende der Wirbelsäule das Lenkergefäß hoch, über den Kopf und dann das Dienergefäß an der Vorderseite des Körpers zurück zum Perineum (Damm bzw. Hui Yin). Um den Kreislauf in Gang zu bringen, muss sozusagen »der Schalter umgelegt« werden – das heißt, man legt die Zungenspitze an den oberen Gaumen und »schließt« so den Kreislauf.

Der Chi-Fluss wird vom Geist gesteuert. Normalerweise besteht der erste Schritt darin, sich auf den Punkt hinter dem Nabel zu konzentrieren, dem so genannten »Unteren Tan Tien«.

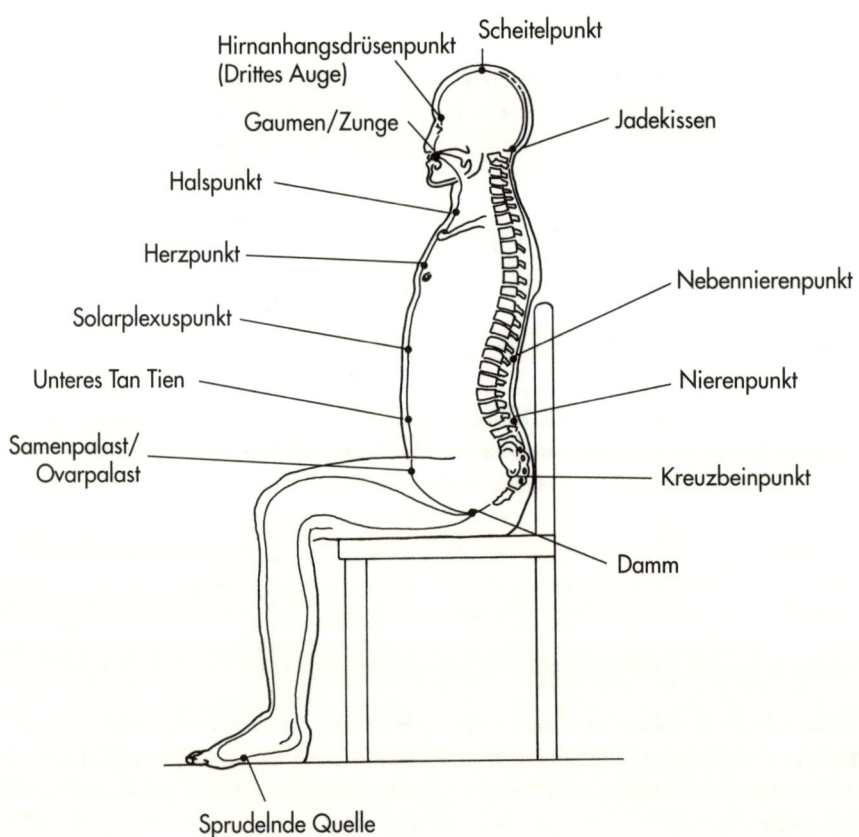

Hirnanhangsdrüsenpunkt
(Drittes Auge)

Scheitelpunkt

Gaumen/Zunge

Jadekissen

Halspunkt

Herzpunkt

Nebennierenpunkt

Solarplexuspunkt

Unteres Tan Tien

Nierenpunkt

Samenpalast/
Ovarpalast

Kreuzbeinpunkt

Damm

Sprudelnde Quelle

Nach ein paar Wochen des Übens entwickelt sich bei Konzentration auf das Nabelzentrum ein Wärmegefühl, das sich in den Kleinen Energiekreislauf fortpflanzt. Diese Praktik ist auch als »Meditation des Warmen Stroms« bekannt. Am Ende der Sitzung (sie dauert 15 Minuten oder auch länger) konzentriert man sich wieder auf den Nabel, lässt das Chi um den Nabel kreisen und speichert es so im Unteren Tan Tien.

Das Untere Tan Tien ist sozusagen das Schwerkraftzentrum des Körpers. So wie ein Fötus am Nabel über die Nabelschnur mit der Mutter verbunden ist, verbindet sich der Taoist über das Untere Tan Tien mit der Erde und dem Unendlichen. In vielen spirituellen Praktiken ist von der Notwendigkeit des Zentriertseins die Rede, im Tao-Yoga wird dies ganz wörtlich genommen.

Das Tan Tien befindet sich im Zentrum des Körpers. Die ganz genaue Lage ist von Mensch zu Mensch verschieden, doch meist liegt es circa vier Zentimeter direkt hinter und leicht unterhalb des Nabels. Die Taoisten glaubten, dass einem Fötus im Mutterleib über die Nabelschnur ein spezielles Chi zugeführt wird, das so genannte Vorgeburtliche Chi, welches dann frei im Kleinen Energiekreislauf des Fötus und in allen anderen Energiemeridianen zirkuliert. Dadurch befindet sich der Fötus in einem Zustand perfekter Gesundheit, des Wachstums und des Gleichgewichts. Nach der Geburt verliert das Vorgeburtliche Chi nach und nach seinen Einfluss und die Kontrolle über den Körper. Und mit der Zeit zirkuliert es nicht mehr frei in den Meridianen. Diese Meridiane bzw. Energiekanäle verstopfen auf Grund von emotionalen Imbalancen, physischen Störungen, Krankheit und Altersschwäche.

Es folgt nun eine geführte Meditation des Kleinen Energiekreislaufs sowie eine Beschreibung aller wichtigen Energiepunkte, die das Chi auf seinem Weg durch das Lenker- und das Dienergefäß durchfließt.

Bringen Sie ein Lächeln in die Augen. Lächeln Sie hinunter ins Nabelzentrum, das Untere Tan Tien. Es liegt direkt unterhalb des Nabels, circa vier Zentimeter dahinter. Der Nabel ist der Punkt, über den wir ursprünglich Energie von der Mutter empfangen. Er ist die Quelle der Urenergie, unser Erdzentrum.

Lächeln Sie in den Nabel hinein. Wenn das Nabelzentrum offen ist, fühlen Sie sich im Gleichgewicht. Wenn es blockiert oder behindert ist, verhält sich der Mensch nachlässig, pingelig oder zerstreut.

Jetzt atmen Sie schnell ein und aus. Dehnen Sie den Bauch mit kurzen, schnellen Bauchatemzügen. Atmen Sie dabei durch die Nase ein und aus. Machen Sie insgesamt achtzehn schnelle Atemzüge. Der Nabelbereich sollte dadurch viel wärmer werden. Dies ist die so genannte Blasebalgatmung.

Nun lächeln Sie Ihrem Sexualpalast zu. Bei den Frauen heißt er Ovarpalast und liegt etwa sieben bis acht Zentimeter unterhalb des Nabels, direkt über der Vagina. Bei den Männern ist dies der Samenpalast; er befindet sich an der Peniswurzel, unterhalb des Schamknochens.

Wenn der Sexualpalast offen ist, hat man ein Gefühl von Kreativität und Kraft. Wenn er blockiert ist, fällt es schwer, das Leben zu genießen.

Konzentrieren Sie sich auf den Sexualpalast. Bringen Sie dann die Energie ein paar Mal vom Sexualpalast hoch zum Nabelzentrum und zurück, sozusagen um den Kanal »reinzuwaschen«. Erst hoch, dann nach unten. Atmen Sie ein, wenn die Energie zum Nabel fließt, und aus, wenn sie zurück zum Sexualpalast strömt.

Lächeln Sie nun hinunter zum Perineum, dem Tor des Todes und des Lebens. Aus diesem Punkt kann die Energie entweichen, weshalb es versiegelt werden muss. Wenn das Perineum offen und durchlässig ist, fühlt man sich geerdet. Ist es blockiert, entsteht ein Gefühl der Unsicherheit. Bringen Sie die Energie ein paar Mal zurück zum Sexualpalast und dann wieder hinunter zum Perineum.

Als Nächstes wird die Energie um das Kreuzbein hochgezogen, sodass sie die Wirbelsäule hochsteigen und in das Lenkergefäß fließen kann. Dazu praktizieren Sie die Umkehratmung. Atmen Sie ein und kontrahieren Sie das Perineum, den Punkt zwischen den Sexualorganen und dem Anus. Holen Sie ein zweites Mal Luft und kontrahieren Sie diesmal den Anus. Beim dritten Einatmen kontrahieren Sie den Muskel, der etwa zweieinhalb Zentimeter über dem Anus, direkt unterhalb des Steißbeins liegt. Erst dann wird ausgeatmet. Mit ein bisschen Übung erhält diese Bewegung einen gewissen Rhythmus.

Führen Sie nun diese drei Schritte noch einmal aus. Sie atmen ein, kontrahieren das Perineum, atmen noch einmal ein (ohne zwischendurch auszuatmen!) und kontrahieren den Anus. Mit der dritten Einatmung kontrahieren Sie den Muskel oberhalb und etwas hinter dem Anus. Spüren Sie, wie die Energie im unteren Teil des Körpers fließt.

Drücken Sie dann die Füße fest gegen den Boden und spüren Sie, wie die Energie hochsteigt und am Kreuzbein- bzw. Sakralpunkt in den unteren Wirbelsäulenbereich eintritt. Dieser Punkt befindet sich circa vier Zentimeter oberhalb des Steißbeins. Wenn das Kreuzbeinzentrum offen ist, fühlt man sich im Gleichgewicht. Wenn es blockiert ist, hat man das Gefühl, als ob man in der Vergangenheit gefangen ist.

Atmen Sie ein und ziehen Sie das Perineum hoch. Die Energie steigt hoch in den Nierenpunkt (Ming Men), der gegenüber vom Nabel auf der Wirbelsäule liegt. Mit einem offenen Nierenpunkt fühlt sich der Mensch sanft. Ist er blockiert, kommen Gefühle der Angst oder des Ausgenutztseins hoch.

Bringen Sie die Energie hinunter zum Kreuzbeinpunkt und dann wieder hoch zum Nierenpunkt. Beim Ausatmen geht sie hinunter, beim Einatmen wieder hoch. Waschen Sie mit ein paar Wiederholungen den Kanal rein.

Als nächstes atmen Sie wieder ein und ziehen das Perineum hoch und die Energie in den Nebennierenpunkt, der gegenüber vom Solarplexus liegt. Ein offener Nebennierenpunkt gibt ein Gefühl der Freiheit. Wenn er blockiert ist, fühlt man sich behindert und belastet.

Und wieder bringen Sie die Energie zum darunter liegenden Punkt, dem Nierenzentrum. Beim Ausatmen fließt die Energie nach unten, beim Einatmen wieder hoch zum Nebennierenpunkt. Mit einigen Wiederholungen reinigen Sie den Kanal. Spüren Sie, wie er sich öffnet.

Atmen Sie dann noch einmal ein, ziehen Sie das Perineum hoch und bringen Sie die Energie den

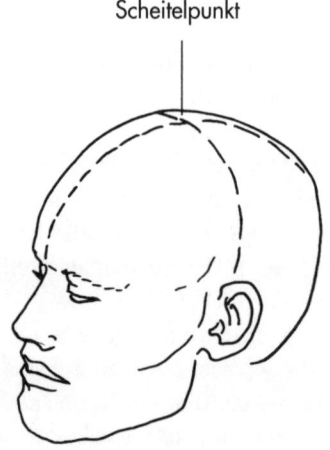

Scheitelpunkt

Rücken hinauf bis hoch zur Schädelbasis, die auch »Jadekissen« heißt. Bei einem offenen Jadezentrum fühlen Sie sich inspiriert; wenn es blockiert ist, fühlen Sie sich vom Leben eingeengt.

»Waschen« Sie auch diesen Kanal, indem Sie die Energie hinunter zum Nebennierenpunkt und dann wieder hoch zum Jadekissen lenken – abwärts ausatmen, aufwärts einatmen.

Ziehen Sie das Kinn ein wenig nach innen, richten Sie den hinteren Nacken auf. Beim Einatmen ziehen Sie den Damm hoch, sodass die Energie hoch zum Scheitelzentrum (der Zirbeldrüse) steigt. Sie können diesen Punkt lokalisieren, indem Sie sich eine Linie vom Dritten Auge hoch über den Schädel bis zum obersten Punkt vorstellen. Eine weitere Line verläuft quer vom oberen Punkt des rechten Ohres über den Scheitel hinüber zum oberen Punkt des linken Ohres. Der Schnittpunkt ist das Scheitelzentrum. Ist dieser Punkt offen, kann die Führung von »oben«, von den Höheren Kräften, empfangen werden, und man strahlt Glück aus. Wenn es blockiert ist, verfällt man Illusionen und Täuschungen, hat Kopfschmerzen und leidet unter Stimmungsschwankungen oder fühlt sich als Opfer oder als Sklave.

Die Energie wird hinunter zum Jadekissen und dann wieder hoch zum Scheitelpunkt geführt. Und wieder wird beim Hinunterleiten aus-, beim Aufwärtslenken eingeatmet und der Kanal »gewaschen«.

Und noch einmal atmen Sie ein, ziehen den Damm hoch und bringen die Energie hoch zum Dritten Auge, dem Zentrum zwischen den Augenbrauen. Etwa sieben bis acht Zentimeter nach innen versetzt befindet sich die Hirnanhangsdrüse. Ein offenes Drittes Auge bringt Weisheit. Bei Blockaden fühlt man sich unentschlossen.

Die Energie wird nun zwischen dem Scheitelpunkt (Zirbeldrüse) und dem Dritten Auge (Hirnanhangsdrüse), die beide im Gehirn liegen, hin und her bewegt. Der gesamte Bereich ist der so genannte »Kristallpalast«. Spüren Sie, wie er sich weitet und zu leuchten beginnt.

Achten Sie darauf, dass die Zunge am oberen Gaumen, direkt hinter den Zähnen liegt, am so genannten Gaumenwindpunkt. Weiter hinten am harten Gaumen befindet sich der Feuerpunkt, und dahinter, kurz vor dem weichen Gaumen, der Wasserpunkt (direkt unterhalb der Hirnanhangsdrüse).

Atmen Sie nun wieder ein, ziehen Sie das Perineum hoch und bringen Sie die Energie bis hoch zum Scheitelpunkt (Zirbeldrüsenpunkt). Dann atmen Sie aus, hinunter zum Dritten Auge, dem Hirnanhangsdrüsenzentrum und weiter hinunter zum Gaumenpunkt, der auch Himmlisches Becken heißt.

Um den besten Punkt zu finden, an dem die Energie durch den Gaumen zur Zungenspitze fließen kann, bewegen Sie die Zunge am Gaumen vor und zurück. Man hat dabei ein Gefühl ähnlich einem elektrischen Strom, eine Empfindung von Wärme, Kälte, Kribbeln, Taubheit oder von anderen auffälligen Gefühlen.

Nun bringen Sie die Energie hinauf zum Zirbeldrüsenpunkt (Scheitelzentrum) und hinunter zum Gaumenpunkt. Wieder wird beim Hochbringen der Energie eingeatmet, beim Hinunterlenken ausgeatmet und mit einigen Wiederholungen der Kanal reingewaschen.

Nun atmen Sie ein, ziehen den Damm hoch, bringen die Energie hoch bis zum Scheitelpunkt. Beim Ausatmen fließt die Energie durch das Dritte Auge, den Gaumenpunkt und die Zunge hinunter zum Halszentrum. Dieser Punkt befindet sich im unteren Teil des Halses, er ist das Kommunikations- und Traumzentrum und ein Punkt, der oft schwach ist und schwer zu schützen. Wenn das Halszentrum offen ist, ist der Mensch sprachgewandt. Wenn es zu ist, ist man nicht sehr veränderungswillig.

Bringen Sie die Energie hoch zum Gaumenpunkt und wieder hinunter zum Halszentrum. »Waschen« Sie auch diesen Kanal durch einige Wiederholungen. Spüren Sie, wie die Energie den Hals und die Zunge auf- und abfließt.

Jetzt atmen Sie ein, ziehen den Damm hoch und bringen die Energie über die Wirbelsäule hoch zum Scheitelpunkt. Beim Ausatmen fließt die Energie durch das Halszentrum das Dienergefäß hinunter bis zum Herzzentrum. Dieser Punkt liegt bei den Männern zwischen den Brustwarzen und bei den Frau etwa zweieinhalb Zentimeter über dem Brustbeinansatz. Das Herzzentrum kontrolliert die Thymusdrüse. Wenn es offen ist, ist man voller Liebe, Freude, Glück, Ehrlichkeit und Achtung. Wenn es blockiert ist, ist man voller Selbstmitleid und fühlt sich angegriffen.

Sie bringen die Energie hoch zum Halszentrum, dann wieder nach unten zum Herzzentrum. »Waschen« Sie so den Kanal ein paarmal.

Beim Ausatmen fließt die Energie hinunter zum Solarplexuszentrum. Mit einem offenen Solarplexus ist man risikobereit, wenn er blockiert ist, hat man Panik- und Angstgefühle.

Bringen Sie jetzt die Energie ein paarmal hoch zum Herzzentrum und wieder hinunter zum Solarplexuspunkt, um ihn »reinzuwaschen«: beim Einatmen geht die Energie nach oben, beim Ausatmen nach unten.

Bringen Sie dann mit dem Ausatmen die Energie weiter nach unten zum Nabelzentrum. Dann lenken Sie sie ein paarmal hoch zum Solarplexus und wieder nach unten zum Nabel, um den Kanal »reinzuwaschen«.

Jetzt ist die Meditation des Kleinen Energiekreislaufs zu Ende.

Wenn Sie den Strom der Energie erst einmal spüren, müssen Sie den Kanal nicht mehr »waschen«. Bewegen Sie die Energie einfach in einem kontinuierlichen Kreislauf, wobei Sie mit Ihrer Geisteskraft das Chi lenken.

Konzentrieren Sie sich nun auf das Nabelzentrum und machen Sie ein paar schnelle Bauchatmungen, um es aufzuheizen. Beim Ausatmen ziehen Sie leicht das Perineum hoch; die Energie fließt dabei zum Sexualpalast hinunter. Atmen Sie noch einmal aus und bringen Sie die Energie nun hinunter zum Zentrum am Damm.

Ziehen Sie zunächst den Anus, dann die Stelle etwa zweieinhalb Zentimeter oberhalb des Anus hoch; die Energie fließt dabei vom unteren Punkt des Dienergefäßes in das Lenkergefäß zum Kreuzbeinpunkt.

Atmen Sie jetzt ein und bringen Sie die Energie hoch in den Nierenpunkt, den Nebennierenpunkt und das Jadekissen, bis hoch zum Scheitelzentrum.

Beim Ausatmen geht die Energie hinunter zum Dritten Auge (dem Hirnanhangdrüsenpunkt) und weiter zum Gaumenpunkt, zum Halszentrum, Herzzentrum, Solarplexus und zurück zum Nabelzentrum.

Führen Sie so viele Energiekreisläufe durch wie Sie möchten.

Zum Abschluss der Meditation sammeln Sie die Energie im Nabel.

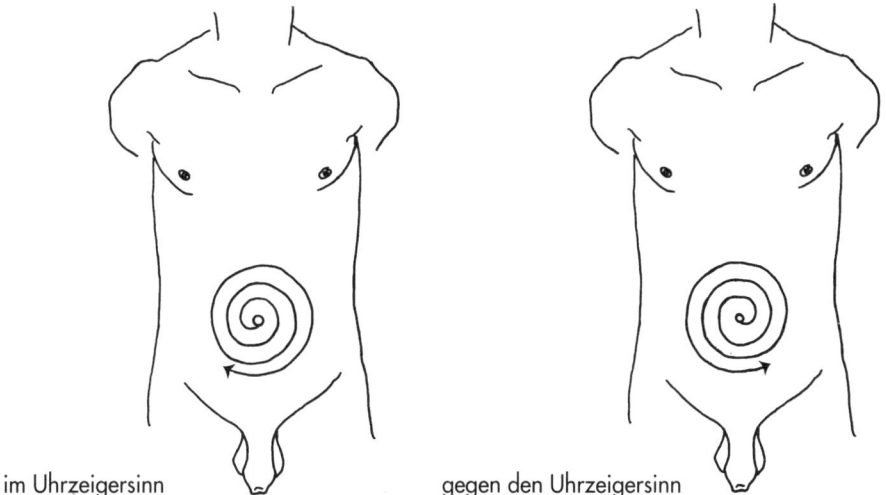

im Uhrzeigersinn   gegen den Uhrzeigersinn

Für Männer:

Lassen Sie die Energie neun- oder 36-mal im Uhrzeigersinn kreisen. Der Kreis beträgt ungefähr sieben bis acht Zentimeter im Durchmesser. Sie beginnen etwa vier Zentimeter oberhalb des Nabels, kreisen von oben nach links, dann nach unten und kommen rechts vom Nabel wieder hoch.

Dann zirkulieren Sie in die andere Richtung, und zwar sechs- oder 24-mal. Jetzt fließt die Energie gegen den Uhrzeigersinn. Mit den letzten Umdrehungen der Energie bringen Sie sie immer näher zum Nabel und dann, beim letzten Kreisen, direkt in den Nabel.

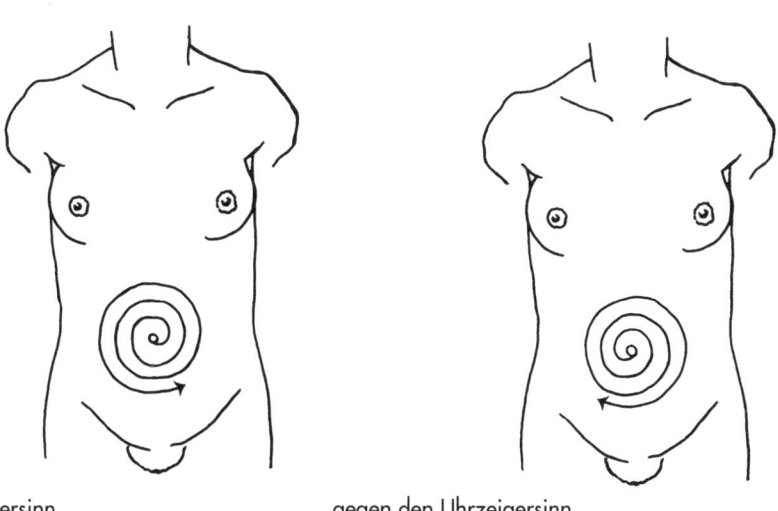

im Uhrzeigersinn   gegen den Uhrzeigersinn

Für Frauen:

Lassen Sie die Energie neun- oder 36-mal gegen den Uhrzeigersinn kreisen. Der Kreis hat ungefähr sieben bis acht Zentimeter Durchmesser. Sie beginnen etwa vier Zentimeter oberhalb des Nabels, kreisen von oben nach rechts, dann nach unten und kommen links vom Nabel wieder hoch.

Dann zirkulieren Sie in die andere Richtung, und zwar sechs- oder 24-mal. Jetzt fließt die Energie im Uhrzeigersinn. Mit den letzten Umdrehungen der Energie bringen Sie sie immer näher zum Nabel und dann, beim letzten Kreisen, direkt in den Nabel.

Üben Sie den Kleinen Energiekreislauf, bevor Sie mit den anderen Übungen weitermachen.

Selbstverständlich sind die Übungen an sich ungefährlich. Dennoch empfehle ich, dass Sie sich zunächst mit den Grundlagen auseinander setzen. Wenn Sie völlig unerfahren sind, sollten Sie die Grundübungen zwei oder drei Wochen lang praktizieren, bevor Sie mit den anderen Übungen weitermachen. Sie brauchen für das taoistische Yoga eine feste Grundlage. Fangen Sie den Hausbau nicht mit dem zweiten Stock an!

Nun kommen wir zu etwas Neuem. Wie bereits erwähnt, bilden alle in diesem Buch vorgestellten Praktiken eine Art »dreizinkigen Ansatz« für die Drei Kostbarkeiten des Taoismus, Chi, Jing und Shen bzw. Atem, Körper und Geist. Die Atemübungen haben vor allem den Sinn, Energie direkt in den Körper zu bringen. Diese Praktik ist auch unter dem Namen Körperatmung bekannt. Die Taoisten perfektionierten diese Art des Atmens zu einer Kunst. Einige dieser Übungen wurden bis jetzt noch nie auf Englisch bzw. Deutsch beschrieben. Deshalb wird im Laufe des Buches immer wieder ein wenig Theorie eingeflochten. Die drei Hauptübungsformen sind die Haaratmung, die Knochenmarksatmung und die Quadratische Atmung.

Die Haaratmung beruht auf der taoistischen Lehre, dass die Körperorgane überschüssige Energie im Haar speichern. Meist geht diese Energie einfach verloren, weil der Körper normalerweise nicht weiß, wie er sie nutzen kann. Wir lernen, diese überschüssige Energie wieder in den Körper zu ziehen, sodass uns mehr Energie zur Verfügung steht.

Im Buch wird immer wieder auf die gegenseitigen Beziehungen zwischen den verschiedenen Körperteilen hingewiesen. Die fünf inneren Hauptorgane – das Herz, die Lunge, die Leber, die Nieren und die Milz – haben alle eine Beziehung zu äußeren Organen, in diesem Fall insbesondere zur Zunge, zur Nase, zu den Augen, den Ohren und den Lippen. Im Laufe des Buches und der Übungen werden Sie noch mehr Entsprechungen kennen lernen. Die Verbindung zwischen den fünf Hauptorganen und dem Körperhaar ist eine davon.

Diese Entsprechungen sind nicht auf den ersten Blick zu erkennen, sondern wurden in Tausenden von Jahren von den alten Tao-Meistern entwickelt. Sie beobachteten beispielsweise, dass der Zustand des Kopfhaares die Verfassung des Herzens widerspiegelt. Daraus entstand das Konzept, dass das Haar die überschüssige Energie des Herzens darstellt. Verschiedene Teile der Körperbehaarung sind die überschüssige Energie der verschiedenen Hauptorgane oder Körperteile. In den wöchentlichen Lektionen werden wir uns mit all diesen Verbindungen und mit den Übungen vertraut machen. Wenn man erst einmal damit anfängt, stellt man überrascht fest, dass sie nicht nur effektiv sind, sondern auch Spaß machen.

Die zweite Reihe von Atemübungen ist die so genannte Knochenmarksatmung (auch Knochenatmung oder Knochenmarkswaschung genannt). Diese Übungsreihe wurde von Da Mo, dem Bodhidharma, Begründer des Shaolin Kung Fu und des Zen, im 6. Jahrhundert entwickelt, als Unterricht für die buddhistischen Mönche im von ihm gegründeten Shaolin-Tempel. Später wurden die Übungen von den Taoisten übernommen. Prinzipiell geht es dabei darum, Chi direkt in die Knochen und letztendlich in das ganze Skelett zu ziehen, vor allem in das Knochenmark, das die wichtigste Quelle für rote Blutkörperchen ist. Einer der wichtigsten Effekte dieser Übungen ist auch eine gesteigerte Produktion dieser Blutkörperchen, ein weiterer Effekt sind stärkere, weniger brüchige und flexiblere Knochen.

Im Westen wurde die Knochenmarksatmung oft als eine Reihe von Chi-Kung-Bewegungsübungen beschrieben. Der innere Teil der Übungen, das tatsächliche Bewegen des Chis in die Knochen hinein und aus den Knochen hinaus, wurde dabei allerdings leider meist komplett übersehen. Das Konzept des Chis, das in den Körper hinein- und hinausfließt, wurde meist nur flüchtig erwähnt, weil es für westliche Ohren schwierig zu erklären ist; dabei ist es der wichtigste Teil der Praktik. Auch die Sexualenergie Jing Chi verstärkt die Knochenmarksatmung. Im weiteren Verlauf wird auch die Technik der Sexualmassage zur Verstärkung der Knochenmarksatmung für Männer und Frauen erläutert.

Weiterhin möchte ich Ihnen die von mir als Quadratische Atmung bezeichnete Übungsreihe vorstellen. Sie werden mit diesen Übungen jedes Winkelchen Ihres Körpers mit Energie füllen, als Grundlage der »Inneren Kraft«, wie es die Taoisten nennen. Sie lernen, von innen heraus Stärke und Kraft aufzubauen und stärken damit letztlich auch das Äußere. Im Westen wird normalerweise von außen praktiziert, um das Innere zu stärken. Der taoistische Ansatz ist ganz anders, aber außerordentlich wirksam. Man kann damit den inneren Druck im Körper wieder herstellen. Mit dem Älterwerden geht meist der perfekte innere Körperdruck, den wir als Kinder haben, verloren. Die Quadratische Atmung hilft, diesen Druck wieder herzustellen und den Körper zu verjüngen.

Also: Machen Sie sich bereit für ein Abenteuer, das weit über das hinausgeht, was man im Westen bis jetzt unter Atmung verstanden hat. Die Taoisten lernten, mit dem ganzen Körper zu atmen. Lesen Sie weiter, dann erfahren auch Sie, wie das geht.

Die Übungen der Zweiten Kostbarkeit haben mit dem Körper zu tun. Jing bedeutet eigentlich Essenz, was sich meist auf die Körperflüssigkeiten bezieht, also Blut, Hormone und Sexualsekrete. Die im Körper verfügbare Essenz kann in Energie (Chi) umgewandelt werden, so wie Benzin im Automotor in nutzbare Energie umgewandelt wird. Die Übungen für die  Zweite Kostbarkeit – Jing – beinhalten die Übungen des »Stehenden Chi Kung«, im heutigen China die beliebteste Chi-Kung-Form, im Westen dagegen fast unbekannt. Im Prinzip sind dies Standpositionen, die für eine gewisse Zeit fast oder ganz bewegungslos eingenommen werden.

Es gibt auch Formen im Sitzen oder Liegen; auch sie sind statische Übungen, ohne Bewegung. Das Stehende Chi Kung kennt auch dynamische Formen mit Bewegung, die in der letzten Übungswoche beschrieben werden. Alle stehenden Formen sind äußerst einfach, leicht zu lernen und sehr wohltuend.

Beim Stehenden Chi Kung geht es im Wesentlichen darum, eine bestimmte Position für ein paar Minuten einzunehmen und den Körper dabei entspannt zu halten. Das dürfte sehr viel schwieriger umzusetzen sein, als es klingt. Zu lernen, wie beim Einnehmen der Position verspannte oder schmerzende Muskeln und Sehnen entspannt werden, bringt den größten Nutzen.

Die Standpositionen passen gut zu den Atemübungen für die Erste Kostbarkeit. Nehmen Sie die Position ein und machen Sie dabei die Atemübung. Auch mit den Meditations- und Visualisierungs-Übungen für die Dritte Kostbarkeit kann man diese Positionen gut ausführen. Man nennt dies eine Steh-Meditation, eine sehr beliebte Form des Tao-Yoga.

Ich habe mich bei den Bewegungsformen des Chi Kung auf ein Minimum beschränkt. Für mich war es schon immer wichtig, die Dinge so einfach wie möglich zu belassen. Das Stehende Chi Kung ist ein in sich vollständiges Chi-Kung-System. Wer mit einer Form des Bewegungs-Chi-Kung bzw. Tai Chi Chuan vertraut ist, kann mit den Übungen des Stehenden Chi Kung sein Repertoire nützlich erweitern. Viel wichtiger ist es, das, was man kennt, korrekt auszuführen und jeden Tag zu praktizieren.

Auch zu den Praktiken der Zweiten Kostbarkeit gehören sexuelle Techniken. Mit den neuen, aufregenden Techniken wird Ihnen erneut bewusst, dass die sexuellen Geheimnisse der Taoisten weltweit wohl die am höchsten entwickelten Praktiken darstellen.

Zu Beginn der Lektionen werden jede Woche detaillierte Anweisungen zur Verstärkung der Praktik der Zweifachen Kultivierung vorgestellt, die taoistischen Liebestechniken für Mann und Frau. Dabei geht es vor allem um langsamen, sinnlichen Sex und eine Verlängerung des Liebesaktes. Diese so lange wohl gehüteten sexuellen Techniken sind in keinem der westlichen Sex-Ratgeber zu finden. Der taoistische Sex, der in diesem Buch vorgestellt wird, war im Westen bislang nicht vorstellbar. Deshalb macht es so Spaß, diese Techniken zu erlernen, zum Beispiel längeren Sex durch Techniken wie das »Verschließen der Eingangspforte«, die »Rasselatmung« oder die »Kreuzbeinschraube« zu genießen.

Dieses Erkunden der Zweifachen Kultivierung geht in den Bereich der Sexual-Alchemie hinein. Wir lernen, die Sexualenergie in die Energiekanäle des Partners hochzuleiten und diese Sexualenergie zwischen beiden Partnern hin- und herlaufen zu lassen. Später kommen noch die lange Zeit geheim gehaltenen Techniken der Sexual-Alchemie hinzu, die Übungen zum »Antreiben der Yin-Yang-Wasserräder«. Diese Übung kann man alleine, ohne Partner ausführen, um die Sexualenergie in den Hauptenergiezentren des Körpers zirkulieren zu lassen. Für den Mann gibt es außerdem verschiedene Formen der Sexualmassage zur Stärkung und Dehnung der Hoden, des Skrotums und des Penis. Für die Frau gibt es die Brustmassage, um Drüsen und Organe mit Sexualenergie aufzuladen.

Schließlich erlernen wir noch die Verbindung mit dem »Gott und der Göttin«, die zu Grunde liegenden Sexualkräfte (Yang und Yin) des Universums, sodass wir das Einssein aller Dinge besser verstehen können.

Die Innere Alchemie hat historisch betrachtet vor allem mit den Übungen der Dritten Kostbarkeit zu tun. Es gab zwar ein paar Richtungen der Inneren Alchemie, die auf das Zusammenspiel von Atem, Sexualgeheimnissen und den Geheimnissen der Dritten Kostbarkeit Wert legten, doch andere Schulen gingen überhaupt nicht auf die Sexualpraktiken ein. In manchen der alten Schriften ist eine Art sexueller Puritanismus zu finden, vor allem bei Schulen, die buddhistische und taoistische Praktiken vermischten, was im alten China ziemlich üblich war. Die Sexualgeheimnisse wurden in China vor tausend Jahren verboten, überlebten aber hinter verschlossenen Türen, in privaten Bibliotheken und durch die mündlichen Überlieferungen der taoistischen Meister. Im modernen China dürfte es praktisch unmöglich sein, diese Sexualpraktiken zu erlernen. Freuen wir uns, dass wir in einer Zeit und in einem Land leben, wo man diese so wohltuenden und nützlichen Praktiken frei erlernen und praktizieren kann!

Für die alten Taoisten war Sex bei allen Lebewesen die stärkste Kraft in der Natur. Auch beim Menschen gehört sie zu einer der grundlegendsten Funktionen. Wo wäre die Welt ohne diese Kraft? Eine Grundüberzeugung des taoistischen Glaubens ist die Harmonie mit der Natur. Für die Taoisten war die Beherrschung der Sexualität einfach ein Teil der natürlichen Ordnung.

Auch im modernen China ist die Innere Alchemie ein verbotenes Thema. Moderne Chinesen, die Chi-Kung praktizieren, wissen zwar ganz gut Bescheid über den Kleinen Energiekreislauf und den Chi-Fluss in den Akupunkturmeridianen, doch ihre Kenntnisse der Inneren Alchemie, insbesondere für Fortgeschrittene, sind rudimentär bzw. etwas, worüber sie aus Angst nicht reden wollen. Die chinesische Regierung lehnt die so genannten »Praktiken für die Unsterblichkeit« offiziell ab. Sie sind angeblich nicht »produktiv« genug. Doch ich habe die Erfahrung gemacht, dass man, wenn man mit den Praktiken der Inneren Alchemie beginnt, auch anfängt, weniger negativ zu sein und mehr positiv zu denken. Das reduziert den Stress, die Wut, Ängste, Sorgen, Depressionen und alle anderen negativen Emotionen und lässt uns viel mehr Zeit, für die Gesellschaft Produktives zu leisten.

Vieles, was wir über die Praktiken der Dritten Kostbarkeit lernen, hat mit den Fünf Farben – Rot, Gelb, Weiß, Blau (bzw. Schwarz) und Grün – zu tun. Wer diese Farben visualisieren kann – bzw. dies lernt –, wird mit der Inneren Alchemie großen Erfolg haben.

Das taoistische Yoga hat viel damit zu tun, zwischen den verschiedenen Körperteilen eine innere Verbindung herzustellen. Die Fünf Farben sind das wichtigste Bindeglied dazu. Die folgende Tabelle zeigt die Entsprechungen der Fünf Farben mit den Fünf Elementen, den fünf Hauptorganen und den entsprechenden Heilenden Lauten.

Farbe	Element	Organ	Heilender Laut
Rot	Feuer	Herz	H-h-a-a-a-a
Gelb	Erde	Milz/Bauchspeicheldrüse	Ghr-o-o-o-o
Weiß	Metall	Lunge	S-s-s-s-s-s
Blau (Schwarz)	Wasser	Nieren	Tsch-o-o-o-o
Grün	Holz	Leber	Sch-h-h-h-h

In den wöchentlichen Lektionen werden noch weitere Entsprechungen aufgezeigt. Hier sind noch einige:

Farbe Äußeres	Organ	Finger	Augenbereich
Rot	Zunge	Mittelfinger	Augenwinkel
Gelb	Lippen	Daumen	Augenlider
Weiß	Nase	Zeigefinger	das Weiß im Auge
Blau (Schwarz)	Ohren	Kleiner Finger	Pupille
Grün	Augen	Ringfinger	Iris

Durch die Farben werden all diese Körperteile miteinander verbunden; dies ist auch der Ausgangspunkt für die Übungen der Dritten Kostbarkeit.

In den obigen Tabellen ist auch die Farbe Blau (Schwarz) einbezogen. Im System des Heilenden Tao ist Blau die Farbe des Wasserelements. Die traditionellen taoistischen und chinesischen Schriften nehmen dafür fast immer Schwarz. Ich bin mit dem System vertraut, das Blau verwendet. Während ich das Buch schrieb, habe ich mit der Farbe Schwarz ein wenig herumexperimentiert, und das war sehr effektiv. Ich visualisiere einfach ein glänzend schwarzes Auto, und schon ist die Farbe vor meinen Augen. Entscheiden Sie selbst, mit welcher Farbe Sie arbeiten möchten.

Diese Farben werden nicht nur dazu verwendet, die fünf Hauptorgane zu »baden«, sondern sie dienen auch dazu, die verschiedenen Körperteile miteinander zu verbinden und eine vielfarbige Regenbogen-Aura um sich herum aufzubauen. Wir lernen, uns mit jeder dieser Farben zu umgeben und so eine Regenbogen-Aura um uns herum zu kreieren. So können wir unsere Energie versiegeln, damit sie nicht verloren geht, und uns auch vor äußeren Einflüssen schützen.

Einen Hauptteil der Übungen der Dritten Kostbarkeit macht die Übungsreihe aus, die als die »Fusion der Fünf Elemente« bekannt ist. Dies ist der eigentliche Anfang der Praktik der Inneren Alchemie.

Die erste Ebene der Fusion der Fünf Elemente hat mit dem Harmonisieren der Energie der Fünf Elemente zu tun, die jeweils aus den fünf Hauptorganen gezogen werden. Jedes Organ hat einen Energie-Sammelpunkt, von dem aus das entsprechende Element zur Körpermitte gezogen wird, in ein Energiesammelnetz, das so genannte Pa Kua. Das mag vielleicht ein wenig komisch klingen, aber keine Sorge: Im Laufe der Lektionen gehen wir Schritt für Schritt weiter, sodass ganz klar wird, was zu tun ist. Durch das Ausbalancieren, Vermischen und Harmonisieren der Fünf Elemente im Pa Kua werden negative Emotionen neutralisiert, und man kommt emotional zur Ruhe. Eine weitere Übung besteht darin, eine so genannte »Perle« zu formen, d.h. die Lebensenergie zu verdichten.

TEIL 2:

DIE PRAXIS

1. WOCHE

Die Taoisten glaubten, dass überschüssige Energie aus den inneren Organen, Muskeln und Sehnen, aus dem Blut und Chi in den äußeren Teilen des Körpers gespeichert werden kann. Diese inneren und äußeren Verbindungen wurden von den alten Meistern abgebildet und über Jahrhunderte an die Übenden weitergegeben. Viele dieser Überzeugungen und Praktiken gelangen erst jetzt allmählich in den Westen.

Haaratmung: Teil 1

Die Praktik der Haaratmung bzw. das Zurückziehen überschüssiger Energie in den Körper wurde im Westen bislang nie in Schriftform dargelegt. Ich hörte 1983 erstmals davon, als Teil der elf Übungen des Bewegungs-Chi-Kung, die als das »Fünf-Finger-Kung-Fu« bekannt sind. Vor ungefähr drei Jahren stieß ich auf ein kleines, in Hongkong veröffentlichtes Buch, in dem diese Übungen mit den jeweiligen körperlichen Entsprechungen dargestellt werden. Allerdings wurde nicht erklärt, wie die überschüssige Energie wieder in den Körper gezogen wird, und genau das ist das Wichtigste. Dieses Problem ergab sich mit Büchern über die taoistischen Praktiken und Chi Kung immer wieder. Kleine Details – zum Beispiel, wie es überhaupt funktioniert und gemacht wird – wurden oft einfach weggelassen. Wer keinen Tao-Meister kannte, der die Formen und die Details kannte, verschwendete viel Zeit mit dem Erlernen der äußeren Bewegungen, ohne jedoch wirklich zu verstehen, was sie eigentlich im Innern bewirken sollten.

Wir werden uns hier nicht mit den Bewegungsformen des Fünf-Finger-Kung-Fu beschäftigen, die ein bisschen kompliziert sind, sondern uns vielmehr auf den Prozess der Haaratmung konzentrieren und lernen, wie dies funktioniert und die überschüssige Energie in den Körper gezogen wird.

Grundvoraussetzung dabei ist, dass das Haar ein externer Speicher für überschüssige Energie ist, die im Körper produziert wird. Normalerweise geht diese Energie verloren, zum einen, weil man gar nicht weiß, dass es sie gibt, und zum anderen, weil man nicht weiß, wie man sie nutzen kann.

Wenn die innere Kommunikation funktioniert, kann die überschüssige Energie wieder in den Körper gezogen und in nutzbare Energie (Chi) transformiert werden. Spüren Sie Ihr Haar? Dann spüren Sie vielleicht auch die Energie, die sich im Haar befindet und ausgestrahlt wird. Wenn man die überschüssige Energie zurück in den Körper bringt, steht mehr Energie zur Verfügung. Mit Energie ist hier und im weiteren Verlauf des Buches das Chi gemeint. Chi Kung sind Energieübungen. Um dem westlichen Leser ein leichteres Verständnis zu ermöglichen, wird mehr von Energie als von Chi die Rede sein, obwohl beides das Gleiche ist.

Im Laufe der nächsten paar Wochen arbeiten wir mit verschiedenen Arten von Körperbehaarung. In dieser ersten Woche ist zunächst das Kopfhaar an der Reihe, welches ein Produkt der überschüssigen Energie des Blutes ist und dem Herzen entspricht. Wie bereits erwähnt, gibt es ein riesiges Netz von Entsprechungen, sowohl im als auch außerhalb des Körpers. Wenn man beispielsweise weiß, dass das Haar eine Verbindung zum Herzen hat, besteht auch eine Verbindungen zu Folgendem:

Haartyp	Yin Inneres Organ	Element	Über- schüssige Energie von	Farbe	Äußeres Organ	Finger	Augen- bereich	Heilender Laut
Kopf	Herz	Feuer	Blut	Rot	Zunge	Mittel- finger	Augen- winkel	H-h-a- a-a-a

Diese Informationen werden wir in den Übungen der Dritten Kostbarkeit für diese Woche noch intensiver erarbeiten.

Die überschüssige Energie wird dabei in den Mund gezogen, mit dem Speichel vermischt und geschluckt. Im zweiten Schritt, der Grundübung für die Mittellinie in der Lektion über das Innere Lächeln (siehe Seite 37) ging es bereits darum, Speichel im Mund zu sammeln: Man legt die Zunge zwischen die Vorderzähne und die Lippen und lässt sie neunmal kreisen. Dann wird die Zunge wieder hinter die Zähne gelegt und man kreist sechsmal in die entgegengesetzte Richtung. Wie wir bereits wissen, ist die Zunge die äußere Entsprechung bzw. Öffnung des Herzens, der Mund entspricht als äußeres Organ der Milz. Für ein besseres Verständnis der Übung soll hier eine weitere Entsprechung aufgeführt werden. Alle äußeren Öffnungen der fünf Hauptorgane laufen im Mund bzw. auf der Zunge zusammen. Wenn man also die überschüssige Energie aus den Haaren in den Mund zieht, sie mit dem Speichel vermischt und schluckt, werden alle inneren Organe gestärkt. Und so funktioniert es:

1. Sie sitzen auf einem Stuhl, die Hände liegen (mit der rechten Handfläche über der linken) gefaltet im Schoß. Alternativ können Sie eine der stehenden Positionen aus den Übungen der Zweiten Kostbarkeit (Jing) einnehmen.

2. Nun schließen Sie die Augen und entspannen den ganzen Körper, während Sie die Umkehratmung praktizieren (den Unterbauch beim Einatmen einziehen und beim Ausatmen dehnen, Brustkorb ist entspannt). Auch der Geist ist entspannt. Atmen Sie so mindestens eine Minute lang. Sie können auch statt dessen die Bauchatmung praktizieren, wenn Sie Ihnen leichter fällt oder besser wirkt.

3. Lenken Sie die Aufmerksamkeit auf Ihr Kopfhaar. Wer kahl ist, kann die Aufmerksamkeit auf die Resthaare richten bzw. auf die Haarporen in der Kopfhaut. Versuchen Sie, Ihr Haar zu spüren.

4. Beim Einatmen stellen Sie sich vor, dass Sie die Energie direkt durch die Haare in den Kopf ziehen. Jedes einzelne Haar fühlt sich dabei wie eine Antenne an, die Energie in jede Haarsträhne leitet. Gleiten Sie mit Ihrer Aufmerksamkeit über die ganze Kopfhaut, von ganz oben bis hinunter zum Nacken.

5. Nun ziehen Sie sanft die Augen nach innen und den Anus nach oben, atmen dabei ein und versuchen, die Verbindung zum Mund und zur Zunge wahrzunehmen.

6. Beim Ausatmen entspannen Sie Augen und Anus und spüren, wie die Energie aus Ihren Haaren ausstrahlt.

7. Atmen Sie in dieser Weise weiter ein und aus. Es wird sich so anfühlen, als ob Ihre Haare atmen und die Energie in den Haarsträhnen ein- und ausfließt.

8. Ziehen Sie diese Energie mental in den Mund. Damit das besser geht, ziehen Sie die Wangen dabei ein.

9. Dann legen Sie die Zunge hinter die Lippen und vor die Zähne, lassen sie neunmal in eine Richtung kreisen und sammeln so Speichel im Mund.

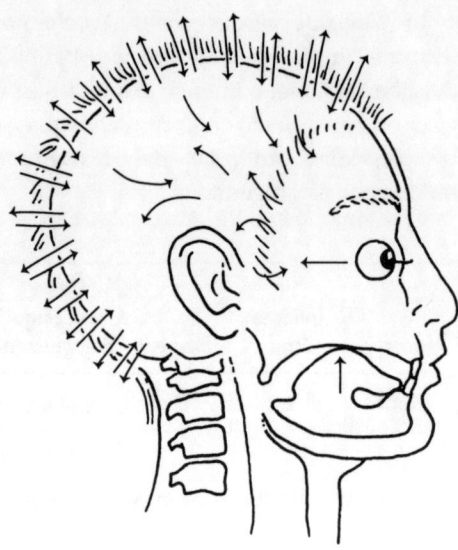

10. Nun legen Sie die Zunge hinter die Zähne und kreisen diesmal sechsmal in die andere Richtung. Wenn Sie den Speichel sammeln, vermischen Sie ihn mental mit der Energie aus den Haaren.

11. Beenden Sie das Kreisen, legen Sie die Zungenspitze hinter die unteren Zähne und drücken Sie den mittleren Teil der Zunge gegen den oberen Gaumen.

12. Dann ziehen Sie das Kinn ein, richten den hinteren Nacken auf und schlucken hart mit einem Schluckgeräusch. Spüren Sie, wie die Energie nach unten in den Magen gedrückt wird und wie sich das Untere Tan Tien erwärmt.

13. Klopfen Sie mit der offenen Handfläche oder mit lockeren Fäusten den Brustkorb ab. Dann laufen Sie mindestens 15 Sekunden herum.

Eventuell entsteht ein salziger oder metallischer Geschmack im Mund – der Geschmack der überschüssigen Energie.

Bei dieser Übung werden eine ganze Reihe taoistischer Techniken eingesetzt, auf die ich gerne näher eingehen möchte. Die Methode zum Erzeugen und Schlucken des Speichels ist eine davon. Das Einziehen der Augen und Hochziehen des Anus ist eine weitere Haupttechnik. Durch das Einziehen der Augen werden die Augenmuskeln massiert und gestrafft; gleichzeitig wird so die Energie in den Körper gezogen. Das Hochziehen des Anus gehört zu der Technik, die ich als die »Perineum-Kraft« bezeichne.

Das gesamte Gewicht des Oberkörpers ruht auf dem Dammbereich, zwischen den Genitalien und dem Anus. Eines der ersten Ziele der taoistischen Praktiken ist die Stärkung dieses Bereichs. Dann werden die verschiedenen Teile des Dammbereiches, also Genitalien, Perineum und Anus, dazu benutzt, die Energie an alle möglichen Stellen im Körper zu lenken und das Verbundenheitsgefühl des Körpers zu erhöhen. In der hier beschriebenen Übung wird der Anus hochgezogen, um die Energie zum Mund und zur Zunge zu lenken; gleichzeitig werden die Muskeln um die Augen sanft nach innen gezogen.

Die überschüssige Energie wird hinunter in das Untere Tan Tien geschluckt, das so genannte Medizinfeld des Körpers. Auch in den weiteren Übungen spielt diese Stelle immer wieder eine Rolle. Die genaue Lage ist bei jedem einzelnen verschieden. In den neuen chinesischen und alten taoistischen Werken weichen die Beschreibungen voneinander ab. Wir arbeiten entweder mit dem Nabel oder einem Punkt, der etwa vier Zentimeter unterhalb und eineinhalb Zentimeter nach innen versetzt ist. Aber inzwischen ist Ihnen dies sicherlich schon vertraut.

Stehendes Chi Kung

Das Stehende Chi Kung bzw. Zhan Zuang (was wörtlich Stehender Pol oder Stehender Pfosten) bedeutet) ist in China die beliebteste Form des Chi Kung. Eigentlich steht man dabei einfach an einer Stelle und entspannt den Körper. Von dieser Grundform gibt es Dutzende von Variationen.

Historisch betrachtet ist Chi Kung (Qi Gong) ein noch relativ junger Name, der zum ersten Mal 1910 in einem Buch über das Shaolin-Boxen auftauchte. Traditionell wurden diese Übungen als Yan Shen Shu – »die Kunst, das Leben zu nähren« – bezeichnet. Ihre Wurzeln gehen über dreitausend Jahre zurück. In China entwickelten sich fünf Hauptrichtungen bzw. Schulen: die taoistische, buddhistische, konfuzianische und medizinische Richtung sowie die Kampfkünste. Jede hat ihre eigene Theorie, Praxis und Formen. Im Laufe der Jahrhunderte verschwammen die Unterschiede, und die Formen und Techniken vermischten sich; heute ist eine Differenzierung eigentlich unsinnig.

Über die genauen Wurzeln des Stehenden Chi Kung gibt es keine exakten historischen Überlieferungen. Höchstwahrscheinlich leitet es sich aus der Shao-Lin-Kampfkunst ab, die auch Übungen kennt, bei denen man lange Zeit eine Position einnimmt. Hinzu kamen die taoistischen Praktiken, wie man »den Geist zur Ruhe bringt«, Atemtechniken und andere Meditationsformen, die im weiteren Verlauf des Buches noch vorgestellt werden. Stehendes Chi Kung ist eine bewegungslose Form, denn es gibt keine aktiven Bewegungen; sie ist auch eine entspannte Form, denn beim Stehen sollen Geist und Körper entspannt sein, allerdings nicht bis zum Einschlafen! Der Geist ist ruhig, aber wach.

Den Geist zur Ruhe bringen

Meist lehrt die chinesische Überlieferung, dass beim Stehenden Chi Kung der Geist leer sein soll von allen Gedanken. Eine einfache Methode, um dies zu erreichen, ist folgende:

1. Sie starren etwa eine Minute lang auf irgendeinen Punkt direkt vor Ihnen auf Augenhöhe, am besten mit einem Abstand von zwei bis drei Metern, aber das ist kein Muss.
2. Konzentrieren Sie sich auf die Nasenspitze. Die Augen werden halb geschlossen. Versuchen Sie, mit beiden Augen auf die Nasenspitze (die eigentliche Spitze kann man nicht sehen) zu schauen und bleiben Sie mit Ihrer Aufmerksamkeit circa eine Minute an diesem Punkt. Neh-

men Sie muskuläre Unausgewogenheiten rechts und links wahr, und sagen Sie den verspannten Muskeln, dass sie »ruhig und entspannt« sein sollen.

3. Nun geht die Aufmerksamkeit von der Nase hoch zum Dritten Auge zwischen den Augenbrauen (zwischen und leicht oberhalb der inneren Augenwinkel).

4. Stellen Sie sich vor, dass die Sonne in dieses Zentrum hineinlächelt.

5. Das Lächeln geht in beide Augen und ins Gehirn. Der ganze Kopf lächelt und leuchtet. Das Lächeln verweilt etwa eine Minute im Kopf.

6. Dann lenken Sie die Energie des Lächelns hinunter zum Herzen. Lächeln Sie in Ihr Herz, und spüren Sie, wie es in der goldenen Energie der Sonne badet und weich wird. Das Lächeln bleibt wieder ein bis zwei Minuten im Herzen (Wer Schwierigkeiten hat, die Energie nach unten zu bringen, kann sich einfach vorstellen, dass er sie mit zwei imaginären Händen nach unten zieht, immer dann, wenn es nötig ist. So sollten Sie die Energie viel stärker spüren können).

7. Die Aufmerksamkeit geht jetzt hinunter zum Unteren Tan Tien, in den Bereich hinter dem Nabel, eigentlich mehr am Rückgrat und weniger an der Körpervorderseite. Lächeln Sie in das Untere Tan Tien (visuell veranlagte Menschen können sich vorstellen, dass das Untere Tan Tien sich in einen dreibeinigen Kessel verwandelt, in dem der goldene Sonnenschein gesammelt wird).

8. Ihre Aufmerksamkeit ist weiterhin auf das Untere Tan Tien gerichtet, und Sie lauschen dabei Ihrem Atem. Atmen Sie so leise wie möglich. Am besten wäre es, wenn Sie gar nichts hören würden.

9. Hören Sie auf zu denken. Lauschen Sie der Stille so lange, wie Sie möchten.

Wenn die Aufmerksamkeit auf das Untere Tan Tien gerichtet ist und Sie Ihrem Atem lauschen, wird der Geist allmählich leer und ruhig.

Man kann das Stehende Chi Kung auch mit allen Übungen für die Dritte Kostbarkeit üben, bei denen der Geist aktiver ist, zum Beispiel das ganze Innere Lächeln und der Kleine Energiekreislauf und alle anderen Shen-Übungen, die wir noch lernen werden.

Auch die Atemübungen kann man in diesen Standpositionen durchführen. Sie sind für viele taoistische Praktiken einsetzbar.

In dieser ersten Übungswoche besteht die Übung darin, den Geist zu entspannen und zur Ruhe zu bringen; diese so genannte bewegungslose Meditation ist eine Form der taoistischen Meditation. Fast alle anderen Meditationen, die dieses Buch vermittelt, sind aktive Meditationen, mit Visualisierung und Bewegung der Energie im Körper. Beide Meditationsformen – die bewegungslose und die aktive – sind wichtig.

Wer nur mit aktiver Meditation arbeitet, wird nie lernen, den Geist wirklich zur Ruhe zu bringen, was einen echten therapeutischen Wert hat. Wenn man alle Sorgen, geistige Überarbeitung, stressige Gedanken und emotional Belastendes »abschalten« kann, wirkt sich das nicht nur auf das Nervensystem, sondern auf den ganzen Körper vorteilhaft aus.

Eine weitere Facette des Stehenden Chi Kung ist das Erlernen der Grundlagen der »Drei Pumpen«: die Perineum-, Kreuzbein- und Schädelpumpe. Von diesen Punkten aus kann die Energie die Wirbelsäule hochgeleitet werden, um so Blockaden zu lösen. Dabei ist es auch wichtig, die Schultern korrekt auszurichten. Die folgende einfache Übung aktiviert die Drei Pumpen und richtet die Schultern aus.

Aktivieren der Drei Pumpen und Ausrichten der Schultern

1. Sie stellen sich an eine flache Wand oder eine Tür.
2. Ziehen Sie das Perineum hoch (Punkt A – Erste Pumpe) und kippen Sie das untere Ende des Kreuzbeins (B – Zweite Pumpe) nach vorne, sodass der untere Rücken ganz an die Wand geht.
3. Nun machen Sie die Schultern rund und lassen sie fallen. Drücken Sie den Nacken und den Hinterkopf gegen die Wand und aktivieren Sie dadurch die Schädelpumpe (C – Dritte Pumpe). Sie können sich vorstellen, dass ein Finger direkt unter der Nase das Kinn nach innen und die Nacken-hinterseite nach oben drückt.

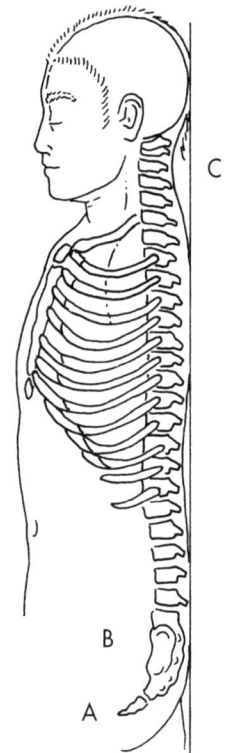

Um entspannt eine stehende Position einzunehmen, müssen Sie eine ganze Menge an Einzelheiten lernen. Sie können an einer Wand üben, sollten aber irgendwann in der Lage sein, die Position entspannt, aber wach ohne diese Stütze zu halten und das ganze Gewicht zu stützen.

Doch als erstes müssen Sie die Position erlernen. Die erste, nun folgende Position ist der Natürliche Stand, auch unter dem Namen Hängeposition oder Entspannte und Bewegungslose Form bekannt. Eigentlich stehen Sie einfach mit herunterhängenden Armen da.

Stehen mit den Armen an den Seiten

1. Die Füße sind schulterweit auseinander, die Zehen zeigen nach vorne, und das Gewicht liegt vor allem auf der Stelle direkt hinter den Fußballen (die »Sprudelnde Quelle«).
2. Beugen Sie die Knie ganz leicht. Die Vorderseite der Kniescheibe sollte dabei nicht weiter vorkommen als die Zehenspitzen. Spannen Sie die Muskeln hinten in den Oberschenkeln an. Am Anfang ist das vielleicht ein wenig schwierig. Oft sind diese Muskeln im Stehen schlaff und kraftlos.
3. Ziehen Sie nun das untere Ende des Kreuzbeins nach innen und aktivieren Sie so die Kreuzbeinpumpe. Auch der Unterbauch fühlt sich dabei an, als wäre er leicht nach innen gezogen.
4. Entspannen Sie sich und bringen Sie das Gesäß nach unten, als ob Sie sich hinsetzen wollten; so können sich die Hüften entspannen. Strecken Sie den Po nicht nach hinten, sondern richten Sie ihn an den Fersen aus.
5. Jetzt werden beide Knie nach außen zur Körperseite gedreht und dann wieder nach innen. Damit wird die »Qua« (Gabelung im Schritt) abgerundet und die Verwurzelung mit dem Boden unterstützt.
6. Bringen Sie nun die Zungenspitze an den oberen Gaumen, direkt hinter die oberen Zähne. Achten Sie darauf, dass die Zunge dabei entspannt bleibt. Wenn man zu fest drückt, kann die Zunge leicht steif werden oder verspannen.

7. Lippen und Zähne berühren sich fast oder tatsächlich ein wenig, sollten aber auf keinen Fall fest zusammengepresst werden. In den Lippen und im Gaumen sollten keinerlei Verspannungen zu spüren sein.

8. Die Augen sind halb geschlossen, sodass nur ein kleiner Lichtstrahl durchkommt. Sie blicken geradeaus. Die Augen sollten nicht ganz geschlossen werden, da dies zu Spannungen in den Augen und Lidern führen kann.

9. Nun ziehen Sie das Perineum und/oder den Anus leicht, aber ohne Kraftaufwand hoch.

10. Der untere Teil des Brustkorbs geht nach hinten. Dazu entspannen Sie die Brust und stecken den Solarplexus nach hinten. Die Brust sollte nie nach vorne gedrückt werden. So wird auch die Thymusdrüse stimuliert und das Zwerchfell entspannt.

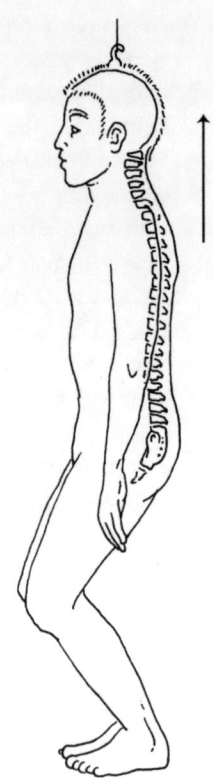

11. Richten Sie die Wirbelsäule gerade auf. Sie dehnt sich und ist ganz aufrecht.

12. Entspannen Sie die Taille und die dort sitzenden Muskeln. Das ist wichtig, und es dauert vielleicht eine Weile, bis es klappt. Wenn die Hüften nicht entspannt sind, ist es schwierig, diese Muskeln zu entspannen.

13. Entspannen Sie die Schultern und lassen Sie sie fallen. Die Schulterblätter dehnen sich zu den Seiten hin.

14. Jetzt werden die Ellbogenspitzen so nach außen gedreht, als ob Sie die Achselhöhlen »hohl« machen wollten. Das fühlt sich an, als ob Sie ein Ei in jeder Achselhöhle halten würden. Die Handrücken zeigen nach vorne und die Handflächen gehen nach hinten bzw. sind leicht zum Körper geneigt.

15. Entspannen Sie Ellbogen und Arme. Es fühlt sich an, als ob ein leichtes Gewicht vom Ellbogen nach unten hängt.

16. Entspannen Sie die Handgelenke, Hände und Finger; der Daumen bleibt in Kontakt mit der Handseite und dem Zeigefinger.

17. Jetzt ziehen Sie das Kinn nach innen und machen den hinteren Nacken gerade, um die Schädelpumpe zu aktivieren. Dadurch wird der Nacken länger, und der Kopf geht nach oben.

18. Spüren bzw. visualisieren Sie, dass der Scheitelpunkt oben auf dem Kopf »aufgehängt« ist, wie an einem Bindfaden.

19. Bleiben Sie in dieser Position und führen Sie die Bauch- oder Umkehratmung durch. Ein- und Ausatmung sollten dabei möglichst gleich lang sein.

20. Pro Sitzung nehmen Sie diese Position mindestens drei bis fünf Minuten ein; es können aber auch 20 Minuten und mehr sein.

Das hier Gelernte gilt für alle anderen Stehenden Formen in diesem Buch. Wahrscheinlich werden Sie diese Beschreibung immer wieder einmal nachschlagen, um die Position auf ihre Richtigkeit zu überprüfen.

Sexual-Kung-Fu

Zweifache Kultivierung: Versiegeln des Ersten Tores

Bei der Zweifachen Kultivierung wird die Sexualenergie mit dem Partner geteilt und balanciert. Das Vorspiel sowie die Atmosphäre spielen eine wichtige Rolle. Mit Hilfe des »Großen Emporziehens« bzw. des »Orgasmischen Emporziehens« wird die erregte Sexualenergie – das Jing Chi – die Wirbelsäule hoch in den Kopf gezogen. Mann kann auch den Kleinen Energiekreislauf mit dem des Partners verbinden. Es geht darum, Spaß zu haben und die Sexualenergie kreativ einzusetzen.

Im Westen sind solche Übungen praktisch unbekannt. Ein Grund ist darin zu suchen, dass diese Lehren erst in jüngster Zeit im Westen verfügbar sind. Ein weiterer Grund war das sexualfeindliche Klima; über solche Themen wurde einfach nicht geredet. Die sexuelle Revolution der 60-er und 70-er Jahre führte bei vielen Menschen zu einer anderen Einstellung im Hinblick auf die Sexualität. Über Sex konnte nun offener diskutiert werden. Die Sexualgeheimnisse der Taoisten wurden Anfang der 80-er Jahre in stärkerem Maße verbreitet. Gott sei dank leben wir heute in einer Zeit, in der man über dieses so wichtige Thema reden kann!

Im Umgang mit der menschlichen Sexualität sind für die Taoisten Balance, Harmonie und Miteinanderteilen, verlängerte Lust und Heilung wichtige Elemente. Dieser logische Ansatz bietet Antworten auf viele sexuelle Probleme, mit denen sich unsere Gesellschaft heutzutage herumschlägt. Viele der taoistischen Sexuallehren beschäftigen sich mit Themen, von denen man im Westen nicht einmal träumt, geschweige denn sie praktiziert. Das macht ihre Mystik und ihren Zauber aus. Doch die taoistischen Lehren sind sehr viel vernünftiger und gesünder als vieles, was im Westen als sexuelles Wissen gilt.

In der ersten Übungswoche geht es um eine sehr einfache Übung, die vielleicht eines der wichtigsten Sexualgeheimnisse in Ihrem Leben wird. Mit ein wenig Übung wird sich Ihr Sexualleben dadurch dramatisch bessern.

Für die Taoisten war ein lange ausgedehnter Liebesakt ein wesentlicher Schlüssel für Gesundheit und Wohlbefinden. Bei vielen Geheimnissen des Sexual-Kung-Fu geht es um die Kontrolle der Sexualfunktionen. Entweder ich kontrolliere meine Sexualität, oder sie kontrolliert mich. Durch einen verlängerten Liebesakt hat man eine bessere Möglichkeit, die Energie mit dem Partner zu teilen und zu balancieren, die Sexualenergie durch das Große Emporziehen bzw. das Orgasmische Emporziehen in den Kopf zu bringen und die Sexualenergie zum Heilen einzusetzen. Im Laufe der nächsten Wochen lernen wir Techniken zur Steigerung der Sensibilität und Kontrolle, sodass wir den Sex mit dem Partner ausdehnen und mehr genießen können.

Die Übung für diese Woche ist unglaublich einfach.

Für Männer:
1. Sie spannen die Muskeln ganz oben an der Penisspitze an und verschließen ganz leicht die Öffnung.
2. Diese Spannung wird ein paar Sekunden gehalten.
3. Dann entspannen Sie sich.

Für Frauen:

1. Sie spannen die Muskeln ganz vorne an den Schamlippen an und verschließen ganz leicht die Öffnung.
2. Spüren Sie die Spitze der Klitoris und ziehen Sie die Klitoris sanft nach oben.
3. Diese Spannung wird ein paar Sekunden gehalten.
4. Dann entspannen Sie sich.

Diese Übung kann im Stehen, Sitzen oder Liegen ausgeführt werden. Wiederholen Sie sie bei jedem Übungsgang wenigstens ein paar Mal, im Prinzip aber so oft Sie möchten. In der ersten Woche werden noch keine bestimmten Atemtechniken integriert.

Im Gegensatz zur Übung »Versiegeln der beiden Eingangspforten« im Grundlagenkapitel wird bei dieser Übung der Beckenboden (die Zweite Eingangspforte) *nicht* verschlossen, sondern vielmehr entspannt.

Die Penisspitze beim Mann bzw. die Schamlippen bei der Frau sind die so genannte Erste Eingangspforte. Es ist von größter Wichtigkeit, sich auf die Muskeln beidseitig der Penisspitze bzw. der beiden äußeren Schamlippen (wo sie zusammentreffen) zu konzentrieren. Wenn man diese Muskeln leicht anspannt, muss das unbedingt sehr sanft und gleichmäßig auf beiden Seiten von Penis oder Vagina passieren. Als ich zum ersten Mal diese Übung durchführte, erschien es mir sehr einfach, die Muskeln an der Penisspitze richtig fest zuzudrücken. Doch bald schon wurde mir klar, dass ich nur die Muskeln auf der linken Seite kontrahierte; auf der rechten Seite drückte ich einen Muskel am Penisschaft und nicht den an der Spitze. Meine Sensibilität für die Muskelkontrolle war so schwach ausgeprägt, dass ich zwar drückte, aber nicht an der Spitze, wie ich dachte. Mir wurde dadurch die Unausgeglichenheit der Muskeln zwischen der rechten und linken Seite meines Penis bewusst, die sich wiederum auf meine gesamte Körpermuskulatur auswirkte. Außerdem drückte ich viel zu fest. Eine leichte, gleichmäßige Kontraktion ist alles, was nötig ist.

Frauen müssen zum einen die Schamlippen schließen, zum anderen auch die Klitorisspitze erfühlen und sanft nach oben ziehen. Der Grund dafür wird im Laufe der Übungswochen klar. Im Moment reicht es zu verstehen, dass die Klitorisspitze bei der Frau der Penisspitze beim Mann entspricht. Beide Schamlippen sowie die Penisspitze gelten zwar als die Erste Eingangspforte, doch die Klitorisspitze hat sexuell die gleiche Grundfunktion wie die Penisspitze. Deshalb bezieht sich der Ausdruck Eingangspforte bzw. Erste Eingangspforte im weiteren Verlauf sowohl auf die Schamlippen als auch auf die Klitorisspitze.

Es ist also sehr wichtig, dass Männer wirklich darauf achten, dass sie die Muskeln an der Penisspitze und nicht am Schaft oder an der Wurzel kontrahieren. Bei Frauen müssen es die Muskeln an der Spitze der äußeren Schamlippen (wo die Schamlippen aufeinandertreffen) und an der Klitorisspitze sein.

Männer sollten mit dem Üben anfangen, wenn sie nicht erregt sind. Das Üben ist praktisch überall und jederzeit möglich. Wenn man erst einmal spürt, welche Muskeln man kontrahieren muss, kann man auch mit erigiertem Penis praktizieren (dann muss man etwas diskreter sein). Dies ist wohl etwas schwieriger, aber mit ein bisschen Übung geht es.

Auch Frauen sollten mit dem Praktizieren beginnen, wenn sie nicht erregt sind. Sie können jederzeit und überall üben; wenn sie erst einmal den »Dreh« heraushaben, geht es auch in erregtem Zustand.

Es kann passieren, dass sich eine Art Muskelkater einstellt, wenn bislang nicht eingesetzte Muskeln unter bewusste Kontrolle gebracht werden. Das ist kein Grund zur Sorge, sondern vielmehr ein Zeichen, dass die Muskeln stärker werden und die blockierte Energie wieder frei fließen kann. Machen Sie einfach weiter, dann verschwindet der Muskelkater wieder.

Versuchen Sie auch, während des Liebesaktes die Erste Eingangspforte zu versiegeln. Hören Sie auf, sich zu bewegen, und verschließen Sie die Penisspitze bzw. die Schamlippen ein paar Mal. Das ist eine sehr sinnliche Erfahrung, und die Erregung lässt ein wenig nach. Sich in der sexuellen Erfahrung zu verlieren, ist der direkteste Weg, genau diese Erfahrung zu verkürzen. Der Mann stößt zu schnell, und die Frau versucht, ihren Partner zum Orgasmus zu bringen. Das Rezept für einen langen Liebesakt sieht anders aus. Durch die bewusste Kontrolle der Erfahrung und das Verschließen der Ersten Eingangspforte und andere Praktiken verändert sich die Art des Liebemachens, und der Sex kann langsam und sinnlich genossen werden.

Das Feuerelement

Eines der Fünf Elemente bzw. Fünf Kräfte der Natur ist das Feuerelement. Der chinesische Name für die Elemente lautet Wu Hsing, was genauer mit »Fünf Aktivitäten« übersetzt werden könnte, die fünf miteinander agierenden Prozesse in der Natur. Die Taoisten glaubten, dass jegliche natürliche Aktivität aus der Interaktion dieser Fünf Kräfte oder Fünf Elemente besteht, deren Symbole Feuer, Erde, Metall, Wasser und Holz sind.

Jeder Mensch trägt diese Fünf Elemente in sich, und so verkörpert auch jeder Mensch die Natur in Miniatur, ist also ein Mikrokosmos. Im Körper werden in den Fünf Hauptorganen die Fünf Elemente gespeichert: im Herzen, der Milz, der Lunge, den Nieren und der Leber. Übungen wie die Sechs Heilenden Laute oder die Vorderlinie des Inneren Lächelns unterstützen den Kontakt mit diesen fünf Organen und leiten den Prozess des Ausbalancierens der Fünf Elemente ein.

Bei einer gesunden Geburt sind die Fünf Elemente in einem Neugeborenen in perfekter Balance. Doch wir werden älter und verlieren diese Ausgewogenheit. Je nach dem Grad der Imbalance kann dies beim Älterwerden letztlich zu einem ganzen Heer von Krankheiten und Störungen führen. Nach den Lehren der Taoisten wird auch die emotionale Verfassung von der Balance der Fünf Elemente kontrolliert, die wiederum vom Zustand der fünf inneren Hauptorgane abhängt.

Wir lernen, wie wir in Kontakt mit jedem einzelnen der Fünf Elemente kommen und die negativen Effekte der Elemente harmonisieren und neutralisieren. Jedes der Fünf Elemente symbolisiert eine der fünf Universalenergien, auch als Große Kraft der Elemente bezeichnet. Sie sind die Grundbausteine, aus denen das Universum erschaffen wurde und in Balance gehalten wird. In dieser ersten Übungswoche fangen wir mit den Fünf Elementen an. Das Feuerelement steht für die blühende, stärkende und sich ausdehnende Kraft in der Natur. Der wichtigste Speicher des Feuerelements im Körper ist das Herz. Die Übung der Dritten Kostbarkeit für diese Woche ist das Verbinden vieler weiterer Feuer-Entsprechungen mit dem Herzen.

Um die folgenden Übungen zu verstehen, muss ich Ihnen noch ein neues Konzept vorstellen. Die fünf Hauptorgane haben jeweils einen Sammelpunkt für das entsprechende Element. Ein Sammelpunkt ist eine Art Feld oder Sphäre von etwa sieben bis acht Zentimetern im Durchmesser, die an fünf spezifischen Punkten im Körper mental errichtet werden; die Elementenergie (Chi) des Organs sowie restliche Elementenergie im Körper wird zu diesem Sammelpunkt geleitet und hineingezogen.

Der Herz-/Feuer-Sammelpunkt befindet sich in der Brustmitte im Bereich der Thymusdrüse, etwa in der Mitte des Brustbeins (Sternum). Das untere Ende der Sphäre sollte etwa zweieinhalb Zentimeter oberhalb des unteren Endes des Brustbeins sein. Die Thymusdrüse ist eine weitere Entsprechung des Feuerelements. Sie dehnt sich aus und scheint aufzublühen, wenn Energie in den umliegenden Herz-/Feuer-Sammelpunkt gezogen wird.

Bei dieser Übung wird sehr viel mit der Farbe Rot gearbeitet; auch sie korrespondiert mit dem Feuerelement. Gegen Ende der Übung wird eine rote Aura aufgebaut, wie eine zweite Haut. Dies ist der Beginn des Prozesses, bei dem die Regenbogen-Aura gebildet wird.

1. Sie sitzen aufrecht auf einem Stuhl, ohne sich gegen die Rückenlehne zu lehnen. Die Hände liegen gefaltet im Schoß, die Füße stehen flach auf dem Boden.
Alternativ können Sie die zuvor beschriebene Standposition einnehmen, aber auch jede andere, die Sie kennen oder im Folgenden lernen werden.

2. Bringen Sie die Zungenspitze hoch an den oberen Gaumen, hinter die oberen Zähne.

3. Nun konzentrieren Sie sich mindestens 30 Sekunden lang auf einen Punkt in Augenhöhe direkt vor sich. Schließen Sie dann die Augen halb und konzentrieren Sie sich weitere 30 Sekunden (mindestens) auf die Nasenspitze, dann mindestens zehn Sekunden auf den »Buckel« in der Mitte der Nase, noch einmal mindestens 30 Sekunden auf das Dritte Auge zwischen und etwas oberhalb der inneren Augenwinkel (Sie können an jedem Punkt die Zeit so anpassen, wie Sie möchten). Sie sollten sich dabei immer ruhiger und entspannter fühlen.

4. Richten Sie nun die Konzentration auf das Kopfhaar, und führen Sie die Haaratmung, wie in der Übung für die Erste Kostbarkeit beschrieben,
durch, und zwar ungefähr eine Minute lang.

Schritt 4 und 5

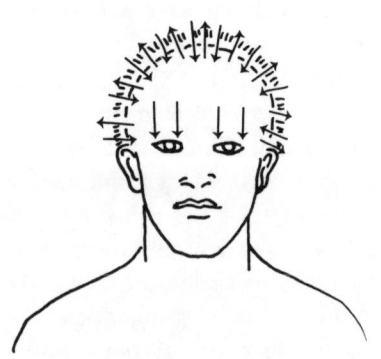

5. Die Energie fließt vom Haar hinunter zu den inneren und äußeren Augenwinkeln der beiden Augen. Lächeln Sie in die inneren und äußeren Augenwinkel beider Augen hinein. Spüren Sie, wie auch die Lippen und Wangenknochen dabei nach oben gehen und »lächeln«.

6. Die Energie des Lächelns fließt nun aus den Augen durch den oberen Gaumen hinunter in die Zunge. Lächeln Sie in die Zunge, und spüren Sie, wie Zunge und der obere Gaumen sich entspannen. Als nächstes stellen Sie sich vor bzw. spüren, wie die

Energie über die Zunge und durch den Hals in die linke Brusthälfte zum Herzen fließt. Spüren Sie die Verbindung zwischen Zunge und Herz. Stellen Sie sich vor, dass viele Kabel das Herz und die Zunge miteinander verbinden. Lächeln Sie in Ihr Herz.

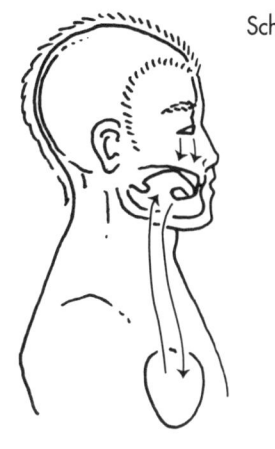

Schritt 6

7. Nun konzentrieren Sie sich wieder auf die Zunge und lenken dann die Aufmerksamkeit (den »Yi«-Geist) den Nacken hinunter, hin zu den Schultern und die Arme hinunter. Konzentrieren Sie sich auf die Mittelfinger der rechten und linken Hand. Spüren Sie, wie die Energie beim Einatmen in die beiden Mittelfinger fließt und dann über die Arme in die Brust strömt. Beim Ausatmen verbindet sie sich mit dem Herzen.

8. Nun konzentrieren Sie sich auf das Herz und praktizieren mindestens dreimal den Heilenden Laut: H-h-a-a-a.

9. Stellen Sie sich vor, Sie stehen unter einem roten Licht oder roten Nebel. Beim Einatmen dringt dieses rote Licht in den Körper ein, nicht nur durch die Nase, sondern auch durch al-

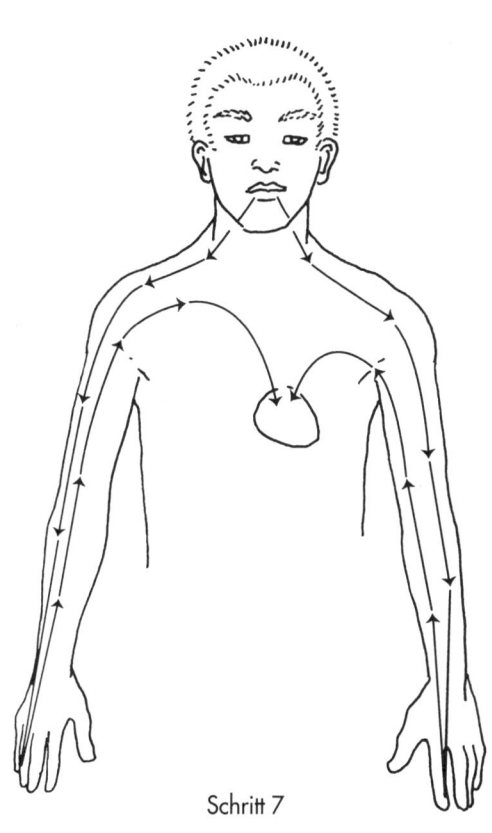

Schritt 7

le oben genannten Stellen: das Kopfhaar, die inneren und äußeren Augenwinkel, die Zunge, die beiden Mittelfinger und direkt durch den Körper. Das rote Licht füllt Ihr Herz und fließt auch in den Dünndarm.

Beim Ausatmen stellen Sie sich vor, dass Sie mit dem Atem eine Energie von trüb-oranger oder grauer Farbe aus dem Körper hinausbefördern – die negative Energie der Emotionen Arroganz, Ungeduld, Grausamkeit, Borniertheit und des Hasses. Visualisieren Sie, dass Sie diese negativen Emotionen beim Ausatmen vertreiben. Die eingeatmete rote Farbe ist strahlend rot. Die ausgeatmete trüb-orange bzw. graue Energie ist die Negativität, die das strahlende rote Licht am Leuchten hindert. Fahren Sie mit der Übung fort, und die negative Energie wird immer schwächer, das rote Licht immer stärker und heller.

10. Ziehen Sie nun das ganze rote Licht aus dem Herzen und auch das Licht, das in den Körper geflossen ist, und leiten Sie es in Ihren Herz-/Feuer-Sammelpunkt, den Bereich in der Brustmitte (circa sieben bis acht Zentimeter im Durchmesser, in etwa auf der Mitte des Brustbeins). Dieses Feld beginnt beim Ein- und Ausatmen rot zu leuchten. Spüren und visualisieren Sie, wie sich die Thymusdrüse erweitert und aufblüht wie eine Blume, wenn der Herz-/Feuer-Sammelpunkt es einschließt. Machen Sie mindestens ein bis zwei Minuten weiter.

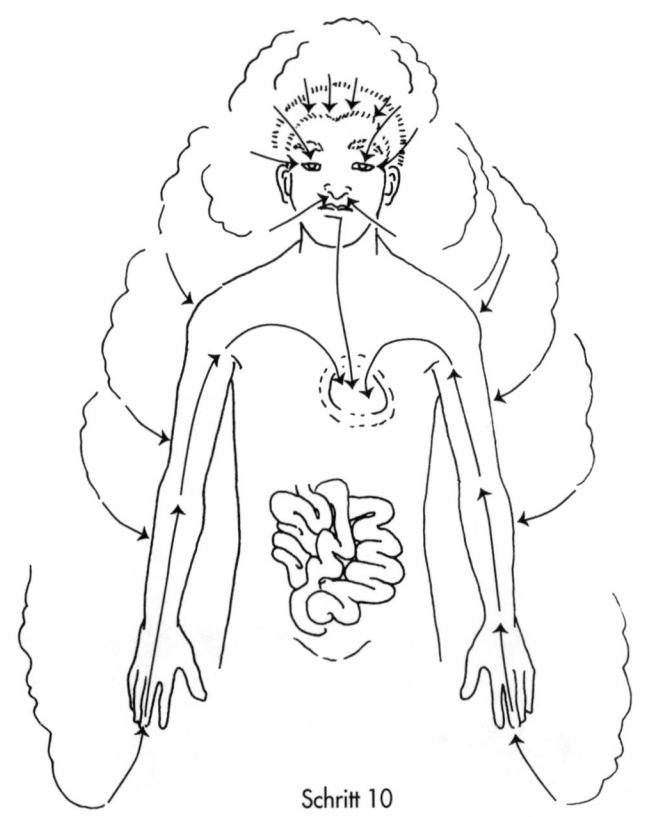

Schritt 10

11. Beim Ausatmen stellen Sie sich vor, wie das rote Licht aus dem Herz-/Feuer-Sammelpunkt hoch in die Zunge steigt und aus dem Mund tritt. Die rote Farbe fließt dabei in alle Richtungen und bildet um den Körper eine Aura, eine Art zweite Haut. Atmen Sie ein und verteilen Sie die rote Aura um sich.

    Gleichzeitig stellen Sie sich vor, wie rotes Licht oder roter Nebel auch aus den beiden Mittelfingern, den inneren und äußeren Augenwinkeln und dem Kopfhaar tritt, sich mit dem roten Licht/Nebel verbindet, der aus der Zunge fließt, und um den ganzen Körper eine rote Aura bildet. Lenken Sie das rote Licht über die Arme, Beine, den Rücken und um den Kopf, zwischen die Finger etc., bis der ganze Körper davon umgeben ist. Wenn Sie Kleider tragen, fließt das rote Licht durch sie hindurch.

12. Sammeln Sie die Energie im Nabel (vgl. Abbildungen auf der Seite 45).

Für Männer:

Legen Sie die linke Hand über den Nabel und die rechte über die linke Hand. Richten Sie die »Drachenhöhle« und die »Tigerhöhle« in der Mitte der beiden Handflächen miteinander aus. Lassen Sie die Energie am Nabel in Kreisen von ungefähr acht Zentimeter zirkulieren – beide Handflächen liegen dabei übereinander – und zwar 36-mal (neunmal) im Uhrzeiger-

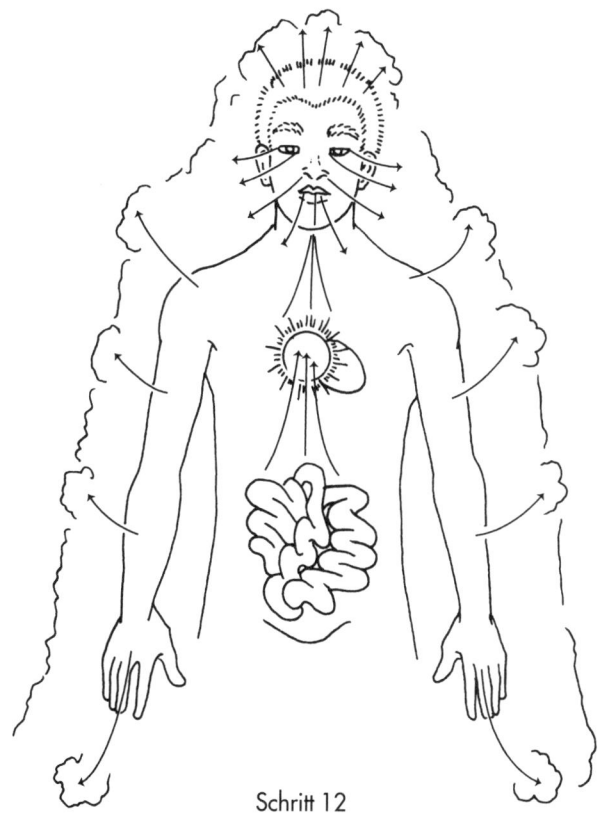

Schritt 12

sinn (von oben an der linken Seite hinunter und an der rechten Seite wieder hinauf) und dann 24-mal (bzw. sechsmal) gegen den Uhrzeigersinn. Mit Hilfe des Yi-Geistes sammeln Sie die Energie aus dem Körper und lenken gleichzeitig die Energie am Nabel. Beim letzten Kreisen ziehen Sie die Energie mental in das Untere Tan Tien.

Für Frauen:

Legen Sie die rechte Hand über den Nabel und die linke über die rechte Hand. Richten Sie die »Drachenhöhle« und die »Tigerhöhle« in der Mitte der beiden Handflächen miteinander aus. Lassen Sie die Energie am Nabel in Kreisen von ungefähr acht Zentimeter zirkulieren – beide Handflächen liegen dabei übereinander – und zwar 36-mal

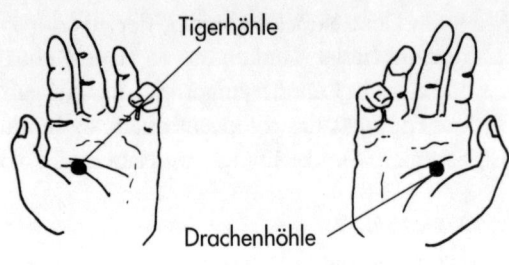

Tigerhöhle

Drachenhöhle

(neunmal) gegen den Uhrzeigersinn (von oben an der rechten Seite hinunter und an der linken Seite wieder hinauf) und dann 24-mal (bzw. sechsmal) im Uhrzeigersinn. Mit Hilfe des Yi-Geistes sammeln Sie die Energie aus dem Körper und lenken gleichzeitig die Energie am Nabel. Beim letzten Kreisen ziehen Sie die Energie mental in das Untere Tan Tien.

13. Reiben Sie nun die Handflächen aneinander, bis sie heiß werden, und massieren Sie das Gesicht. Noch einmal reiben Sie die Hände und bedecken dann die Augen, um das Chi in die Augen aufzunehmen. Falls Sie bei der Übung ein Herzrasen oder zu viel Hitze im Herzen spüren, praktizieren Sie den Herzlaut H-h-a-a-a-a. Das sollte das Herz wieder beruhigen und überschüssige Hitze zerstreuen. Auch die anderen Heilenden Laute können ausgeführt werden – der Milzlaut: Ghr-o-o-o-o, der Lungenlaut: S-s-s-s-s, der Nierenlaut: Tsch-o-o-o-o, der Leberlaut: Sch-h-h-h-h und der Laut des Dreifachen Erwärmers: H-h-i-i-i-i.

In der Beschreibung des 9. Schrittes wird gesagt, dass das rote Licht/der rote Nebel das Herz füllt und in den Dünndarm überfließt. Das hat natürlich seinen Grund. Die fünf Hauptorgane – Herz, Milz, Lunge, Nieren und Leber – sind die so genannten inneren Yin-Organe. Sie haben als Entsprechungen jeweils ein inneres Yang-Organ, die alle Hohlorgane sind: der Dünndarm, der Magen, der Dickdarm, die Blase und die Gallenblase. Der Dünndarm ist das Yang-Organ des Feuerelements.

66

2. WOCHE

Haaratmung: Teil 2

Viele taoistische Praktiken haben eine kindliche Qualität und Einfachheit. Wenn man einem Kind sagt, es solle durch die Haare atmen, hätte es wohl keinerlei Probleme damit, sondern würde praktisch sofort spüren, wie die Kopfhaut kribbelt, sich auf den Kopf konzentrieren, bald die Haare spüren, als etwas unbeschreiblich Wuscheliges, wie ein Wattebausch

oder vielleicht eine kleine Antenne, die etwas in den Körper zieht – aber was? Nicht etwa Luft, aber etwas. Ganz bestimmt würde dieses Kind beim Einatmen spüren, wie eine Art Energie über das Haar in den Körper strömt, wie beim Ausatmen die Energie über die Haare wieder austritt. Die Energie geht dahin, wo das Kind sie haben will. So einfach ist das.

Doch der Geist von Erwachsenen stellt dieser kindlichen Einfachheit alle nur erdenklichen Hürden entgegen. Macht Ihnen Ihr »rationaler« Geist Schwierigkeiten, wenn Sie diese Übungen durchführen? Dann sagen Sie diesem »rationalen« Geist doch einfach, er solle einmal ein wenig ausspannen und sich wie ein Kind amüsieren. Daran müssen Sie ihn vielleicht ein paar Mal erinnern. Bei den taoistischen Übungen sollten Sie immer dann auf der Stelle eine Auszeit nehmen, wenn Sie es brauchen. Sie lassen damit die Spannungen und das Alltagsgetümmel für ein paar Minuten hinter sich und kommen mit mehr Widerstandskraft gegen die täglichen Schwierigkeiten gewappnet oder auch einfach nur mit einem Lächeln in den Augen zurück in die Wirklichkeit.

Bei den Übungen der ersten Woche ging es um die Atmung über die Kopfhaare. Diese Woche geht es um die Achselhaare. Sie stellen das Produkt der überschüssigen Energie der Muskeln dar, die dort gespeichert wird. Ihre Entsprechung ist die Milz/Bauchspeicheldrüse.

Die Übungen dieser zweiten Woche bestehen darin, diese überschüssige Energie aus dem Achselbereich wieder in den Körper zu ziehen. Die Achseln sind meist sehr verspannt, was oft nicht so leicht zu verstehen ist. Diese Verspannungen breiten sich in die Schultern und den Nacken aus. Wenn man erst einmal versteht, dass in den Achseln die überschüssige Energie der Muskulatur sitzt, versteht man auch eher, warum die Anspannungen so groß sind. Schließlich kommt ein Großteil dieser überschüssigen Energie aus verspannten Muskeln, die »Überstunden« machen. Das wird schnell zum Dauerzustand; die betroffenen Muskeln sind eigentlich nie entspannt. Wenn die überschüssige Energie durch die Achselbehaarung in den Mund gezogen wird, können auch die Schultern wieder besser entspannen. Mit ein wenig Übung kann man diese Energie spüren. Eine kindliche Einstellung, bei der der Unglaube einmal beiseite geschoben wird, wirkt hier wahre Wunder. Lassen Sie Ihre Vorurteile los, was ist und was nicht sein kann.

Doch nun zur Atmung durch die Achselbehaarung:

1. Sie sitzen aufrecht auf einem Stuhl, die Hände liegen gefaltet – die rechte über der linken Hand – im Schoß. Sie können aber auch eine der Standpositionen einnehmen. Die Standposition dieser Übungswoche ist für diese Übung gut geeignet.

2. Nun schließen Sie die Augen, entspannen den ganzen Körper und praktizieren die Umkehratmung (Einziehen des Unterbauchs beim Einatmen, Dehnen beim Ausatmen, Brustkorb bleibt entspannt). Auch der Geist wird entspannt, wenn Sie diese Atmung mindestens eine Minute lang durchführen.

3. Lenken Sie die Aufmerksamkeit auf das Kopfhaar. Führen Sie die Haaratmung über das Kopfhaar durch, wie wir sie in der ersten Übungswoche gelernt haben, und zwar so lange, bis Sie spüren, wie die Energie in den Mund gezogen wird.

4. Konzentrieren Sie sich nun auf die linke und rechte Achselhöhle. Versuchen Sie, die Achselbehaarung zu spüren, oder stellen Sie sich dies einfach vor. Auch wer sich die Achseln rasiert, hat dort noch Haardrüsen und kann sich auf den Bereich unter den Armen konzentrieren.

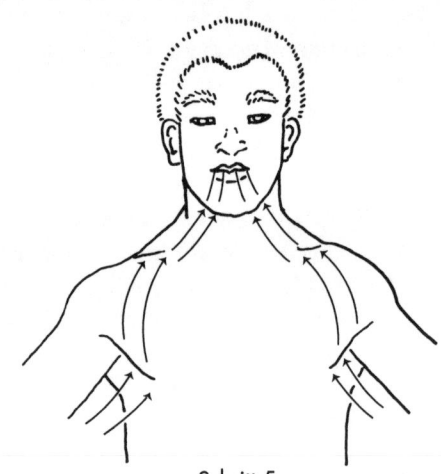

Schritt 5

5. Beim Einatmen stellen Sie sich vor, dass Sie direkt über die Achselhaare (oder Haardrüsen) Energie in die Unterarme ziehen.

6. Nun spannen Sie beim Einatmen leicht die Augen an und ziehen den Anus (das Perineum) hoch (versuchen Sie, die Verbindung mit Mund und Zunge dabei zu spüren).

7. Beim Ausatmen entspannen Sie Augen und Anus. Zunächst stellen Sie einfach das Gefühl her, durch die Achselhaare ein- und auszuatmen.

8. Nach ungefähr einer halben bis einer Minute hören Sie damit auf, Energie beim Ausatmen nach außen zu schicken. Statt dessen leiten Sie diese beim Ausatmen mental von den Achselhöhlen hinauf in die Schultern und weiter in den Mund. Wenn Sie den Unterkiefer langsam vor- und zurückbewegen und dabei sanft an der Zunge saugen und die Wangen einziehen, geht dies einfacher.

9. Jetzt legen Sie die Zunge zwischen die Lippen und die Zähne und lassen sie neunmal in eine Richtung kreisen. Damit sammeln Sie Speichel im Mund.

10. Dann legen Sie die Zunge hinter die Zähne und kreisen sechsmal in die andere Richtung. Beim Sammeln des Speichels mischen Sie diesen mental mit der Energie aus dem Kopfhaar und den Achselhöhlen.

11. Jetzt legen Sie die Zungenspitze hinter die unteren Zähne und drücken den Mittelteil der Zunge gegen den oberen Gaumen.

12. Ziehen Sie das Kinn ein und strecken Sie den hinteren Nacken. Schlucken Sie den Speichel hart mit einem Schluckgeräusch hinunter. Spüren Sie, wie sich die Energie nach unten in den Magen drängt und das Untere Tan Tien warm wird.

13. Klopfen Sie mit einer offenen Handfläche oder mit lockeren Fäusten die Brust ab. Dann laufen Sie etwa 15 Minuten oder auch länger herum.

Zu spüren, wie die Haare in den Achseln atmen, ist vielleicht nicht so einfach wie beim Kopfhaar. Zu Beginn der Übung wird die Haaratmung mit dem Kopfhaar durchgeführt. Wenn sich dafür ein Gespür einstellt, können Sie dieses Gefühl einfach auf die Energie übertragen, die in den Körper eintritt, wenn Sie durch Mund, Zunge und Nacken in die Schulter atmen.

Auch hier hilft es wieder, wenn Sie einfach daran glauben. Um den Energiefluss zu spüren, muss man entspannt sein. Wenn sich anfangs also kein Erfolg einstellt und Sie frustriert und verspannt sind, hören Sie am besten auf und probieren es ein andermal wieder.

Ein Großteil dieses Buches beschäftigt sich damit, Energie in den Körper zu ziehen, was ein wesentlicher Teil der taoistischen Lehren für Gesundheit und ein langes Leben ist, aber sicherlich in den westlichen Standardwerken über Gesundheit und Medizin keinerlei Rolle spielt. Deshalb dauert es wahrscheinlich eine Weile, bis Sie sich an dieses für Sie neue Atemkonzept gewöhnt haben. Mit der richtigen Einstellung geht es einfacher.

Stehendes Chi Kung

Den Baum umarmen

Dies ist die bekannteste Standposition, die in fast allen Chi-Kung-Richtungen vorkommt. Deshalb wird sie auch der »Allround-Stand« genannt.

Im Prinzip gelten die gleichen Regeln wie für die Übung der Ersten Woche (Stehen mit den Armen an den Seiten), nur die Haltung von Armen und Händen ist anders. Die vielen Einzelheiten der Standpositionen werden mit der Zeit beim Üben klar. Bitte lesen Sie die Anleitungen der ersten Woche immer wieder einmal nach.

Anfangs können Sie die Position wahrscheinlich nur ein oder zwei Minuten einnehmen. Arme und Schultern fangen ganz schnell an zu schmerzen und sich zu verkrampfen. Durch ständiges Üben wird das besser. Langsam werden die anfangs steifen und verspannten Muskeln sich entspannen. Dass Sie Fortschritte machen, merken Sie daran, dass Sie den verspannten Armmuskeln mental den Befehl erteilen, sich zu entspannen, und sie tun das tatsächlich! Und wenn Sie fleißig üben, werden Sie auch überrascht feststellen, dass irgendwelche Einzelheiten, die Sie einfach nicht verstanden haben, auf einmal ganz einfach sind und Sie sich fragen, warum das überhaupt jemals schwierig für Sie war. Bei der nun folgenden Position, »den Baum umarmen«, sind die Arme in Schulterhöhe, als ob Sie einen großen Baum umarmen oder einen großen Wasserball halten.

1. Sie nehmen die Grundposition, das Stehen mit den Armen an den Seiten, ein. Wenn Sie diesen Stand in allen Einzelheiten richtig praktizieren, geht es weiter zum nächsten Schritt.

2. Sie heben die Arme in Schulterhöhe.

3. Dann runden Sie die Arme so, als ob Sie einen Baum umarmen oder einen großen Wasserball halten würden.

4. Jede Hand befindet sich in etwa vor der entsprechenden Schulter (die rechte Hand also vor der rechten, die linke Hand vor der linken Schulter). Die Hände dürfen auch ein wenig näher beieinander sein (etwas mehr vor der Brust).

5. Die Hände befinden sich etwa dreißig bis vierzig Zentimeter vor den Schultern.

6. Die Finger sind auseinander, die Handflächen zeigen zu den Schultern. Die Daumen sind aufgestellt und leicht nach außen, weg vom Körper, gedreht. Der kleine Finger zeigt leicht nach innen hin zum Körper.

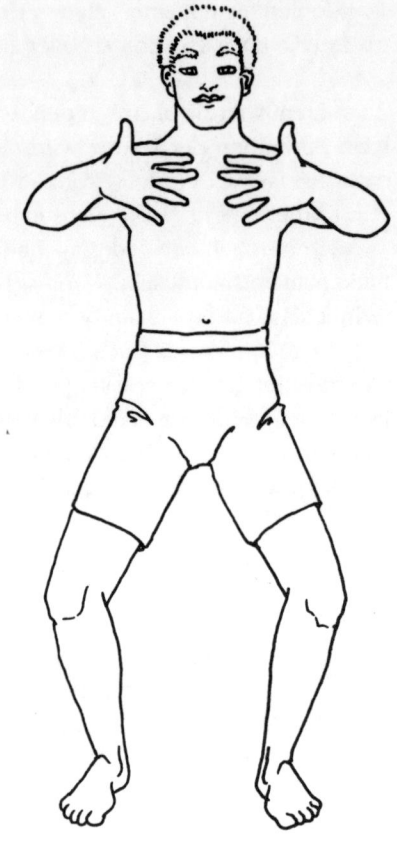

7. Die Ellbogen gehen nach außen, die Ellbogenspitzen befinden sich etwas unterhalb der Handgelenke (die Hände sind also etwas höher als die Ellbogen).

8. Ellbogen und Handgelenke sind entspannt. Stellen Sie sich vor, dass ein leichtes Gewicht von den Ellbogen herabhängt.

9. Auch die Schultern sind entspannt, rund und nach unten gesenkt (leicht nach unten und außen gedrückt), nicht nach oben zum Nacken gezogen.

10. Der Brustkorb ist entspannt; der untere Teil geht leicht nach innen, ist aber nicht eingeengt. Die Brust sollte nicht herausgestreckt werden.

11. Sie sollten ein Gefühl haben, als ob Sie einen unsichtbaren Baum oder einen Wasserball halten.

12. Diese Position sollten Sie mindestens drei bis fünf Minuten einnehmen, es geht aber auch zwanzig Minuten und noch länger. Dabei achten Sie ständig auf die hier genannten Details sowie die Einzelheiten aus der Übung der ersten Woche. Sie dürfen beim Einatmen die Arme auch leicht ausdehnen und beim Einatmen leicht kontrahieren, so als ob auch der Baum atmen würde.

Wenn Sie möchten, können Sie auch gegen eine Wand üben oder tatsächlich mit einem Wasserball oder einem ziemlich dicken Baum. Die chinesische Literatur empfiehlt diese Position für Menschen, die keine körperlichen Beschwerden haben. Die Übung stärkt die Widerstandsfähigkeit, dient der Krankheitsprophylaxe und der Gesundheitsförderung. Man kann mit der Übung auch die »Klammer«-Kraft in den Armen trainieren.

Es gibt eine Geschichte von einem jungen Mann, der bei einem berühmten Tao-Meister Schüler werden wollte. Der Meister sandte den jungen Mann immer wieder weg, doch er kam hartnäckig immer wieder zurück. Schließlich führte der Meister ihn zu einem dicken Baum und wies ihn an, den Baum zu umarmen und erst zu ihm zurückzukommen, wenn er den Baum aus der Erde ziehen könne.

Der junge Mann übte jahrelang fleißig, und eines Tages war er dann tatsächlich in der Lage, den Baum mit Wurzeln und allem Drum und Dran aus der Erde zu ziehen. Und so kehrte er zu seinem Meister zurück. »Meister, Meister«, rief er, »ich habe getan, was du mir aufgetragen hast, und habe den Baum aus der Erde gezogen.« Und die Antwort des Meisters lautete: »Dein Training ist jetzt beendet. Wenn du diesen Baum aus der Erde ziehen konntest, brauchst du mich ganz bestimmt nicht mehr.« Und er sandte den Mann – der inzwischen nicht mehr ganz so jung war – wieder weg.

Die Position ist auch Teil der Verwurzelungspraktik des Chi Kung, bei der der Schüler lernt, sich mit dem Boden zu verwurzeln und Kraft aus der Erde zu ziehen. Mit dieser Praktik beschäftigen wir uns ab der sechsten Woche.

Wie gesagt, passt diese Position gut zu der Haaratmungsübung dieser Übungswoche, aber auch zu der Übung für die Dritte Kostbarkeit, dem Shen. Wie fast alle Standpositionen funktioniert sie mit allen Übungen der Ersten und der Dritten Kostbarkeit.

Sexual-Kung-Fu

Rasselatmung

Wie im Grundlagenkapitel beschrieben, gibt es zwei Grundformen der taoistischen Tiefenatmung: Die Bauch- und die Umkehratmung. Bei der Bauchatmung bleibt beim Einatmen die Brust entspannt, das Zwerchfell geht nach unten, und der Unterbauch wird gedehnt. Bei der Ausatmung wird der Unterbauch kontrahiert und das Zwerchfell entspannt. Auch bei der Umkehratmung bleibt zwar wie bei der Bauchatmung der Brustkorb entspannt, und das Zwerchfell wird gesenkt, doch der Unterbauch wird kontrahiert und beim Ausatmen – zusammen mit dem Zwerchfell – entspannt.

Die Kontrolle über das Zwerchfell ist für die richtige Ausführung beider Atmungsformen äußerst wichtig. Ein gut funktionierendes Zwerchfell hilft, den Atmen einzuziehen und wieder auszustoßen. Viele Menschen machen den Fehler, beim Einatmen die Hals- oder Nackenmuskeln einzusetzen, anstatt mit dem Zwerchfell zu arbeiten. Die folgende einfache Übung hilft, den Hals und den Nacken beim Einatmen zu entspannen und das Zwerchfell besser einzusetzen.

Sie wundern sich vielleicht, dass ich in diesem Abschnitt über Sexual-Kung-Fu über die Atmung rede? Nun, die Fähigkeit, die Atmung zu verlangsamen, ist ein Schlüsselfaktor für die Kontrolle beim Liebesakt. Ein paar lange, langsame Bauch- oder Umkehratmungen sind eine sichere Hilfe auf dem Weg zu langsamerem, sinnlicherem Sex. Wenn Sie zu erregt sind, sollten Sie einfach ein paarmal tief durchatmen.

Bei fast allen Atemübungen weise ich darauf hin, dass sie wenn möglich ohne Geräusche praktiziert werden sollten. Je stiller Sie atmen, desto besser können die Übungen durchgeführt werden. Im Sexual-Kung-Fu dieser zweiten Woche ist das alles anders – hier sollen Sie also beim Atmen Geräusche verursachen.

Die Technik ist sehr einfach:

1. Sie atmen entweder mit einer Bauch- oder einer Umkehratmung ein.
2. Beim Einatmen machen Sie ganz hinten im Hals ein Rasselgeräusch. Versuchen Sie, dabei alle Nacken- und Halsmuskeln zu entspannen. Senken Sie das Zwerchfell, und fühlen Sie die Luft einströmen.
3. Atmen Sie langsam weiter ein, bis auch der mittlere und der untere Teil des Brustkorbs mit Luft gefüllt sind.
4. Nun atmen Sie langsam und gleichmäßig aus. Das Zwerchfell geht nach oben, Nacken und Hals bleiben entspannt. Auch beim Ausatmen verursachen Sie hinten im Hals ein Rasselgeräusch.

Mit Hilfe dieses Geräuschs bleiben alle Nacken- und Halsmuskeln leichter entspannt, und Sie können sich auf eine langsamere, weichere und tiefere Atmung konzentrieren, die – richtig ausgeführt – eine ziemlich sinnliche Erfahrung sein kann. Das Geräusch sollte nicht zu laut sein, es reicht, wenn es gerade noch hörbar ist. Das Rasselgeräusch ist sehr wichtig und überraschend effektiv, um einen verspannten, engen Hals zu entspannen.

Für mich persönlich war dies eine der wichtigsten Techniken, die ich je gelernt habe. Es dauert vielleicht ein bisschen, bis Sie es heraus haben. Sobald das passiert, bleibt der Hals entspannt und scheint sich beim Einatmen leicht auszudehnen. Es fühlt sich an, als ob die Luft vom Zwerchfell in die Lungen gesogen wird.

Eigentlich ist dies nicht nur eine Technik des Sexual-Kung-Fu, sondern kann mit allen Atemübungen ausgeführt werden, bis sie beherrscht werden. Mit der Zeit schaffen Sie es, das Rasselgeräusch durchzuführen, ohne dass es zu hören ist (subvokal). Doch zunächst einmal müssen Sie herausfinden, wie es sich anfühlt und wie Hals und Nacken entspannt werden können. Praktizieren Sie also die Bauch- oder Umkehratmung mit dem Rasselgeräusch, wann immer Sie eine Möglichkeit haben – überall und jederzeit. Je mehr Sie üben, desto einfacher wird es, und desto besser fühlt sich das Atmen an.

Natürlich sollen Sie die Rasselatmung auch beim Liebesakt praktizieren. Ich weiß, man denkt im Eifer des »Gefechts« nicht unbedingt an diese Techniken. Es soll ja auch nicht zu kontrolliert und mechanisch werden. Doch je mehr Sie mit den taoistischen Techniken des Sexual-Kung-Fu arbeiten, desto leichter werden sie zu einem natürlichen Teil der körperlichen Liebe. Je mehr Sie sich auf langen, langsamen Sex einstellen, desto öfter und besser integrieren Sie auch die Techniken, die Sie in diesem Buch bereits gelernt haben oder noch lernen werden. Die Tiefenatmung, die das Tempo drosselt, sollte dabei eines der Grundelemente sein.

Das Erdelement

Das Erdelement stellt die stabilisierende bzw. harmonisierende Kraft des Universums dar. In der Inneren Alchemie dient es dazu, die anderen vier Elemente auszugleichen und in Balance zu bringen. Jedes der Fünf Elemente entstand aus den Fünf Großen Kräften, die als erstes die fünf Himmelsrichtungen hervorbrachten: Norden, Süden, Osten, Westen und die Mitte. Die Himmelsrichtung des Feuerelements ist der Süden. Dem Erdelement als der stabilisierenden Kraft im Universum ist die Mitte, das Zentrum zugeordnet.

In dieser Woche arbeiten wir mit dem Erdelement. Wir lernen, die verschiedenen Entsprechungen mit der Milz/der Bauchspeicheldrüse sowie der Farbe Gelb (strahlendes Topazgelb) zu verbinden, ihre Energie im Milz/-Erd-Sammelpunkt zusammenzubringen und dann eine gelbe Aura um den Körper zu bilden. Die Taoisten sagen, dass Feuer, Wasser, Holz und Metall in der Erde zu Hause sind. Durch das Stärken des Erdelements im und um den Körper werden auch die anderen vier Elemente gekräftigt, was wiederum die Emotionen ausbalanciert und die Sinne stärkt.

Der Milz-/Erd-Sammelpunkt befindet sich am Nabel, dem ungefähren Zentrum des Körpers. In einem mental gebildeten Feld von ungefähr sieben bis acht Zentimetern wird das Erdelement aus dem Körper aufgesammelt. Die folgende Tabelle zeigt einige Entsprechungen des Erdelements auf:

Haartyp	Yin Inneres Organ	Element	Über- schüssige Energie von	Farbe	Äußeres Organ	Finger	Augen- bereich	Heilender Laut
Achsel- höhle-	Milz/Bauch- speicheldrüse	Erde	Muskeln	Gelb	Mund	Daumen	Augenlider	Ghr-o- o-o-o

Yang-Organ	Himmelsrichtung
Magen	Mitte

1. Sie sitzen aufrecht auf einem Stuhl, ohne sich anzulehnen. Die Hände liegen gefaltet im Schoß, die Füße stehen flach auf dem Boden.
   Alternativ können Sie auch die Standposition dieser oder der letzten Übungswoche oder irgendeine andere der beschriebenen Standpositionen einnehmen.
2. Bringen Sie die Zungenspitze an den oberen Gaumen.
3. Nun konzentrieren Sie sich mindestens 30 Sekunden lang auf einen Punkt in Augenhöhe direkt vor Ihnen. Schließen Sie die Augen halb und konzentrieren Sie sich weitere 30 Sekunden (mindestens) auf die Nasenspitze, dann mindestens zehn Sekunden auf den »Buckel« in der Mitte der Nase, noch einmal mindestens 30 Sekunden auf das Dritte Auge zwischen und etwas oberhalb der inneren Augenwinkel (Sie können an jedem Punkt die Zeit so anpassen, wie Sie dies möchten). Sie sollten sich dabei immer ruhiger und entspannter fühlen.
4. Lächeln Sie in das Oberlid des linken Auges.
5. Lächeln Sie in das Unterlid des linken Auges.

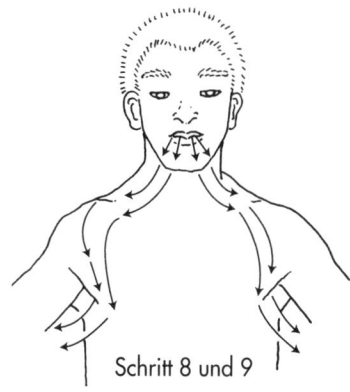

Schritt 8 und 9

6. Lächeln Sie in das Oberlid des rechten Auges.

7. Lächeln Sie in das Unterlid des rechten Auges. Jetzt ist das Lächeln in allen Lidern und Wimpern.

8. Spüren Sie, wie sich auch die Mundwinkel und die Wangen zu einem Lächeln nach oben ziehen. Die Energie des Lächelns fließt hinunter in den Mund, die Ober- und die Unterlippe. Es breitet sich im Mund aus, und der ganze Mund lächelt.

9. Die Energie fließt weiter in den Nacken, gabelt sich und fließt jeweils in eine Schulter und in die Achselhaare.

10. Richten Sie nun die Konzentration auf die Behaarung der beiden Achselhöhlen, und führen Sie die Haaratmung, wie in der Übung dieser Woche für die Erste Kostbarkeit beschrieben, durch, und zwar ungefähr eine Minute lang oder auch länger.

11. Konzentrieren Sie sich jetzt auf die beiden Daumenspitzen, und spüren Sie, wie die Energie beim Einatmen dort eintritt, die Daumen hochfließt und beim Ausatmen an die Hautoberfläche (an den Handgelenken) steigt.

12. Beim Einatmen fließt die Energie durch das Haar die Arme hinauf zu den Achselhöhlen. Diese Haarenergie aus den Armen scheint in die Achselhaare hineinzufließen.

13. Beim Ausatmen fließt die Energie aus den Achselhöhlen in die Milz und die Bauchspei-

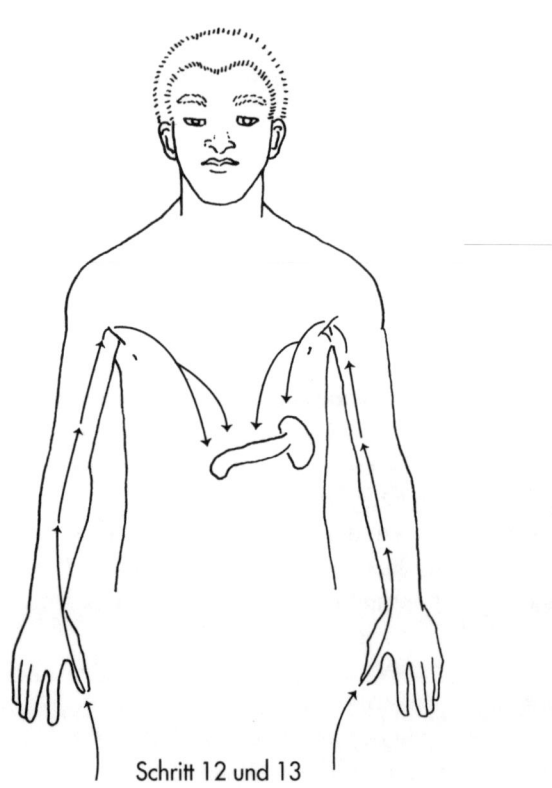

Schritt 12 und 13

cheldrüse, die sich vom unteren linken Rippenbogen bis zur Mitte des Magenbereichs erstreckt.

14. Nun konzentrieren Sie sich auf die Milz und die Bauchspeicheldrüse und praktizieren mindestens dreimal den Heilenden Milzlaut: Ghr-o-o-o-o.

15. Stellen Sie sich vor, Sie stehen unter einem gelben Licht oder gelben Nebel. Beim Einatmen dringt dieses gelbe Licht in den Körper ein, nicht nur durch die Nase, sondern auch durch alle oben genannten Entsprechungen: die Augenlider, die Lippen und den Mund, die beiden Daumen, die Haare auf den Armen und die Achselhaare. Das gelbe Licht fließt auch einfach in den Körper, direkt durch die Haut. Es füllt die Milz und fließt auch in die Bauchspeicheldrüse und den Magen.

Beim Ausatmen stellen Sie sich vor, dass Sie mit dem Atem eine Energie von trüb-oranger oder grauer Farbe aus dem Körper hinausbefördern – die Energie der negativen Emotionen der Milz: Sorge und Angst. Visualisieren Sie, dass Sie diese negativen Emotionen beim Ausatmen vertreiben. Die eingeatmete gelbe Farbe ist strahlend gelb. Die ausgeatmete trüb-orange bzw. graue Energie ist die Negativität, die das strahlende gelbe Licht am Leuchten hindert. Fahren Sie mit der Übung fort, und die negative Energie wird immer schwächer, das gelbe Licht dagegen immer stärker und heller.

16. Ziehen Sie nun das ganze gelbe Licht aus der Milz, der Bauchspeicheldrüse, dem Magen,

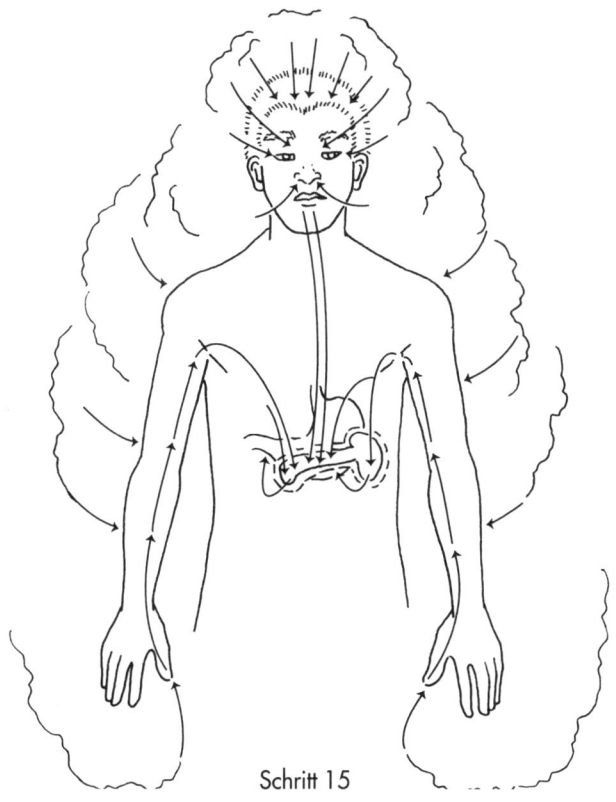

Schritt 15

75

auch alles Licht, das in den Körper geflossen ist, und leiten Sie es in Ihren Milz-/Erd-Sammelpunkt, dem Bereich (etwa sieben bis acht Zentimeter im Durchmesser) direkt unterhalb des Nabels, im Zentrum des Körpers. Dieses Feld beginnt beim Ein- und Ausatmen gelb zu leuchten. Machen Sie mindestens ein bis zwei Minuten weiter.

17. Beim Ausatmen stellen Sie sich vor, wie das gelbe Licht aus dem Milz-/Erd-Sammelpunkt und aus dem Mund tritt. Die gelbe Farbe fließt dabei in alle Richtungen und bildet um den Körper eine Aura, eine Art zweite Haut. Atmen Sie ein und verteilen Sie die gelbe Aura um sich.

Gleichzeitig stellen Sie sich vor, wie gelbes Licht oder gelber Nebel auch aus den beiden Daumen, den unteren und oberen Augenlidern und den Achselhaaren tritt, sich mit dem gelben Licht/Nebel verbindet, der aus der Zunge fließt und um den ganzen Körper eine gelbe Aura bildet. Lenken Sie das gelbe Licht über die Arme, Beine, den Oberkörper, den Rücken und um den Kopf, zwischen die Zehen und um jedes Hautfältchen, bis der ganze Körper davon umgeben ist. Wenn Sie Kleider tragen, fließt das gelbe Licht durch diese hindurch.

18. Zum Abschluss der Übung wird die Energie im Nabel gesammelt.

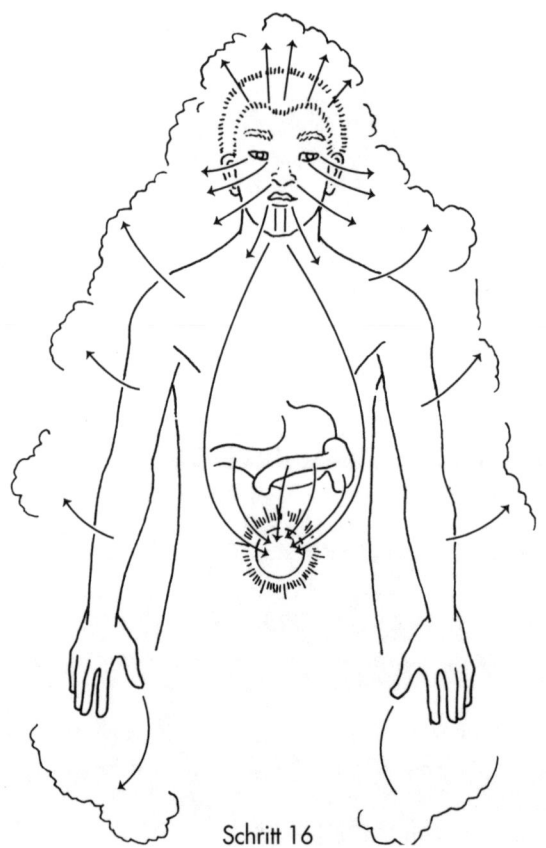

Schritt 16

3. WOCHE

Haaratmung: Teil 3

Von allen Übungen, die ich beschrieben habe, ist die Haaratmung wohl eine der ungewöhnlichsten Formen. Wie bereits gesagt, wurde sie meines Wissens vorher noch nie schriftlich im
Westen beschrieben. Wer konnte nur auf die seltsame Idee
kommen, Energie durch das Haar in den Körper zu ziehen? Was
wirklich eigenartig ist: Sobald man es einmal ausprobiert, wird

klar, dass es möglich ist. Es ist sogar einfach. Die Taoisten hatten einen ganz anderen Bezugsrah-
men als wir im Westen. Als ich die Innere Alchemie erlernte, dachte ich oft: Ich könnte tausend
Jahre auf einem Felsen sitzen, und trotzdem würde mir so etwas nicht einfallen.

Ich freue mich sehr, dass ich Sie mit diesen fremdartigen und wunderbaren Praktiken vertraut
machen kann. Und ich muss lächeln, wenn ich daran denke, was als nächstes kommt: das Atmen
durch die Schamhaare. Wetten, dass wohl noch keiner von Ihnen das vorher jemals ausprobiert hat
(außer Sie haben bereits ein wenig vorgegriffen und das Kapitel schon gelesen)? Das Tao-Yoga ist
ein echtes Abenteuer; es wird Sie an Orte führen, von denen Sie sich wahrscheinlich niemals hät-
ten träumen lassen. Ich habe die Ehre, Ihr Führer zu sein.

Das Schamhaar ist das Produkt der überschüssigen Chi-Energie. Es wird der Lunge zugeordnet.
Die Nase wiederum ist die äußere Öffnung bzw. Entsprechung der Lunge. Diese Zusammenhänge
sind vielleicht nicht ganz offensichtlich. Hier die Erklärung: Chi wird meist als »Luft« übersetzt. Beim
Atmen gelangt Luft über die Nase in die Lunge. Chi ist auch die Lebenskraft. Überschüssiges Chi
wird im Schamhaar gespeichert. Wenn man also lernt, die im Schamhaar gelagerte überschüssige
Energie in den Körper zu ziehen, lernt man eigentlich, zusätzliche Lebensenergie aufzunehmen.

Um einen solchen Zusammenhang herzustellen, muss man eben vielleicht tausend Jahre auf einem Felsen sitzen. Diese Anschauung ist Teil der authentischen taoistischen Lehren. Ich weiß nicht,
wie die alten Meister darauf gekommen sind. Ich weiß nur, dass es funktioniert. Versuchen Sie es,
und Sie erleben vielleicht eine Überraschung!

1. Zum Beginn der Übung führen Sie die Haaratmung mit dem Kopfhaar durch. Inzwischen
   dürfte es Ihnen schon sehr viel leichter fallen, sich auf Ihr Haar »einzustellen«. Führen Sie
   diese Haaratmung mindestens 30 Sekunden lang durch.
2. Dann ziehen Sie die Energie in den Mund und spüren, wie sich Mund, oberer Gaumen und
   Zunge entspannen und sich mit der liebevollen und heilenden Energie des Lächelns füllen.
3. Nun konzentrieren Sie sich auf die Achselhöhlen und praktizieren die Atmung durch die
   Achselhaare, und zwar 30 Sekunden oder auch länger.

4. Spüren Sie, wie Energie von den Haaren auf den Armen – von den Handgelenken die Unterarme und Oberarme hoch bis in die Achselhöhlen fließt. Dadurch wird die Energie in den Achselhöhlen gestärkt und ist leichter zu spüren. Eventuell empfinden Sie ein Kribbeln, wenn die Energie durch das Haar und an den Außenseiten der Arme hochfließt.

5. Ziehen Sie nun die Energie (Chi) aus den Achselhöhlen in den Mund. Damit das besser geht, saugen Sie sanft an der Zunge und/oder ziehen die Wangen und auch die Augen ein wenig ein. Dabei verspüren Sie vielleicht einen veränderten, oft metallischen Geschmack im Mund.

6. Konzentrieren Sie sich auf das Schamhaar. Es sollte praktisch sofort zu kribbeln anfangen.

7. Atmen Sie sanft einmal mit einer Umkehratmung ein und spüren Sie die Energie vom Schamhaar in den Leistenbereich fließen. Das ist das überschüssige Chi.

8. Beim Ausatmen verlässt die Energie über das Schamhaar den Körper.

9. Atmen Sie mindestens eine Minute lang mit den Schamhaaren ein und aus. Eventuell werden Sie dadurch erregt.

10. Dann wird die Energie nach oben zum Mund gezogen. Damit das besser geht, saugen Sie sanft an der Zunge und/oder ziehen die Wangen und auch die Augen ein wenig ein.

11. Um den Speichelfluss anzuregen, lassen Sie die Zunge neunmal zwischen Lippen und Zähnen in eine Richtung kreisen und sammeln so Speichel im Mund. Dann bringen Sie die Zungenspitze hinter die Vorderzähne und kreisen diesmal sechsmal in die andere Richtung. Wenn der Mund immer noch trocken ist, erhöhen Sie die Anzahl der Zirkulationen in beide Richtungen.

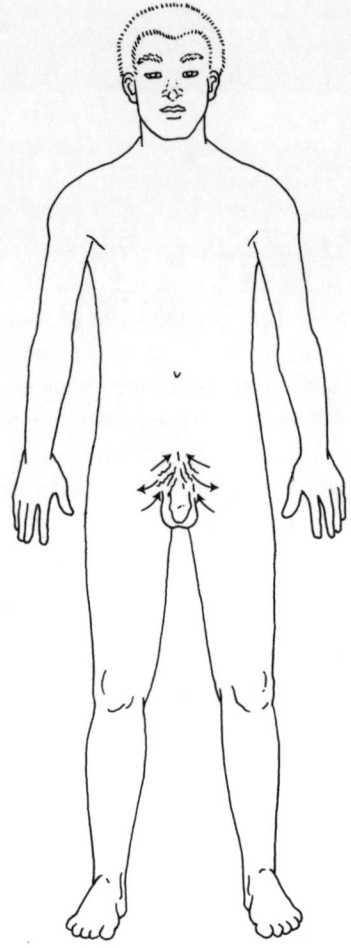

Schritt 7 und 8

12. Spüren Sie, wie sich die Energie aus dem Kopfhaar, den Armen und Achselhöhlen und aus dem Schamhaar mit dem Speichel vermischt. Wenn Sie den Unterkiefer wie beim Kauen vor- und zurückbewegen, geht das Vermischen noch besser.

13. Legen Sie nun die Zungenspitze hinter die unteren Zähne, den mittleren Teil der Zunge gegen den oberen Gaumen.

14. Dann schlucken Sie kräftig mit einem Schluckgeräusch. Spüren Sie, wie die Energie nach unten in den Magen gedrückt wird und wie sich das Untere Tan Tien mit der überschüssigen Energie füllt und warm wird.

15. Klopfen Sie mit der offenen Handfläche oder mit lockeren Fäusten den Brustkorb ab. Dann laufen Sie mindestens 15 Sekunden herum.

Je mehr Sie üben, desto einfacher wird die Haaratmung. Inzwischen sollten Sie zumindest eine leichte Ahnung davon haben, was es für Sie bedeutet, Energie direkt durch die Haut »ein- und auszuatmen«. Ihre Vorstellung davon, was Atmen bedeutet und was mit der richtigen Anleitung erreicht werden kann, erweitert sich. Diese Betrachtung des Atems ist völlig unwestlich. Bei der Shen-Übung für diese Woche – die das Metallelement betrifft – kommen wir noch einmal auf die Schamhaar-Atmung zurück.

Stehendes Chi Kung

Hände auf dem Kopf ruhen lassen

Manch einem mag es schwer fallen, die Arme eine Zeit lang hochzuhalten, insbesondere wenn man Probleme mit verspannten Schultern hat, unter Arthritis leidet, schon etwas älter ist oder sich nicht regelmäßig körperlich betätigt. Selbst eine Minute mit erhobenen Armen kann dann zu schmerzhaft und zu belastend sein. In dieser dritten Übungswoche wird eine einfache Position vorgestellt, mit der man dieses Problem umgehen und letztlich beheben kann.

Auch bei mir taten anfangs ziemlich schnell die Schultern weh, als ich mit den Standübungen begann. Manchmal war es so schlimm und die Arme wurden so schwer, dass ich sie herunternehmen musste. Ich kam mir ziemlich dumm vor, weil ich die Arme nicht oben halten konnte, aber so war es nun einmal. Ich bekam das Problem letztlich nur deshalb in den Griff, weil ich mit anderen Positionen herumexperimentierte.

Wirklich hilfreich war die im Folgenden beschriebene Übung, »Die Hände auf dem Kopf ruhen lassen«. Diese extrem einfache Übung wirkt der Schwerkraft, die die erhobenen Arme nach unten zieht, entgegen und hilft, den Oberkörper zu entspannen.

1. Sie gehen in die Grundposition, mit den Armen an den Seiten.
2. Dann heben Sie beide Arme hoch, bis sie über dem Kopf zusammentreffen.
3. Verschränken Sie die Finger beider Hände über dem Kopf und legen Sie die verschränkten Hände auf den Kopf.
4. Die Ellbogen werden nach hinten und nach außen gezogen. Wenn man den Kopf nach rechts oder links dreht, blickt man direkt auf die innere Beuge von Unterarm und Bizeps.
5. Stellen Sie sich vor, dass ein leichtes Gewicht (nur etwa 50 bis 60 Gramm) von jedem Ellbogen herunterhängt. Lassen Sie die Arme vom Ellbogen nach unten sinken. Beide Arme hängen entspannt, wie schwerelos, nach unten.
6. Diese Position nehmen Sie mindestens drei bis fünf Minuten ein. Sie stehen entweder still da oder praktizieren dabei eine der inneren Übungen.

Mit ein wenig Übung können Sie diese Position wahrscheinlich ziemlich lange halten. Anfangs sind Sie vielleicht noch ein bisschen steif, oder Schultern und Oberarme tun weh, doch die verschränkten Finger über dem Kopf wirken dem Zug der Schwerkraft auf die Arme entgegen. Nach einiger Zeit sind Steifheit und Schmerzen oder das Schweregefühl in den Armen verschwunden. Und irgendwann stehen Sie einfach da und vergessen die Arme. Sie fühlen sich federleicht an. Wenn beide Hände auf dem Kopf liegen, sind auch die Drachen- und die Tigerhöhle, die etwa in der Mitte der rechten bzw. linken Handfläche liegen, mit dem Kopf in Kontakt. Sie können versuchen, Energie in diese Energiepunkte hinein- und hinauszuschicken. Sie helfen dabei, die Energie im Kleinen Energiekreislauf über das Lenkergefäß hinauf und das Dienergefäß hinunter zu leiten. Probieren Sie es aus. Die Drachen- und die Tigerhöhle sind beim Leiten des Chis sehr wirkungsvoll.

Das Buch wurde so aufgebaut, dass die täglichen Übungen nicht zu viel Zeit kosten. Eine Viertelstunde jeden Tag ist das absolute Minimum (Sie können sich natürlich so viel Zeit nehmen, wie Sie wollen). Wenn man die Standübungen der Zweiten Kostbarkeit entweder mit der Haaratmung der Ersten Kostbarkeit, dem Sexual-Kung-Fu der Zweiten Kostbarkeit (wenigstens diejenigen, die ohne Partner und ohne Bett praktiziert werden können) oder den Shen-Element-Übungen der Dritten Kostbarkeit kombiniert, kann man viel Zeit sparen. Dies gilt auch für alle zukünftigen Übungen.

Übertreiben Sie es mit dem Üben nicht! Wie bei allem anderen kann man auch hier des Guten zu viel tun und sich gar zu sehr auf Kosten anderer Lebensbereiche auf die Praktik konzentrieren. In China wird dies die »Chi-Kung-Psychose« genannt. So etwas kann passieren. Meine Erfahrung ist, dass die beste Realitätskontrolle die Reaktion Ihnen nahe stehender Menschen ist. Wenn diese sich darüber beschweren, dass Sie sich sehr verändert haben und sich ganz anders verhalten als früher, sollten Sie dies unbedingt beachten! Das Tao-Yoga ist ein Wachstumsprozess. Dabei durchlaufen Sie auch Veränderungen. Auch die Innere Alchemie hat mit Wandel zu tun. Doch solche Veränderungen sollten zum Guten sein und Sie nicht von Freunden, Familie und dem Partner isolieren und entfremden. Wenn Sie im Zweifel sind, fragen Sie den Himmel, was richtig ist. Achten Sie genau darauf, wie Sie mit Ihrer Umwelt in Verbindung stehen. Hüten Sie sich davor, sich für etwas Besseres zu halten, weil Sie nun im Besitz von geheimem Wissen sind. Es wäre arrogant zu meinen, Sie müssten immer »Recht« haben und alle, die Kritik üben, Unrecht. Vielleicht brauchen Sie die Kritik. Es ist viel wichtiger, in Harmonie zu sein.

Andererseits muss jede Kritik genau ausgewertet werden, damit anderer Leute Ängste und Vorurteile Sie nicht auf den falschen Weg führen. Wer das Tao-Yoga praktiziert, muss bereit sein, neue, aufregende Wege zu beschreiten, andere Weltsichten und andere Wege des Umgangs mit Körper und Geist zu erforschen. Dass andere Menschen vorsichtig oder misstrauisch reagieren, wenn sie mit Lehren konfrontiert werden, die ihrem Bild von Realität völlig zuwiderlaufen, ist kein Wunder. Entweder Sie versuchen es ihnen zu vermitteln, oder Sie halten sich zurück. Versuchen Sie auf keinen Fall, andere zu diesen Lehren zu bekehren. Denken Sie daran: Sie sind Ihr eigener Meister!

Sexual-Kung-Fu

Verbinden von Atem und Erster Pforte

Das Übungsprogramm für diese Woche besteht darin, die Sexual-Kung-Fu-Übungen der ersten beiden Wochen miteinander zu kombinieren. Ich hoffe, Sie haben geübt, sonst wird es nicht klappen.

Diese Übungen sind zwar leicht zu erklären und zu verstehen, erfordern aber eine Menge Übung. Es braucht auch eine Weile, bis man in der Lage ist, sie zu koordinieren. Deshalb werden sie langsam, Schritt für Schritt, gelehrt. Jede Woche kommt ein neues Detail hinzu. Wenn ich Ihnen alles gleich in der ersten Woche erklärt hätte, wäre das wahrscheinlich zu viel auf einmal gewesen. Je mehr man übt, desto einfacher wird es. Nur wenige Menschen im Westen hatten bisher die Chance, diese so neuen Bereiche sexueller Erfahrung zu erforschen.

Diese Woche geht es noch einmal darum, die Erste Pforte zu verschließen. Haben Sie fleißig geübt? Dann dürften Sie ein paar interessante Erfahrungen gemacht haben. Je nach Alter und körperlicher Verfassung war es entweder sehr einfach oder ziemlich schwierig. Ich gehe langsam und gemütlich voran, damit jeder Zeit genug hat, den »Kniff« herauszufinden.

Wenn Sie es gleich richtig begriffen haben: Genießen Sie es! Das Schöne an den sexuellen Geheimnissen des Taoismus ist: Wenn Sie einmal damit vertraut sind, haben Sie den Rest Ihres Lebens Ihre Freude daran! Wenn Sie auch die Zweifache Kultivierung üben, kann es passieren, dass beim Verschließen der Ersten Pforte Energiewellen den Körper hinauflaufen. Das hilft, die Liebe langsamer und lustvoller zu genießen.

Auch die »Rasselatmung« der letzten Übungswoche hilft effektiv, die sexuelle Erfahrung langsamer und sinnlicher zu genießen, und ist daneben auch eine wunderbare Atemübung, um den Hals zu entspannen und das Zwerchfell zu aktivieren.

Die Kombination der beiden Übungen, nämlich das Verschließen der Ersten Pforte und die Rasselatmung, können diese Erfahrungen wahrhaft umwandeln. Dazu muss die Atmung mit dem Versiegeln koordiniert werden. Wie es geht, wird hier erklärt.

Als zusätzliche freiwillige Übung wird im Folgenden eine neue, wichtige Technik beschrieben, die bei dieser Praktik ausgeführt werden kann. Um den Atem und die Pforte miteinander zu verbinden, muss zuallererst eine vollständige Einatmung zum Versiegeln der Pforte durchgeführt werden. Gleichzeitig wird der Atem angehalten und der so genannte Stimmritzenverschluss ausgeführt. Dazu wird der Hals verengt, und zwar in dem Bereich direkt über dem Adamsapfel, und dabei das Fleisch am unteren, hinteren Teil der Zunge nach unten gedrückt. Das fühlt sich an, als ob Sie den oberen Hals verschließen und den hinteren Teil der Zunge gegen den hinteren Nacken drücken. Gleichzeitig ist dies eine separate Atemübung: Einatmen, Atem anhalten und einen Stimmritzenverschluss durchführen, ausatmen.

1. Sie bringen die Zungenspitze an den oberen Gaumen, entweder zum Windpunkt direkt hinter den oberen Zähnen, zum Feuerpunkt weiter hinten am Rand des harten Gaumens oder Sie rollen sie zurück zum Wasserpunkt am weichen Gaumen.

2. Nun führen Sie eine Bauchatmung durch. Sie atmen ein, dehnen den Unterbauch und machen dabei ein Rasselgeräusch, ganz hinten im Hals. Versuchen Sie zu spüren, wie das Zwerchfell nach unten geht und die Luft einzieht. Füllen Sie die Lunge mit Luft, als ob Sie einen großen Behälter füllen würden: Sie fangen unten an und füllen sie langsam bis oben.

Nacken, Hals und Brustkorb bleiben bei diesem Einatmen ganz entspannt.

Für Männer:

3. Halten Sie nun den Atem an und spannen Sie gleichzeitig leicht die Muskeln an der Penisspitze an, um so
die Pforte zu versiegeln. Die Muskeln an der Peniswurzel (dem Beckenboden) bleiben entspannt.
Optional:
Sie können statt dessen auch einen Stimmritzenverschluss durchführen, indem Sie den Hals direkt über
dem Adamsapfel kontrahieren und gleichzeitig das
Fleisch unten an der Zungenrückseite hinunterdrücken gegen die Luftröhre. Nach ein paar Sekunden
entspannen Sie den Hals wieder.

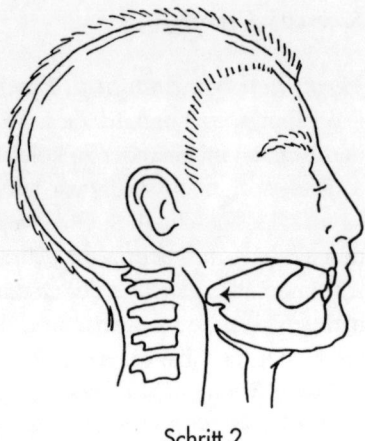

Schritt 2

4. Nehmen Sie die Zungenspitze wahr. Spüren Sie die Verbindung zur Penisspitze.
5. Dann atmen Sie aus und entspannen sich.

Für Frauen:

3. Halten Sie den Atem an, kontrahieren Sie gleichzeitig sanft die Muskeln ganz vorne an den
Schamlippen (wie Rosenblätter) und ziehen Sie sanft die Klitoris hoch, um so die Erste Pforte zu versiegeln. Die Muskeln in der Vagina (der Beckenboden) bleiben entspannt.
Optional:
Sie können stattdessen auch einen Stimmritzenverschluss durchführen, indem Sie den Hals
direkt über dem Adamsapfel kontrahieren und gleichzeitig das Fleisch unten an der Zungenrückseite gegen die Luftröhre hinunterdrücken. Nach ein paar Sekunden entspannen Sie
den Hals wieder.
4. Nehmen Sie die Zungenspitze wahr. Spüren Sie die Verbindung zu den Schamlippen und
zur Klitorisspitze.
5. Dann atmen Sie aus und entspannen sich.

Die Anzahl der Wiederholungen hängt von den Umständen ab. Als Solo-Übung (Einfache Kultivierung) sollten Sie sie ein paar Minuten lang praktizieren. Die Übung kann praktisch überall
und jederzeit ausgeführt werden.

Wenn die Übung während des Liebesaktes durchgeführt wird (Zweifache Kultivierung),
hören Sie mit der Bewegung oder dem Stoßen auf und versuchen anfangs, zwei- oder dreimal
zu wiederholen. Wer bereits geübt hat, sollte keine Probleme damit haben, die Atmung mit dem
Versiegeln der Pforte zu koordinieren. Probieren Sie auch einmal den Stimmritzenverschluss; das
Resultat dürfte interessant sein. Wahrscheinlich fühlt sich das Versiegeln der Eingangspforte viel
stärker an. Experimentieren Sie in Ihrem eigenen Tempo – sinnlich und beruhigend, nicht kalt
und mechanisch.

Diese magische Übung wird mit zunehmender Praxis immer besser. Bei Männern kann es
passieren, dass sie auch bei der Einfachen Kultivierung, wenn sie alleine üben, eine Erektion

bekommen. Man sollte in diesem Fall einfach darauf achten, wo und wann man übt und für Privatsphäre sorgen. Wer die Übung regelmäßig durchführt, wird mit der Zeit Wellen ekstatischer Energie von der Penisspitze über die Wirbelsäule bzw. den Oberkörper bis hoch in den Kopf strömen fühlen. Die Energie bei Frauen während der Einfachen Kultivierung ist ähnlich, wenn auch etwas subtiler. Wie bereits gesagt: Übung ist alles!

Das Metallelement

Metall ist kühl und trocken. Es entsteht in der Erde und bringt das Wasserelement hervor. Feuer schmilzt Metall. So beschreiben die alten taoistischen Texte die Natur des Metallelements. Auch Sie werden verstehen, was damit gemeint ist, wenn Sie dieses Buch beendet haben.

Das Metallelement steht für die kontrahierende Kraft des Universums, die Kraft, die die Dinge dazu bringt zu schrumpfen und sich zusammenzuziehen. Das Yin-Organ des Metalls ist die Lunge, die zugeordnete Farbe ist Weiß bzw. silber-metallisches Weiß. Die Himmelsrichtung ist Westen, der Sammelpunkt befindet sich auf der linken Körperseite auf Nabelhöhe. Zum Sammeln des Metallelements wird links vom Nabel mental ein Feld von etwa sieben bis acht Zentimetern Durchmesser gebildet.

Die folgende Tabelle zeigt einige Entsprechungen des Metallelements auf:

Haartyp	Yin Inneres Organ	Element	Über- schüssige Energie von	Farbe	Äußeres Organ	Finger	Augen- bereich	Heilender Laut
Scham- haar	Lunge	Metall	Chi	Weiß	Nase	Zeige- finger	das Weiße	S-s-s-s-s

Yang-Organ	Himmelsrichtung
Dickdarm	Westen

1. Sie sitzen aufrecht auf einem Stuhl, ohne sich anzulehnen. Die Hände liegen gefaltet im Schoß, die Füße stehen flach auf dem Boden.
   Alternativ können Sie auch die Standposition dieser Woche oder irgendeine andere der beschriebenen Standpositionen einnehmen.
2. Bringen Sie die Zungenspitze an den oberen Gaumen..
3. Nun konzentrieren Sie sich mindestens 30 Sekunden lang auf einen Punkt in Augenhöhe direkt vor sich. Schließen Sie dann die Augen halb und konzentrieren Sie sich weitere 30 Sekunden (mindestens) auf die Nasenspitze, dann mindestens zehn Sekunden auf den »Buckel« in der Mitte der Nase, noch einmal mindestens 30 Sekunden auf das Dritte Auge zwischen und etwas oberhalb der inneren Augenwinkel.

Sie können an jedem Punkt die Zeit so anpassen, wie Sie möchten. Sie sollten sich dabei immer ruhiger und entspannter fühlen.

4. Lächeln Sie in das Weiß des linken Auges. Sie fangen außen an und lassen das Lächeln nach innen fließen.

5. Lächeln Sie in das Weiß des rechten Auges. Sie fangen außen an und lassen das Lächeln nach innen fließen.

6. Auch die Mundwinkel und die Wangenknochen ziehen sich dabei lächelnd nach oben.

7. Die Energie des Lächelns fließt hinunter in die Nase. Beim Einatmen spüren Sie die Verbindung zwischen Nase, Nasenhaaren und Lunge.

8. Die Energie fließt weiter in den Nacken, gabelt sich und fließt jeweils über eine Schulter hinunter in die Zeigefinger.

9. Richten Sie nun die Konzentration auf die Spitzen der beiden Zeigefinger. Beim Einatmen spüren Sie, wie die Energie in die Zeigefingerspitzen eintritt.

10. Sie atmen ein und spüren, wie die Energie auf beiden Seiten die Arme hinauf bis zu den Schultern fließt. Beim Ausatmen fließt sie weiter nach unten in die Lunge.

11. Nun konzentrieren Sie sich auf die Lunge und praktizieren mindestens dreimal den Heilenden Lungenlaut: S-s-s-s-s-s.

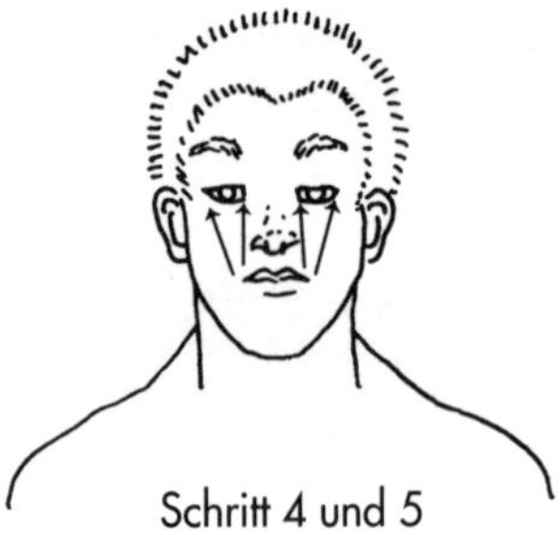

Schritt 4 und 5

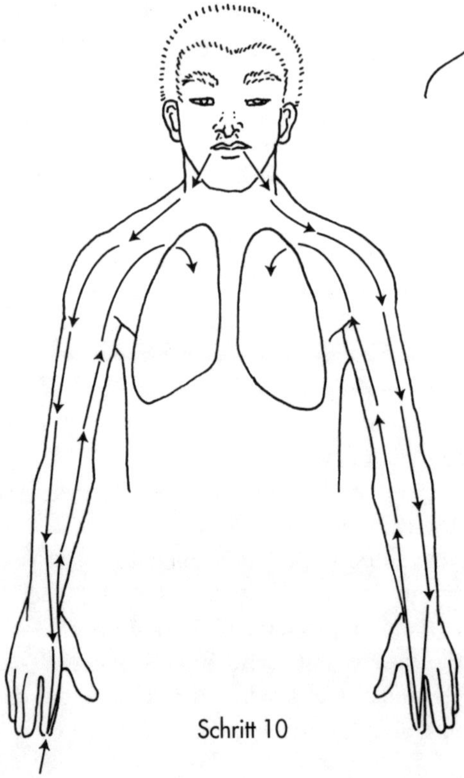

Schritt 10

84

12. Dann konzentrieren Sie sich auf das Schamhaar und praktizieren etwa eine Minute lang die Schamhaaratmung.

13. Lassen Sie die Energie aus dem Schamhaar durch den Dickdarm hinauf in den rechten und linken Lungenflügel steigen.

14. Stellen Sie sich vor, Sie stehen unter einem weißen bzw. silberweiß-metallischen Licht oder Nebel. Beim Einatmen dringt dieses weiße Licht in den Körper ein, durch die Nase, das Weiß der Augen, die beiden Zeigefinger, das Schamhaar. Es fließt direkt durch die Haut. Es füllt die Lunge und fließt auch in den Dickdarm über.

    Beim Ausatmen stellen Sie sich vor, dass Sie mit dem Atem eine Energie von trüb-grauer Farbe aus dem Körper hinausbefördern – die Energie der negativen Emotionen der Lunge: Traurigkeit und Depression. Die eingeatmete weiße Farbe ist strahlend weiß oder silberweiß-metallisch. Die ausgeatmete trüb-graue Energie ist die Negativität, die das strahlende weiße Licht am Leuchten hindert. Fahren Sie mit der Übung fort, und die negative Energie wird immer schwächer, das weiße Licht immer stärker und heller.

15. Ziehen Sie nun das ganze weiße Licht aus der Lunge, dem Dickdarm und auch alles Licht, was in den Körper geflossen ist, in Ihren Lungen-/Metall-Sammelpunkt, den Bereich (etwa sieben bis acht Zentimeter im Durchmesser) direkt links vom Nabel. Dieses Feld beginnt

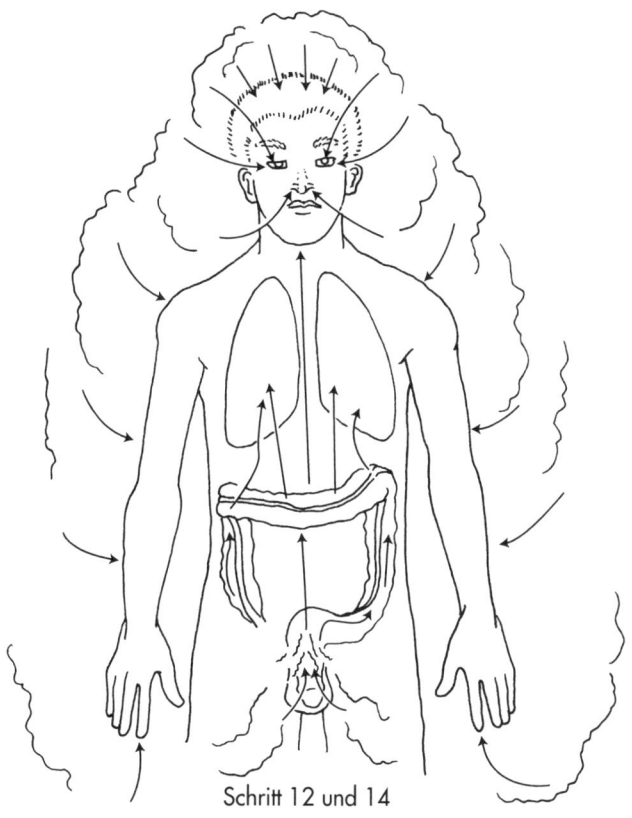

Schritt 12 und 14

beim Ein- und Ausatmen weiß oder silberweiß zu leuchten. Machen Sie mindestens ein bis zwei Minuten weiter.

16. Beim Ausatmen stellen Sie sich vor, wie das weiße Licht aus dem Lungen-/Metall-Sammelpunkt und aus der Nase tritt. Die weiße Farbe fließt dabei in alle Richtungen und bildet um den Körper eine Aura, eine Art zweite Haut. Atmen Sie ein und verteilen Sie die weiße Aura um sich.

Gleichzeitig stellen Sie sich vor, wie weißes Licht oder weißer Nebel auch aus den beiden Zeigefingern, dem Weiß der Augen und dem Schamhaar tritt, sich mit dem weißen Licht/Nebel verbindet, der aus der Nase fließt, und um den ganzen Körper eine weiße Aura bildet. Lenken Sie das weiße Licht über die Arme, Beine, den Oberkörper, den Rücken und um den Kopf, zwischen die Finger und Zehen und um jedes Hautfältchen, bis der ganze Körper davon umgeben ist. Wenn Sie Kleider tragen, fließt das weiße Licht durch sie hindurch.

17. Zum Abschluss der Übung wird die Energie im Nabel gesammelt.

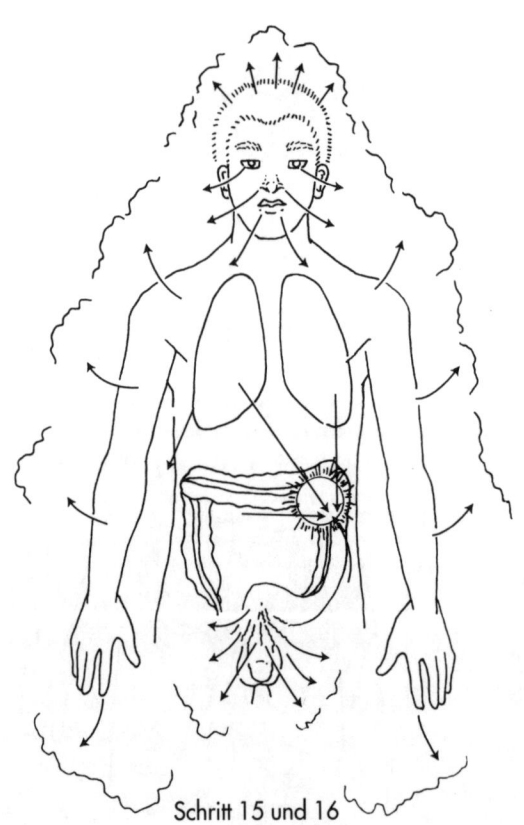

Schritt 15 und 16

4. WOCHE

Haaratmung: Teil 4

Ich hoffe, Ihnen machen diese Übungen zur Haaratmung Spaß. Ich genieße es sehr, darüber zu schreiben. Doch noch wichtiger ist natürlich, dass Sie auch wirklich jeden Tag üben und den Energiefluss in den verschiedenen Körperhaaren spüren können.

Dadurch, dass ich jede Woche (zumindest noch bis zur nächsten Woche) die Haaratmung an den Anfang der wöchentlichen Übungsreihe stelle, möchte ich deutlich machen, dass das taoistische Konzept des Atmens sehr viel mehr ist als die einfache Luftaufnahme durch die Nase oder den Mund. Die Fähigkeit, das Chi (also sowohl Luft als auch Lebensenergie) in und aus jedem Körperteil zu lenken, ist eine sehr wesentliche Komponente des Tao-Yoga – die so genannte Körperatmung. Je weiter Sie fortschreiten, umso wichtiger wird diese Praktik. Das Heilpotenzial der Körperatmung ist enorm. Bei der Haaratmung lernen wir, die Energie, die normalerweise einfach verloren geht, für unsere Gesundheit und Weiterentwicklung zu nutzen.

Über die Körperatmung gibt es im Westen nicht viel Literatur. Das Konzept ist dem westlichen Denken ziemlich fremd. Genau deshalb ist es so wichtig, dass auch die Menschen im Westen den Nutzen der verschiedenen Arten der Körperatmung kennen lernen.

Ich habe mich zum Einstieg für die Haaratmung entschieden, die wohl für den Anfang am einfachsten ist. Das Haar kann man mit den Händen berühren und mit dem Yi-Geist fühlen und spüren. Wenn man es fühlen kann, kann man sich auch vorstellen, dass man Energie hinein- und herausziehen kann. Und wenn man sich dies vorstellen kann, kann man es auch durchführen.

Die Haaratmung ähnelt der Lungenatmung überhaupt nicht; es ist eher so, als ob man die Energie direkt durch die Haarsträhnen einsaugen würde. Es wurden bereits ein paar Techniken vorgestellt, mit denen man die Haaratmung unterstützen kann, wie etwa das leichte Saugen an der Zunge und/oder das sanfte Einziehen der Wangen und der Augen. Experimentieren Sie ruhig auch mit dem Hochziehen des Perineums und/oder Anus und mit dem Versiegeln der Ersten Pforte am Penis bzw. der Vagina, um herauszufinden, ob die Haaratmung dadurch effektiver wird. Jeder Mensch ist anders. Sie müssen selbst herausfinden, was für Sie am besten funktioniert. Seien Sie ein wenig flexibel. Um Erfolg zu haben, müssen Sie weiter üben, aber Sie haben die Wahl und die Flexibilität in Bezug auf das Wie. Was für mich das Beste ist, muss nicht auch für Sie gut sein. Das gilt auch für die Standpositionen der Zweiten Kostbarkeit. Sie sollten alle erlernen und einüben, doch Sie sollten entscheiden, welche Sie täglich praktizieren möchten, und ob Sie sie mit den Atemübungen der Ersten Kostbarkeit oder den geistigen Übungen der Dritten Kostbarkeit kombinieren möchten. Das Tao-Yoga sollte nicht zu starr angewandt werden, sondern flexibel und es sollte vor allem Spaß machen.

Mit den lächelnden Augen eines taoistischen Weisen betrachtet, ist in unserer Welt viel Humor zu sehen. Das dürfen wir nicht vergessen. Wer die edle Emotion wahren Mitgefühls erfahren möchte, muss sich in dieser Welt einen Sinn für Humor bewahren. Das soll nicht heißen, dass es nicht auch Zeiten gibt, die Ernsthaftigkeit erfordern. Genauso wenig ist hier die Rede von Albernheit oder Dummheit. Es geht vielmehr um eine positive humorvolle Einstellung. Falls wir uns also jemals begegnen sollten – lächeln Sie mich an!

Die Haaratmung ist eine der taoistischen Techniken, die mich zum Lächeln bringt. Vergessen Sie bitte nicht das Innere Lächeln. Praktizieren Sie regelmäßig den Kleinen Energiekreislauf, zum Beispiel in Verbindung mit vielen der neuen, noch zu lernenden Übungen. So kann man nach dem Abschluss der Haaratmung, wenn man den Speichel hinunter ins Untere Tan Tien geschluckt hat, die Energie im Kleinen Energiekreislauf fließen lassen. Auch die Sechs Heilenden Laute sollten regelmäßig praktiziert werden. Sie tun vor allem am Abend gut, direkt vor dem Schlafengehen, um den Körper zu entspannen. Der Laut des Dreifachen Erwärmers ist ganz besonders effektiv.

In dieser Woche ist die Gesichtshaaratmung an der Reihe. Das Gesichtshaar ist das Produkt der überschüssigen Sexualenergie, Jing Chi. Es hat einen Bezug zu den Nieren bzw. zu den Ohren als den äußeren Öffnungen der Nieren.

In der taoistischen Lehre sind die Nieren der Speicher der Sexualenergie. Überschüssige Sexualenergie wird im Gesichtshaar gespeichert und kann durch die Gesichtshaaratmung in den Körper zurückgeführt werden. Die Verbindung zwischen Ohren und Nieren beruht auf der ähnlichen Form von Nieren und Ohrmuscheln.

Mit dieser kraftvollen Übung kann man das Jing-Chi-Reservoir in den Nieren anheben. Mit fortschreitender Übung entwickelt sich durch die Wechselbeziehung zwischen Sexualenergie und dem Gesamtsystem des Tao-Yoga auch ein Verständnis für die wahrhaft große Macht und Transformationskraft der Sexualenergie. Dadurch erweitert sich auch Ihre Vorstellung von Sex beträchtlich. Das hört sich doch gut an, oder?

Die letzten Wochen haben Sie ja bereits gelernt, durch die Kopf-, Achsel- und Schamhaare zu atmen; und so dürfte die Verbindung zur Gesichtsbehaarung ein Leichtes sein. Fast jeder Mensch hat Haare im Gesicht. Männer können einen Bart tragen, und auch die meisten Frauen haben winzige, feine Härchen im ganzen Gesicht. Wer sein Gesicht rasiert, kann durch die Haarfollikel oder die Hautporen atmen.

1. Zu Beginn der Übung führen Sie die Haaratmung mit dem Kopfhaar, der Achsel- und der Schambehaarung durch.
2. Dann konzentrieren Sie sich auf das Gesichtshaar. Die damit zusammenhängenden Empfindungen hängen auch davon ab, wie viele Haare Sie im Gesicht haben.
3. Atmen Sie sanft einmal mit einer Umkehratmung ein (oder mit einer Bauchatmung, wenn das für Sie besser funktioniert) und spüren Sie die Energie direkt durch die Gesichtsbehaarung ins Gesicht, das Kinn und in den Mund fließen.

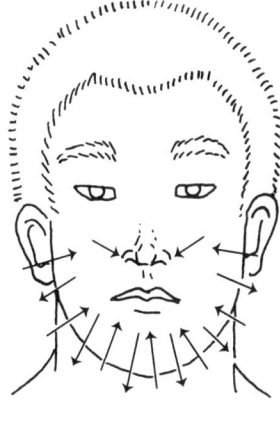

4. Beim Ausatmen verlässt die Energie über die Gesichtshaut und die Gesichtsbehaarung den Körper.

5. Atmen Sie mindestens eine Minute lang mit den Gesichtshaaren ein und aus.

6. Bei der nächsten Ausatmung fühlen Sie oder stellen sich vor, dass die Energie im Mund verbleibt. Beim Einatmen fließt weiter Energie durch das Gesichtshaar herein. Wenn Sie leicht an der Zunge saugen oder sanft die Wangen einziehen, können Sie den Energiefluss unterstützen. Machen Sie diesen Schritt mindestens 30 Sekunden lang.

7. Um den Speichelfluss anzuregen, lassen Sie die Zunge neunmal zwischen Lippen und Zähnen in eine Richtung kreisen und sammeln so Speichel im Mund. Dann bringen Sie die Zungenspitze hinter die Vorderzähne und kreisen diesmal sechsmal in die andere Richtung. Wenn der Mund immer noch trocken ist, erhöhen Sie die Anzahl der Zirkulationen in beide Richtungen.

8. Spüren Sie, wie sich die Energie aus dem Kopfhaar, den Armen und Achselhöhlen, aus dem Schamhaar und dem Gesichtshaar mit dem Speichel vermischt. Wenn Sie den Unterkiefer wie beim Kauen vor- und zurückbewegen, geht das Vermischen noch besser.

9. Die Zungenspitze wird nun hinter die unteren Zähne gelegt, der mittlere Teil der Zunge wird gegen den oberen Gaumen gedrückt.

10. Dann ziehen Sie das Kinn ein, richten den hinteren Nacken gerade auf schlucken fest mit einem Schluckgeräusch. Spüren Sie, wie die Energie nach unten in den Magen gedrückt wird und wie sich das Untere Tan Tien mit der überschüssigen Energie füllt und warm wird.

11. Reiben Sie die Hände zum Warmwerden aneinander und massieren Sie dann das Gesicht.

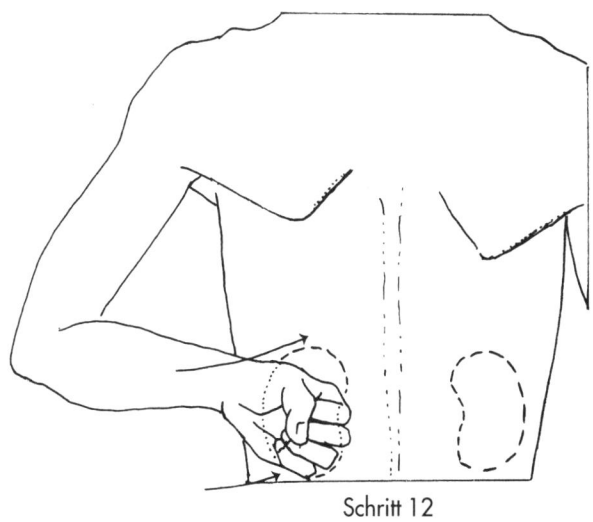

Schritt 12

12. Klopfen Sie fünf bis zehn Minuten lang beide Nieren (hinten am unteren Rippenbogen) mit dem Rücken der Fäuste ab.
13. Reiben Sie noch einmal die Hände aneinander, bis sie wieder warm sind, legen Sie sie dann auf den Rücken in Höhe der Nieren. Zum Abschluss der Übung reiben Sie ein paarmal auf und ab.

Stehendes Chi Kung

Der einseitige Stand

Bis jetzt haben Sie drei Standpositionen gelernt, alle drei gehören in die Gruppe der beidseitigen Standpositionen, bei denen das Gewicht gleichmäßig verteilt ist. Die Füße stehen also parallel zueinander, und das Gewicht ist gleichmäßig auf sie verteilt. Eine andere Grundposition ist der so genannte einseitige Stand oder Seitenstand, bei dem das Gewicht ungleichmäßig verteilt ist.

Beim Seitenstand zeigt ein Fuß nach vorne, der andere ist in einem 45-Grad-Winkel nach hinten versetzt. Etwa 70 Prozent des Körpergewichts liegen auf dem hinteren Fuß, 30 Prozent auf dem vorderen. Es ist egal, ob der rechte oder der linke vorne steht. Wenn der linke Fuß hinten ist, ist dies der so genannte Linksstand, wenn der rechte Fuß hinten ist, nennt man die Übung den Rechtsstand.

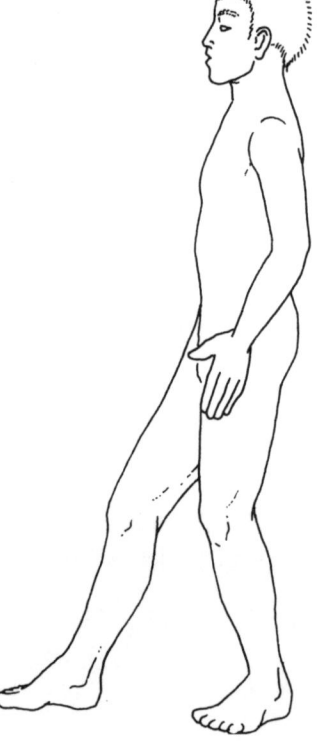

Auf einen Schlag kennen Sie nun doppelt so viele Positionen. Sie können nämlich mit dem einseitigen Stand die drei bereits bekannten Formen ausführen, also kennen Sie jetzt sechs. Wenn man den Links- und den Rechtsstand als verschiedene Positionen betrachtet, sind es sogar neun. Das war einfach, oder? Im Folgenden soll der Linksstand näher erläutert werden.

1. Sie gehen in eine der drei bereits bekannten Grundpositionen: mit den Armen an den Seiten, den Baum umarmen oder die Hände auf dem Kopf ruhen lassen.
2. Der rechte Fuß zeigt nach vorn, der linke ist um etwa einen halben Meter nach hinten versetzt. Die hintere, linke Ferse sollte fast, aber nicht ganz, hinter der rechten Ferse sein.
3. Der hintere linke Fuß zeigt in einem 45-Grad-Winkel zur Seite.
4. Legen Sie etwa 70 Prozent Ihres Gewichts auf das hintere linke Bein und 30 Prozent auf das rechte vordere Bein. Wenn Ihnen eine genaue Schätzung schwer fällt, achten Sie einfach darauf, dass hinten mehr Gewicht ist als vorne.

5. Der Oberkörper zeigt nach vorne zum rechten Fuß. Auch beide Hüften werden mit dem vorderen rechten Fuß ausgerichtet und gerade gestellt. Der Schwerpunkt wird dabei nach hinten zum linken Bein verlagert.

6. Drehen Sie die Knie ein paar Zentimeter nach außen, dann wieder nach innen, aber nicht ganz so weit wie vorher. Dadurch kann der Lendenbereich gerundet bzw. das Qua geöffnet werden, und die Füße können sich besser im Boden verwurzeln.

7. Nun beugen Sie die Knie und gehen leicht nach unten. Die Knie dürfen dabei nicht weiter nach außen gehen als die Zehen des jeweiligen Beines (Spannen Sie die Muskeln hinten in den Oberschenkeln an, das hilft, die Position einzuhalten).

8. Nehmen Sie den Kontakt der Füße mit dem Boden wahr. Das Spüren dieser Verbindung mit der Erde ist ganz wichtig.

9. Diese Position nehmen Sie mindestens drei bis fünf Minuten lang ein. Sie stehen entweder still da oder praktizieren dabei eine der inneren Übungen.

10. Sie können, wenn Sie möchten, das Gewicht auf die andere Seite verlagern; das linke Bein ist dann vorne, das rechte ca. 30 bis 50 Zentimeter in einem 45-Grad-Winkel nach hinten versetzt.

Das Aus- und Eindrehen der Knie für das richtige Stehen ist wichtig. Für den Moment reicht das zum Üben, doch im weiteren Verlauf werden noch weitere Details dieser Technik erläutert.

Sexual-Kung-Fu

Die Kreuzbeinschraube

Bestimmt können Sie alle die Hüften kreisen lassen. Diese Grundbewegung wird in den Übungen für diese Woche verfeinert. Sie rotieren dann nicht die Hüften, sondern konzentrieren sich auf das Kreuzbein und lassen es kreisen. Natürlich gehen die Hüften dabei wahrscheinlich mit, doch sie stehen nicht im Mittelpunkt der Aufmerksamkeit.

Das Kreuzbein wird in eine kreisende, spiralige Bewegung versetzt. Ihren Partner können Sie so auf vielfältige Art und Weise stimulieren. Sie gewinnen außerdem eine starke Kontrolle über Ihre Bewegungen und werden empfänglicher für die Bewegungen Ihres Partners.

Durch das Versiegeln der Ersten (Eingangs-)Pforte an der Penisspitze bzw. den Schamlippen und der Klitorisspitze müssten Sie das Kreuzbein besser kontrollieren können. Wenn Sie es einmal probieren, werden Sie wahrscheinlich sofort die Verbindung zwischen dieser Pforte und dem Kreuzbein spüren – oft eine sehr erotische Empfindung. Mit ein wenig Übung ist dies ein effektives Werkzeug für langsame und sinnliche sexuelle Erfahrungen.

Ich weise immer wieder darauf hin, dass die Erste Pforte (an der Penisspitze bzw. den Schamlippen und der Klitorisspitze) und nicht die Zweite (Eingangs-)Pforte – der Beckenboden – an der Peniswurzel bzw. in der Vagina verschlossen wird. Auch durch das Anspannen der Zweiten Pforte kann die Bewegung eingeschränkt und das Kreuzbein festgehalten werden. Probieren Sie einfach einmal beides aus, um den Unterschied zu spüren.

Das Kreuzbein spielt im Tao-Yoga eine wichtige Rolle. Bei vielen der bereits erlernten Übungen wurde das untere Ende des Kreuzbeins eingezogen und dabei der Nabelbereich (das Ming

Men) nach hinten gedrückt und so die so genannte Kreuzbeinpumpe aktiviert. Oft ist das Kreuzbein sehr verspannt und lässt sich scheinbar nur sehr schwer in Bewegung versetzen. Mit der nun folgenden Übung kann das Kreuzbein praktisch mühelos trainiert werden. Die Kreuzbeinschraube sollte sowohl nach rechts als auch nach links praktiziert werden.

Auch in manchen lateinamerikanischen Tänzen ist diese Art der Bewegung des Kreuzbeins zu finden, eine leichte, fließende, kreisende Bewegung. Beginnen Sie mit kleinen Kreisen, und wenn das Kreuzbein mit der Zeit lockerer und entspannter wird, können Sie die Kreise vergrößern.

Die Kreuzbeinschraube ist eine weitere Technik für die Zweifache Kultivierung. Man kann sie an Stelle von tiefen oder flachen Stößen einsetzen, und sie ist ein guter Anfang für den Liebesakt. Man kann zunächst in Halbkreisen nach rechts, dann nach links spiralig kreisen. Nach einer Weile kann man dann tief oder flach stoßen. Es kann auch gut sein, Stoßen und Schrauben zu mischen und aufeinander abzustimmen. Die Kreuzbeinschraube hilft, den Liebesakt zu verlangsamen und doch gleichzeitig die erotische Erregung zu halten.

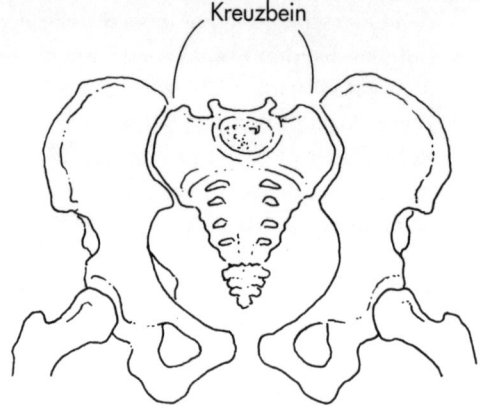

Kreuzbein

1. Konzentrieren Sie sich auf das Kreuzbein, den dreieckigen Knochen, der aus fünf miteinander verwachsenen Wirbeln besteht und am unteren Ende der Wirbelsäule sitzt.
2. Dann lenken Sie einen Teil Ihrer Aufmerksamkeit auf die Erste Pforte an der Penisspitze bzw. den Schamlippen und der Klitorisspitze. Drücken Sie sanft die Muskeln an der Ersten Pforte zusammen, und spüren Sie die Verbindung zwischen dieser Pforte und dem Kreuzbein. Versuchen Sie, die Zweite Pforte (den Beckenboden) entspannt zu halten.
3. Jetzt lassen Sie das Kreuzbein in kleinen, kreisenden und spiraligen Bewegungen rotieren.
4. Sie können die Kreise größer werden lassen oder Halbkreise nach links oder rechts drehen.

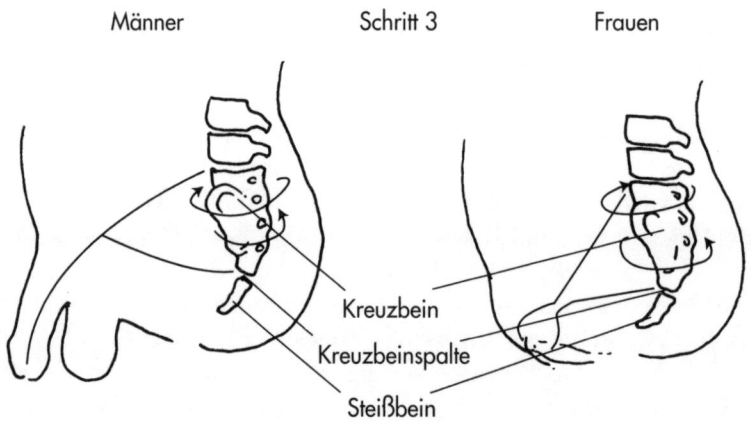

Männer   Schritt 3   Frauen

Kreuzbein
Kreuzbeinspalte
Steißbein

Ganz wichtig: Versuchen Sie, sich in Harmonie mit Ihrem Partner zu bewegen. Experimentieren Sie ein wenig, um die Bewegungen aufeinander abzustimmen. Anfangs kann zum Beispiel nur ein Partner die Kreuzbeinschraube ausführen. Wenn Sie den »Dreh« heraushaben, können Sie damit beginnen, die Spiralbewegung beide gleichzeitig und sanft zu versuchen. Sie brauchen nur ein wenig Übung, dann geht es. Auch die Kreuzbeinschraube ist eine der taoistischen Techniken, bei denen das Üben Spaß macht.

Harmonische gemeinsame Bewegungen sind eine Grundvoraussetzung für die Zweifache Kultivierung. Wenn diese Harmonie nicht vorhanden ist, kann das sehr frustrieren. Wenn zum Beispiel die Frau ständig nach hinten zieht oder kreist und der Mann sich nach vorne bewegt, oder wenn der Mann sich nach links bewegt und die Frau nach rechts, kommen beide nicht zusammen, was ein Grund für ernsthafte Probleme im Bett sein kann. Doch glücklicherweise kann dieses Problem ganz leicht behoben werden, wenn beide Partner bereit sind, daran zu arbeiten. Es lohnt sich wirklich!

Ich habe versucht, Ihnen Techniken zu vermitteln, die eine harmonische sexuelle Beziehung zum Partner fördern. Die Kontrolle über die Erste Pforte, die Rasselatmung und die Kreuzbeinschraube sind alles Techniken des Sexual-Kung-Fu, die zur Kunst der Zweifachen Kultivierung gehören.

Die Kreuzbeinschraube kann auch alleine als Chi-Kung-Übung praktiziert werden. Man kann praktisch jederzeit üben (in der Öffentlichkeit sollte man allerdings nur kleine Kreise ausführen). Probieren Sie es doch einmal beim Tanzen oder im Sitzen! Die Übung ist extrem wohltuend für alle Menschen, die zu viel sitzen.

Als »Neuling«, wenn Sie die taoistischen Yoga- und Chi-Kung-Übungen zum ersten Mal praktizieren, ist Ihr Kreuzbein wahrscheinlich etwas steif, und die fünf Wirbel sind richtig miteinander verwachsen. Doch durch die Kreuzbeinschraube kommen Sie vielleicht an den Punkt, an dem die fünf Wirbel sozusagen »aufschnappen«. Wenn das passiert, spüren Sie, wie der untere Rücken sich unglaublich entspannt, wie die Wirbelsäule ganz geschmeidig und viel leichter und freier beweglich wird. Auch die Energie im Kleinen Energiekreislauf fließt leichter. Oft findet diese Öffnung des Kreuzbeins spontan beim Liebesakt statt. Eventuell verspannt es sich hinterher jedoch wieder. Doch mit regelmäßigem Üben der verschiedenen Techniken des Sexual-Kung-Fu und des Kleinen Energiekreislaufes, wird dieses »Öffnen« des Kreuzbeins immer einfacher.

Möge das Chi mit Ihnen sein!

Das Wasserelement

Das Wasserelement ist reine Yin-Energie, so wie das Feuerelement reine Yang-Energie darstellt. Das Wasserelement steht für die sammelnde Kraft des Universums, die Kraft, die die Dinge innerlich zusammenkommen lässt. Das innere Yin-Organ sind die Nieren, das innere Yang-Organ ist die Blase; beide sind bei der Regulierung des Wasserhaushalts (der Flüssigkeiten) im Körper beteiligt.

In der traditionellen taoistischen Literatur wird dem Wasser oft die Farbe Schwarz zugeordnet. Andere taoistische Traditionen (insbesondere auch die, die ich erlernt habe) nennen Saphirblau. Sie können beide Farben nehmen. Der Unterschied scheint in alten Tier-Entsprechungen zu liegen, die in diesem Buch nicht verwendet werden. Den Elementen werden auch Tiere zugeordnet, die je nach Tradition verschieden sind. Zum Wasserelement gehören sowohl die Schwarze Schildkröte als auch der Blaue Hirsch, ich habe aber auch schon von einer Blauen Schildkröte gehört; wir sollten es also nicht zu kompliziert machen. Probieren Sie Saphirblau und Schwarz aus und finden Sie heraus, was bei Ihnen am besten funktioniert.

Nach der Lehre der Taoisten hat die Große Wasserkraft (die Urquelle des Wasserelements) die nördlichen Konstellationen hervorgebracht. Deshalb ist der Norden die Himmelsrichtung des Wasserelements. Sein Sammelpunkt befindet sich am Perineum, wo in einem mental gebildeten Feld von etwa sieben bis acht Zentimeter Durchmesser das Wasserelement gesammelt wird. Da Wasser eine reine Yin-Energie ist, wird es mit der kalten Energie im Körper assoziiert.

Zum Wasser gehört also der Norden, doch sein Sammelpunkt ist im unteren (südlichen) Teil des Körpers; umgekehrt wird dem Feuer der Süden zugeordnet, aber der Feuer-Sammelpunkt ist im oberen (nördlichen) Körper zu finden. So wird es in den taoistischen Quellen und auch in den Quellen der traditionellen chinesischen Medizin beschrieben; auch sie arbeitet viel mit den Fünf Elementen.

Die folgende Tabelle zeigt einige Entsprechungen des Wasserelementes auf:

Haartyp	Yin Inneres Organ	Element	Überschüssige Energie von	Farbe	Äußeres Organ	Finger	Augenbereich	Heilender Laut
Gesichtshaar	Nieren	Wasser	Sexualenergie	Blau/Schwarz	Ohren	kleiner Finger	Pupille	Tsch-o-o-o-o

Yang-Organ	Himmelsrichtung
Blase	Norden

1. Sie sitzen aufrecht auf einem Stuhl, ohne sich anzulehnen. Die Hände liegen gefaltet im Schoß, die Füße stehen flach auf dem Boden.
   Alternativ können Sie eine der einseitigen Standpositionen von dieser Woche oder irgendeine andere der beschriebenen Standpositionen einnehmen.
2. Bringen Sie die Zungenspitze an den oberen Gaumen.
3. Nun konzentrieren Sie sich mindestens 30 Sekunden lang auf einen Punkt in Augenhöhe direkt vor Ihnen. Schließen Sie dann die Augen halb und konzentrieren Sie sich weitere 30 Sekunden (mindestens) auf die Nasenspitze, dann mindestens zehn Sekunden auf den »Buckel« in der Mitte der Nase, noch einmal mindestens 30 Sekunden auf das Dritte Auge zwischen und etwas oberhalb der inneren Augenwinkel.

Sie können an jedem Punkt die Zeit so anpassen, wie Sie möchten. Sie sollten dabei immer ruhiger und entspannter werden.

4. Lächeln Sie in die Pupille des linken Auges.
5. Lächeln Sie in die Pupille des rechten Auges.
6. Auch die Mundwinkel und die Wangenknochen ziehen sich dabei lächelnd nach oben.
7. Konzentrieren Sie sich nun auf die Gesichtsbehaarung und führen Sie die Gesichtshaaratmung mindestens eine Minute lang durch.
8. Die Energie fließt in das rechte und linke Ohr. Lächeln Sie in Ihre Ohren hinein.
9. Praktizieren Sie nun auch die Haaratmung mit jedem einzelnen Härchen im Ohr.
10. Spüren oder visualisieren Sie eine Verbindung zwischen dem linken Ohr und der linken Niere, dem rechten Ohr und der rechten Niere.
11. Dann konzentrieren Sie sich wieder auf die beiden Ohren, lenken die Aufmerksamkeit (Ihren Yi-Geist) weiter hinunter zum Nacken, weiter zu den beiden Schultern und die Arme hinunter in die beiden kleinen Finger. Beim Einatmen fließt Energie in die kleinen Finger und weiter die Arme hoch und in die Brust. Beim Ausatmen spüren Sie die Energie an den Seiten des Brustkorbs hinunterfließen und sich mit den Nieren verbinden.
12. Nun konzentrieren Sie sich auf die Nieren und praktizieren mindestens dreimal den Heilenden Nierenlaut: Tsch-o-o-o-o.

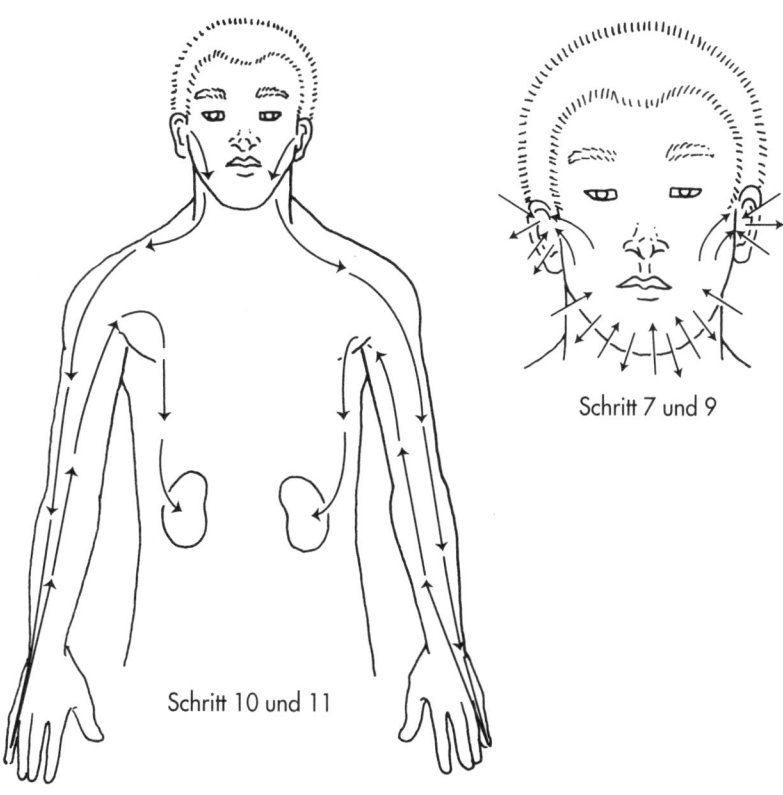

Schritt 7 und 9

Schritt 10 und 11

13. Stellen Sie sich vor, Sie stehen unter einem saphirblauen bzw. schwarzen Licht oder Nebel. Beim Einatmen dringt dieses saphirblaue/schwarze Licht in den Körper ein, nicht nur durch die Nase, sondern auch durch alle oben genannten Entsprechungen: das Gesichtshaar, die Pupillen, die Ohren, die Ohrhärchen und die beiden kleinen Finger. Das saphirblaue/ schwarze Licht fließt auch ganz einfach in den Körper, direkt durch die Haut. Es füllt die Nieren und fließt auch in die Blase hinein.

Beim Ausatmen stellen Sie sich vor, dass Sie mit dem Atem eine Energie von trüb-blauer oder grauer Farbe aus dem Körper hinausbefördern – die Energie der negativen Emotion der Nieren: Furcht. Visualisieren Sie, dass Sie beim Ausatmen auch Ihre Furcht vertreiben. Die eingeatmete saphirblaue/schwarze Farbe strahlt und glänzt. Die ausgeatmete trüb-blaue oder graue Energie ist die Negativität, die das saphirblaue/schwarze Licht am Leuchten hindert. Fahren Sie mit der Übung fort, und die negative Energie wird immer schwächer, das saphirblaue/schwarze Licht immer stärker und heller.

14. Ziehen Sie nun das ganze saphirblaue Licht aus den Nieren und auch alles Licht, was in den Körper geflossen ist, in Ihren Nieren-/Wasser-Sammelpunkt, den Bereich (etwa sieben bis acht Zentimeter im Durchmesser) am Perineum, hinter den Sexualorganen. Dieses Feld beginnt beim Ein- und Ausatmen saphirblau bzw. schwarzglänzend zu leuchten. Machen Sie mindestens ein bis zwei Minuten weiter.

Schritt 13

15. Beim Ausatmen stellen Sie sich vor, wie das saphirblaue/schwarze Licht aus dem Nieren-/Wasser-Sammelpunkt und aus den Ohren tritt. Die saphirblaue/schwarze Farbe fließt dabei in alle Richtungen und bildet um den Körper eine Aura, eine Art zweite Haut. Gleichzeitig stellen Sie sich vor, wie saphirblaues/schwarzes Licht oder Nebel auch aus den beiden kleinen Fingern, den Pupillen und dem Gesichtshaar tritt, sich mit dem saphirblauen/schwarzen Licht/Nebel verbindet, der aus den Ohren fließt und um den ganzen Körper eine saphirblaue/schwarze Aura bildet. Lenken Sie das saphirblaue/schwarze Licht über die Arme, Beine, den Oberkörper, den Rücken und um den Kopf, zwischen die Finger und Zehen etc., bis der ganze Körper davon umgeben ist. Wenn Sie Kleider tragen, fließt das saphirblaue/schwarze Licht durch sie hindurch.

16. Zum Abschluss der Übung wird die Energie im Nabel gesammelt.

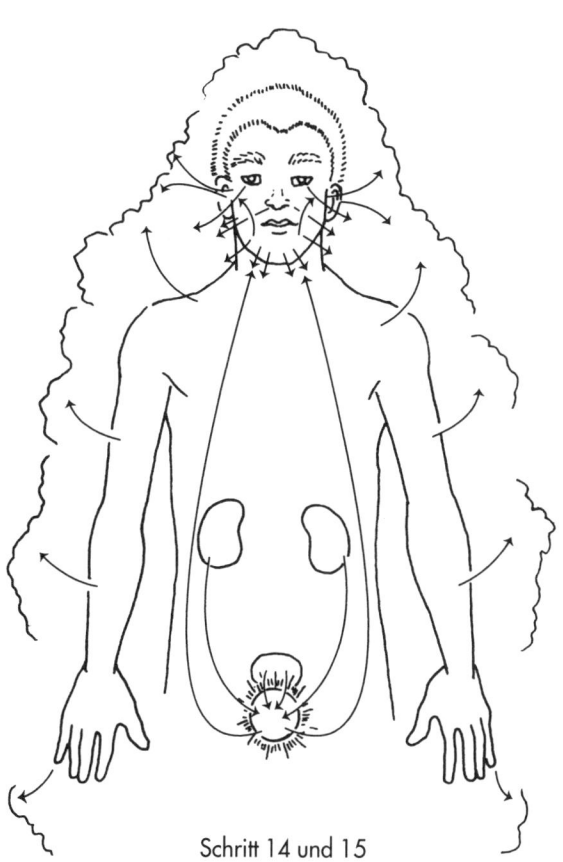

Schritt 14 und 15

5. WOCHE

Haaratmung: Teil 5

Mit dieser Woche wird die Übungsreihe der Haaratmung mit der Atmung durch die Augenbrauen abgeschlossen, dem Produkt der überschüssigen Energie der Sehnen, die eine Verbindung zur Leber haben. Deren äußere Öffnungen sind die Augen.

Inzwischen dürfte klar geworden sein, dass die Taoisten den Körper als ein verbundenes System von miteinander in Bezug stehenden Körperteilen sehen. Durch die Haaratmung wird die überschüssige Energie dem Körper wieder zur Verfügung gestellt. Die Augenbrauenatmung bringt die Energie der Sehnen wieder zurück in den Körper, was sich positiv auf die Sehnen auswirkt.

Es kann sein, dass man beim Praktizieren des Tao-Yoga zunächst innerlich nichts spürt. Doch dann überschreitet man einen Schwellenpunkt und versteht mit einem Mal mehr bzw. nimmt mehr wahr. Dann erkennt man auch, dass wirklich Fortschritte erzielt werden und dass das System funktioniert. Hoffentlich haben auch Sie solche Erfahrungen mit den taoistischen Praktiken gemacht. Wer weiß, vielleicht passiert es diese Woche!

Gesündere, geschmeidige Sehnen wirken sich auch positiv auf die Leber aus, was wiederum das Holzelement und die Balance der Fünf Elemente im Körper beeinflusst. Das Stärken des Holzelements tut den Augen im Allgemeinen sowie insbesondere der Iris gut. Die Augen lächeln wieder mehr, und das wiederum ist für den ganzen Körper eine Wohltat. Nach der taoistischen Lehre sind die Augen die positiven Pole (reines Yang) des Körpers. Das heißt, dass der Rest des Körpers in Bezug auf die Augen negativ (Yin) ist. Man kann sich dies wie die zwei Pole einer Batterie vorstellen: der Körper ist der eine Pol, die Augen der andere. Dies war eines der großen Geheimnisse des Tao-Yoga. In dem klassischen alchemistischen Text »Das Geheimnis der goldenen Blume« heißt es im ersten Absatz: »Das Licht des Himmels kann nicht gesehen werden. Es ist in den beiden Augen enthalten.«

Die Augenbrauenatmung setzt also eine ganze Reihe von Ereignissen in Gang, die auf unbewusster Ebene ablaufen. Damit das Tao-Yoga richtig funktioniert, muss der »dreigabelige Ansatz« verfolgt werden, nämlich das Ausbalancieren der Drei Kostbarkeiten Atem, Körper und Geist (Chi, Jing und Shen). Das Kräftigen einer Kostbarkeit stärkt auch automatisch die jeweiligen damit verbundenen Teile. Wenn man dabei allerdings zu viel des Guten tut, auf Kosten der beiden anderen Kostbarkeiten (beispielsweise nur die Übungen der Dritten Kostbarkeit praktiziert), geht die Balance mit der Zeit verloren. Die Ausgewogenheit der Drei Kostbarkeiten muss erhalten bleiben.

Inzwischen sind wir bei der fünften Woche der Haaratmung angelangt, und ich bin überzeugt, Sie haben einige interessante Erfahrungen gemacht. Schritt für Schritt haben Sie ein völlig anderes Atmungskonzept gelernt. Diese Woche wird der ganze Prozess zusammengebracht und werden zusätzlich ein paar lose Enden miteinander verknüpft. Es wird nicht nur die Augenbrauenatmung vorgestellt, sondern wir lernen, auch mit allen anderen Körperhaaren zu atmen.

Der Gesamteffekt der Haaratmung besteht im Aufbau eines Energiefeldes rund um die Körperoberfläche. Bei den jeweiligen Übungen für die Elemente wurde durch die Haaratmung außerdem eine Aura in den Farben des Regenbogens um den Körper errichtet. Die Regenbogen-Aura hat eine rote, gelbe, weiße, blaue und – wenn Sie die Holzübung dieser Woche gelernt haben – eine grüne Schicht. Die Regenbogen-Aura dient der Gesunderhaltung, wehrt jegliche Negativität ab und unterstützt die positiven Energien.

Und hier ist nun die letzte Lektion der Haaratmung.

1. Zu Beginn der Übung führen Sie eine kurze Haaratmung mit dem Kopfhaar durch, mindestens 30 Sekunden lang.
2. Lenken Sie die Haaratmung dann der Reihe nach zu den Augenlidern, Nasenlöchern, Handrücken, Unterarmen, Oberarmen und insbesondere zu den Achseln.
3. Dann richten Sie die Aufmerksamkeit auf die Oberseite der beiden Füße und führen langsam eine Haaratmung die Beine hinauf durch, vorbei an den beiden Knöcheln, Waden und Oberschenkeln, bis die Konzentration (Yi-Geist) am Schamhaar sich wieder vereinigt.
4. Führen Sie mindestens 30 Sekunden lang die Schamhaaratmung durch. Dann lenken Sie die Aufmerksamkeit auf das Gesichtshaar und machen mit einer Gesichtshaaratmung weiter. Berücksichtigen Sie zusätzlich auch die Härchen in den Ohren.
5. Jetzt konzentrieren Sie sich auf die Augenbrauen. Atmen Sie sanft mit einer Umkehratmung (oder mit einer Bauchatmung wenn Ihnen diese besser liegt) ein und fühlen Sie die Energie direkt in und durch die Augenbrauen strömen.
6. Beim Ausatmen spüren Sie die Energie aus den Augenbrauen herausfließen.
7. Diese Augenbrauenatmung führen Sie mindestens eine Minute lang durch.
8. Dann fließt die Energie nach unten und sammelt sich im Mund. Damit das besser geht, saugen Sie sanft an der Zunge und/oder ziehen die Wangen ein wenig ein.
9. Um den Speichelfluss anzuregen, lassen Sie die Zunge neunmal zwischen Lippen und Zähnen in eine Richtung kreisen und sammeln so Speichel im Mund. Dann bringen Sie die Zungenspitze hinter die Vorderzähne und kreisen diesmal sechsmal in die andere Richtung. Wenn der Mund immer noch trocken ist, erhöhen Sie die Anzahl der Zirkulationen in beide Richtungen.

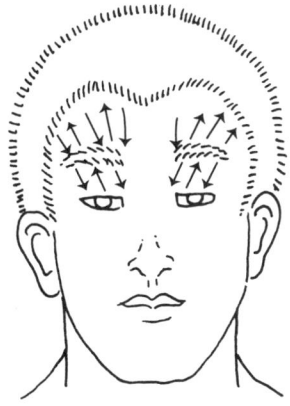

10. Spüren Sie, wie sich die Energie aus dem Kopfhaar, den Wimpern, Nasenlöchern, den Armen und Achselhöhlen,

den Beinen und aus dem Schamhaar mit dem Speichel vermischt. Wenn Sie den Unterkiefer wie beim Kauen vor- und zurückbewegen, geht das Vermischen noch besser.

11. Legen Sie die Zungenspitze nun hinter die unteren Zähne und drücken Sie dabei den mittleren Teil der Zunge gegen den oberen Gaumen.

12. Dann ziehen Sie das Kinn ein, richten den Nacken auf und schlucken kräftig mit einem Schluckgeräusch. Spüren Sie, wie die Energie nach unten in den Magen gedrückt wird und wie sich das Untere Tan Tien mit der überschüssigen Energie füllt und warm wird. Wer mag, kann die Energie ein paarmal im Kleinen Energiekreislauf zirkulieren lassen.

13. Reiben Sie die Hände zum Warmwerden aneinander und bedecken Sie dann damit die Augen.

14. Zum Abschluss der Übung klopfen Sie den Brustkorb ab, insbesondere den Leberbereich am unteren rechten Rippenbogen.

Bei dieser letzten Haaratmungs-Übung atmen Sie mit der gesamten Körperbehaarung. Sobald Sie gelernt haben, wie sich diese Energieatmung anfühlt, ist die Übung ganz einfach. Manchmal hat man das Gefühl, die ganze Hautoberfläche atmet. Die Erkenntnis, dass Sie Chi (Energie) über die Oberfläche in den Körper hinein- und hinausbringen können, dass die Haut ein Atmungsorgan ist, kann für Menschen aus dem Westen eine sehr intensive Erfahrung sein, denn dies kann unsere Perspektive von dem, was wir sind und wozu wir fähig sind, komplett verändern. Außerdem ist die Haaratmung eine äußerst effektive Übung zur Stärkung der Widerstandskraft gegen Krankheiten.

Stehendes Chi Kung

Das Wasser teilen

Die Übung »Das Wasser teilen« ist eine einzigartige Standposition, die vor allem für Menschen empfehlenswert ist, die unter schwachen Muskeln oder Muskelatrophie leiden. Auch für genesende oder bettlägerige Menschen ist sie hilfreich sowie eine exzellente Position für alle, die noch Schwierigkeiten haben, die Arme oben zu halten, oder die einen steifen Nacken und steife Schultern haben, oder auch für ältere und schwache Menschen mit wenig Widerstandskraft. Das Teilen des Wassers ist eine der einseitigen Standübungen, allerdings ein wenig anders als die vorher gelernten. Bei den einseitigen Standübungen der letzten Woche waren Oberkörper und Hüften gerade ausgerichtet und zeigten zum vorderen Fuß, die übliche Position für den einseitigen Stand.

Bei der nun folgenden Übung, »Das Wasser teilen«, zeigen Hüften und Oberkörper zum hinteren Fuß, der in einem 45-Grad-Winkel gegen den vorderen Fuß nach hinten versetzt ist. Der Kopf zeigt weiterhin nach vorne, muss also zur Schulter gedreht werden. Anders ausgedrückt, zeigen der vordere Fuß und der Kopf nach vorne, der Oberkörper, die Hüften und der hintere Fuß sind in einem 45-Grad-Winkel versetzt. Die Arme sind weit zu den Seiten gestreckt. Die Hände sind dabei offen, die Finger liegen auseinander, die Handflächen zeigen nach vorne.

Mit der Zeit werden Sie spüren, wie das Chi um Sie herumfließt. Der Name dieser Übung kommt von der Vorstellung, im Wasser zu stehen und die Strömung gegen sich fließen zu lassen. Sie spüren das Wasser an den Händen vorbei- und um diese herumfließen; Sie stehen also da und teilen das Wasser.

Im Tao-Yoga sind Phantasie und Vorstellungskraft ein wesentliches Element für den Fortschritt. Mit der Zeit wird das, was man für reine Phantasie gehalten hat, wirklich. Das soll nicht heißen, dass Sie bei der Vorstellung, Sie stünden bei dieser Übung im Wasser, irgendwann tatsächlich im Wasser stehen. Das wäre etwas überzogen. Aber Sie werden tatsächlich das Gefühl haben, dass Sie die Energie wie Wasser fließen spüren. Das ist mehr als bloße Phantasie. Die Taoisten sagen: »Das, was unecht war, wird wirklich, und das, was wirklich war, wird unecht.«

1. Sie gehen in den Linksstand, der rechte Fuß ist also vorne und zeigt nach vorne, der linke Fuß ist etwa 30 bis 50 Zentimeter im 45-Grad Winkel nach hinten versetzt. Die Ferse des vorderen rechten Fußes ist fast auf einer Linie mit der Ferse des hinteren linken Fußes.
2. Verlagern Sie ungefähr 70 Prozent Ihres Gewichtes auf den hinteren linken Fuß.
3. Beugen Sie leicht die Knie.
4. Hüften und Oberkörper zeigen in die gleiche Richtung wie der hintere linke Fuß, sind also um 45 Grad gegen den vorderen rechten Fuß versetzt.
5. Der Kopf wird zur rechten Schulter gedreht und zeigt nach vorne zum rechten Fuß.
6. Sie heben die Arme, weit offen wie wenn Sie einen sehr großen Menschen umarmen würden, zur Seite, ganz leicht vor den Körper, in etwa auf Nabelhöhe.
7. Die offenen Handflächen zeigen in die gleiche Richtung wie der linke hintere Fuß, der Oberkörper und die Hüften (45 Grad versetzt). Auch die Finger werden auseinander gehalten.
8. Die Wirbelsäule bleibt aufrecht. Wer damit Schwierigkeiten hat, kann sich leicht nach vorne beugen.
9. Die Augen sind halb geschlossen, sodass nur wenig Licht durchkommt. Sie schauen gerade nach vorne in die Ferne.
10. Sie spüren oder visualisieren, dass Sie im Wasser stehen. Sie spüren die Strömung gegen Ihren Körper fließen. Vor allem an den Händen und Fingern kann man dies oft gut fühlen.
11. Wenn Sie wollen, können Sie in den Rechtsstand wechseln; dann zeigt der

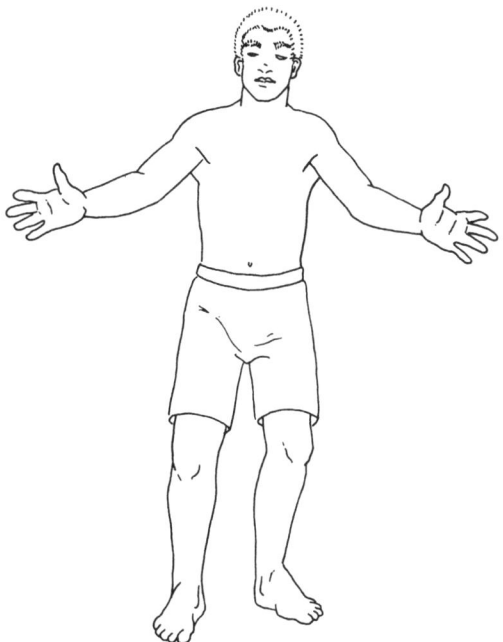

Schritt 6 und 7

Kopf nach vorne zum linken Fuß, Hüften und Oberkörper zeigen zum hinteren rechten Bein (um 45 Grad nach hinten versetzt). So können bei Ermüdungserscheinungen die beiden Körperhälften ausbalanciert werden.

12. Bei jeder Sitzung sollte diese Position mindestens drei bis fünf Minuten eingenommen werden.

Es gibt auch eine Variation dieser Übung, bei der die Handflächen nach hinten und nicht nach vorne zeigen. Wenn Sie die Grundübung einigermaßen beherrschen, können Sie auch diese Alternative einmal ausprobieren.

Die in dieser Übung beschriebene Handposition kann auch bei einer der Standpositionen mit gleichmäßig verteiltem Gewicht praktiziert werden. Dazu stehen beide Beine parallel, Oberkörper, Hüften und Kopf zeigen nach vorne. Diese Übung nennt sich »Das Wasser teilen im beidseitigen Stand«. Es gibt viele solcher beidseitiger Standpositionen, bei denen nur die Stellung der Hände und Arme variiert wird. Im weiteren Verlauf werden davon noch einige vorgestellt.

Sexual-Kung-Fu

Das Innere Lächeln

Das Innere Lächeln und das Lächeln in die Augen sind sehr wirksame Übungen zum Lindern und Heilen, aber auch für den Kontakt mit dem Inneren des Körpers. Beim Lächeln in die Augen wird in die verschiedenen Augenbereiche gelächelt, die einem der Fünf Elemente entsprechen, wie wir bereits gelernt haben: die Augenwinkel gehören zum Feuerelement, die Augenlider zur Erde, das Weiß der Augen zum Metall-, die Pupillen zum Wasserelement; und die Iris wird mit dem Holzelement assoziiert, wie wir in der Übung der Dritten Kostbarkeit sehen werden, die diese Woche auf dem Programm steht.

Das Innere Lächeln wird diesmal zur Verstärkung des Sexual-Kung-Fu eingesetzt. Dabei verbinden Männer das Innere Lächeln mit den Hoden und den beiden Eingangspforten am Penis, die Frauen mit den Eierstöcken und den beiden Eingangspforten in der Vagina.

Diese wunderbare Übung hat große Transformationskraft. Mit dem Inneren Lächeln »blicken« Sie hinunter zu den Hoden und Eierstöcken. Die Augen sind, wie bereits erwähnt, die positiven Pole des Körpers. Die Übung bringt Ihnen dieses Verständnis ein wenig näher. Die Augen können nach innen schauen das ist etwas anderes als der Blick auf die äußere Welt; es ist vielmehr eine Art Innenschau und gleichzeitiges Nach-Innen-Spüren. Probieren Sie es aus, und Sie werden »sehen«, was damit gemeint ist.

Zunächst wird in die Hoden/Eierstöcke gelächelt, danach in den Beckenboden, die Zweite Eingangspforte, die bei Männern an der Peniswurzel, bei Frauen in der Vagina, vor dem Gebärmutterhals, zu finden ist. Es ist die Stelle, die man zusammendrückt, um den Urinfluss zu stoppen. Zuletzt wird dann in die Erste Eingangspforte an der Penisspitze bzw. an den Schamlippen und der Klitorisspitze gelächelt (vgl. Abbildung Seite 32).

Die im Folgenden beschriebenen sexuellen Geheimnisse des Tao sollen Ihnen ein Verständnis dafür vermitteln, was beim Üben passiert. Durch das Lächeln in die Hoden bzw. Eierstöcke wird die Sexualenergie (Jing Chi) in spirituelle Energie (Shen) transformiert. Wer sich wirklich so entspannen kann, dass die Hoden bzw. Eierstöcke dieses Lächeln erfahren können, wird wahrscheinlich auch die reine Yin-Qualität der kalten Wasserenergie oder Wellen ekstatischer Sexualenergie (Jing Chi) verspüren. Beim Lächeln in die Zweite Eingangspforte am Beckenboden kann man eventuell auch spüren, wie die Anspannung aus den Muskeln dort weicht. Oder man spürt, dass die Kraft und Kontrolle der Sexualorgane und des ganzen Perineumbereiches stark anwachsen.

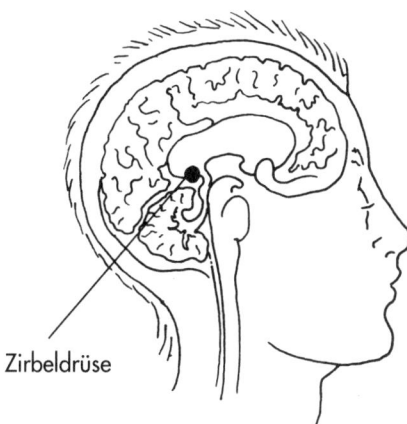

Zirbeldrüse

Ganz anders ist es beim Lächeln in die Penis- bzw. Klitorisspitze. Manche Menschen nehmen dabei ein weißes oder goldenes Licht wahr oder machen die Erfahrung innerer Erleuchtung oder Ekstase. Der Grund dafür ist folgender: In vier der fünf Übungsprogramme des Sexual-Kung-Fu, die Sie bislang gelernt haben, wurde die Eingangspforte versiegelt. Inzwischen haben Sie bestimmt gemerkt, wie sich dadurch die Art des Liebesaktes verändert. Doch das Versiegeln hat einen noch gewichtigeren Sinn. Wir wissen bereits, dass ein Körperteil immer andere Entsprechungen im Körper hat. Die Penisspitze und die Klitorisspitze entsprechen der Zirbeldrüse, im Tao-Yoga die wichtigste Drüse.

Die Zirbeldrüse sitzt im Gehirn, und zwar etwa sieben bis acht Zentimeter unterhalb des Scheitelpunktes. Sie ist ein Teil des so genannten Kristallpalastes, der Wohnstatt des Geistes (Shen). So wie Jing (Essenz) in Chi (Lebensenergie) umgewandelt wird, die der Körper nutzen kann, wird Chi (und Jing Chi bzw. die Sexualenergie) in Shen (spirituelle Energie) transformiert. Bis jetzt wurde der Begriff »Shen« meist mit »Geist« im Sinne der mentalen Energie übersetzt. In den höheren Praktiken des Tao-Yoga ist Shen jedoch auch »Geist« im spirituellen Sinne. Shen ist das unsterbliche Selbst. In der Inneren Alchemie für Fortgeschrittene liegt der Schwerpunkt praktisch ausschließlich auf Shen-Praktiken, die weit über den Rahmen dieses Buches hinausgehen.

Wichtig für uns ist in diesem Zusammenhang, dass Sexual-Kung-Fu eine Form der Inneren Alchemie ist, die sich auf die höchsten Gehirnfunktionen positiv auswirken kann. Das Erlernen und vor allem Praktizieren der taoistischen Sexualgeheimnisse kann zu einer im wahrsten Sinn des Wortes spirituellen Erfahrung werden. Die Taoisten brachten die menschliche Sexualität auf eine höhere Ebene, die mehr ist als bloße Lust. Sexual-Kung-Fu kann aus uns bessere Menschen machen, die stärker in Kontakt mit ihrem unsterblichen Selbst sind. Lassen Sie uns also spirituell werden!

Die Zirbeldrüse kontrolliert auch die inneren Augen, also die Fähigkeit der Innenschau. In Zusammenarbeit mit den Augen wird so »Licht« auf das Körperinnere geworfen. Auch die Aura ist mit dem Inneren Auge erkennbar. Glauben Sie also ja nicht, ich habe Ihnen nur nette kleine Tricks beigebracht, mit denen Sie sich selbst und Ihren Partner blenden können. Sie haben vielmehr echte taoistische Geheimnisse gelernt, die wohl nirgendwo sonst in den Werken über die menschliche Sexualität zu finden sind. Wir haben das große Glück, dass wir in einer freien Gesellschaft leben, in der über diese so lange gehüteten Geheimnisse offen geredet werden kann.

Praktizieren Sie die Übung zunächst alleine, entweder im Stehen, im Sitzen oder im Liegen. Die Ergebnisse hängen von Ihrer jeweiligen geistigen Verfassung ab. Nur der Information halber möchte ich dazu noch anmerken, dass diese Technik *par excellence* dafür geeignet ist, ab und zu in einen anderen Bewusstseinszustand zu gelangen.

Wenn Sie es schaffen, mühelos in die Hoden/Eierstöcke, den Beckenboden und die Penisspitze/Klitorisspitze zu lächeln, kann dadurch die ganze Praktik auf eine höhere Ebene gelangen. Ich hoffe, ich vermittle Ihnen genügend Einzelheiten, damit Sie auch ohne mich mit den Informationen zurechtkommen und sich weiterentwickeln. Mit der Zeit werden Sie feststellen, dass zwischen Penis- bzw. Klitorisspitze und Zirbeldrüse eine Art gegenseitiger Prozess stattfindet. Die eine stimuliert die andere. Dadurch verbessert sich die Fähigkeit der Innenschau mit dem Inneren Auge, wodurch wiederum die Heilkräfte gesteigert werden, wenn Sie den Energiefluss (Chi) noch feiner abstimmen und an bestimmte Stellen im Körper lenken können.

1. Sie nehmen eine sitzende, stehende oder liegende Position ein. Wer nur diese eine Übung durchführt, sollte etwa eine halbe Minute lang die Blasebalgatmung ausführen, um das Untere Tan Tien zu stimulieren. Die Blasebalgatmung ist eine schnell ausgeführte Bauchatmung, bei der Einatmung und Ausatmung nicht länger als jeweils eine Sekunde dauern. Damit wird das Ausdehnen und Kontrahieren des Unterbauches ganz bewußt übertrieben.
2. Lächeln Sie dann in die Augen. Stellen Sie sich einen perfekt geformten nackten »Gott« bzw. eine nackte »Göttin« vor (jeweils das andere Geschlecht), die Ihnen in die Augen lächelt. Das können Sie sich so anschaulich vorstellen, wie Sie möchten, ohne falsche Scham und Verlegenheit. Lassen Sie einfach die Augen zurücklächeln.
3. Lächeln Sie in die fünf den Elementen zugeordneten Augenbereiche: äußere und innere Augenwinkel, Ober- und Unterlider, das Weiße, Pupillen und Iris (dies ist der so genannte Kreative Zyklus, eine Abfolge, bei der die Elemente sich gegenseitig stärken).
4. Spüren Sie das Lächeln in beiden Augen und die Energie dieses Lächelns, die von der perfekten, wunderschönen, nackten »Gottheit« in Ihre Augen strömt.
5. Das Lächeln fließt nun nach hinten, durch das Gehirn hinunter zur Wirbelsäule und weiter bis zu den Hoden bzw. Eierstöcken. Mit Hilfe des Inneren Auges (drehen Sie dazu die Augen mental nach innen) lenken Sie die Energie des Lächelns in die Hoden/Eierstöcke.
6. Lächeln Sie in die Hoden/Eierstöcke. Eventuell spüren Sie praktisch sofort die kalte Yin-Qualität der Sexualenergie oder nehmen mit dem Inneren Auge Licht oder Lichtblitze wahr.
7. Bringen Sie die Energie des Lächelns zur Zweiten Eingangspforte, zum Beckenboden. Lächeln Sie in den Beckenboden hinein und spüren Sie, wie die Muskeln dort die Energie aufnehmen und sich entspannen.
8. Nun lächeln Sie zur Penisspitze bzw. der Klitorisspitze und den äußeren Schamlippen und visualisieren eine nackte lächelnde »Gottheit« an dieser Stelle – diesmal bei Frauen eine Göttin, bei Männern einen Gott.
   Für Männer:
   Bringen Sie die Energie des Lächelns über den Penis hinauf zum Beckenboden, machen Sie eine kleine Pause und bringen Sie sie dann wieder in die Hoden.

Für Frauen:

Bringen Sie die Energie des Lächelns über die Klitoris und durch die Vagina zum Beckenboden, machen Sie eine kleine Pause und bringen Sie sie dann hinauf in die Eierstöcke.

10. Es kann passieren, dass Sie Energiewellen von den Hoden/Eierstöcken oder der Penis-/Klitorisspitze ausgehen spüren. Bringen Sie diese Energie über die Wirbelsäule hoch ins Gehirn.

11. Lassen Sie die Energie im Kleinen Energiekreislauf zirkulieren und sammeln Sie sie zum Abschluss am Nabel.

Die lächelnde »Gottheit« steht für die universelle Sexualkraft des Yang (»Gott«) und Yin (»Göttin«), eine sehr machtvolle Manifestation der Lebenskraft. Es ist die Energie der Schöpfung und eine der Grundkräfte der Natur. Orgasmische Sexualenergie ist fast das ganze Leben lang die mächtigste Energie, mit der wir zurechtkommen müssen. Es ist wichtig zu lernen, wie wir sie zu unserem Nutzen einsetzen können. Sexualenergie ist wie Feuer oder Wasser: Beide Elemente können das Leben besser machen oder es zerstören, je nachdem, wie wir sie einsetzen.

Wenn Sie die Technik gelernt haben, möchten Sie natürlich mit einem Partner praktizieren. Dies ist die Zweifache Kultivierung in ihrer feinsten Form. Wenn Sie erregt sind, brauchen Sie keine Blasebalgatmung mehr zu machen. Stellen Sie sich Ihren Partner als lächelnden Gott bzw. Göttin vor. Lächeln Sie dann hinunter in die Hoden bzw. die Eierstöcke, weiter zum Beckenboden und in die Penis-/Klitorisspitze, wo Sie eine Gottheit visualisieren, die das gleiche Geschlecht hat wie Sie. Bald schon nehmen Sie am Penis bzw. der Klitoris vielleicht ein glänzendes silbrig-weißes oder goldenes Licht wahr. Bringen Sie die ekstatischen Wellen orgasmischer Sexualenergie hinauf in den Kopf. Wo die Sexualenergie genau hinfließt, kann Ihnen niemand sagen. Binden Sie auch die anderen Techniken der Zweifachen Kultivierung mit ein, und Sie können eine wahrhaft spirituelle Erfahrung machen.

Möge das Jing Chi mit Ihnen sein!

Das Holzelement

Das Holzelement steht für die erzeugende Kraft des Universums und wird oft als Baum mit treibenden Wurzeln dargestellt, der aus der Erde wächst. Seine Farbe ist Grün, die Farbe, die so oft mit Mutter Natur assoziiert wird. Das innere Yin-Organ ist – wie wir bereits wissen – die Leber, das Yang-Organ die Gal-

lenblase; sie sitzt unterhalb der Leber und speichert die von der Leber produzierte Galle.

Die taoistische Mythologie lehrt, dass die Große Kraft des Holzes die östlichen Konstellationen erschuf; deshalb ist der Osten die Himmelsrichtung des Holzelementes. Sein Sammelpunkt befindet sich rechts vom Nabel, unterhalb der Leber. In einem mental gebildeten Feld von etwa sieben bis acht Zentimeter Durchmesser wird das Holzelement gesammelt.

Das äußere Organ der Leber sind die Augen. Gemäß der taoistischen Lehre spiegeln die Augen den Zustand der Leber wider. Holz wird bei den Übungen der Energie des Lächelns auch mit der Iris, dem farbigen Teil der Augen assoziiert. Die negative Emotion der Leber und des Holzelements ist die Wut; auch sie zeigt sich oft in den Augen. Eine überhitzte Leber macht wütend. Mit dem Heilenden Leberlaut Sch-h-h-h kann man die Leber abkühlen und die Wut zerstreuen. Die folgende Tabelle zeigt einige Entsprechungen des Holzelements auf:

Haartyp	Yin Inneres Organ	Element	Überschüssige Energie von	Farbe	Äußeres Organ	Finger	Augenbereich	Heilender Laut
Augenbrauen	Leber	Holz	Sehnen	Smaragdgrün	Augen	Ringfinger	Iris	Sch-h-h-h

Yang-Organ	Himmelsrichtung	Negative Emotion
Gallenblase	Osten	Wut

1. Sie sitzen aufrecht auf einem Stuhl, ohne sich anzulehnen. Die Hände liegen gefaltet im Schoß, die Füße stehen flach auf dem Boden. Alternativ können Sie auch die Standposition dieser Woche oder irgendeine andere der beschriebenen Standpositionen einnehmen.
2. Bringen Sie die Zungenspitze an den oberen Gaumen.
3. Nun konzentrieren Sie sich mindestens 30 Sekunden lang auf einen Punkt in Augenhöhe direkt vor sich. Schließen Sie dann die Augen halb und konzentrieren Sie sich weitere 30 Sekunden (mindestens) auf die Nasenspitze, dann mindestens zehn Sekunden auf den »Buckel« in der Mitte der Nase, noch einmal mindestens 30 Sekunden auf das Dritte Auge zwischen und etwas oberhalb der inneren Augenwinkel.
   Sie können an jedem Punkt die Zeit so anpassen, wie Sie möchten. Sie sollten dabei immer ruhiger und entspannter werden.
4. Lächeln Sie in die Iris des linken Auges.
5. Lächeln Sie in die Iris des rechten Auges.
6. Auch die Mundwinkel und die Wangenknochen ziehen sich dabei lächelnd nach oben.
7. Nun konzentrieren Sie sich auf die Augenbrauen und praktizieren mindestens eine Minute lang die Augenbrauenatmung.
8. Die Energie fließt in das linke und das rechte Auge. Lächeln Sie in beide Augen als Ganzes.
9. Spüren oder visualisieren Sie die Verbindung zwischen den Augen und der Leber, als ob die Augen nach innen zur Leber blicken würden.
10. Bringen Sie die Konzentration wieder zu den Augen zurück. Dann richten Sie die Aufmerksamkeit hinunter zum Nacken, wo sie sich gabelt und jeweils über eine Schulter hinunter fließt. Richten Sie nun die Konzentration auf die beiden Ringfinger. Beim Einatmen spüren Sie, wie die Energie in die Ringfinger eintritt und auf beiden Seiten die Arme hinauf bis zu den Schultern fließt. Beim Ausatmen fließt sie über die rechte Schulter (die Leberseite) weiter nach unten und von der linken Seite quer über die linke Schulter und den Brustkorb in die Lunge.

11. Nun konzentrieren Sie sich auf die Leber und praktizieren mindestens dreimal den Heilenden Leberlaut: Sch-h-h-h-h.

12. Stellen Sie sich vor, Sie stehen unter einem smaragdgrünen Licht oder Nebel. Beim Einatmen dringt dieses smaragdgrüne Licht in den Körper ein, nicht nur durch die Nase, sondern auch durch alle oben genannten Entsprechungen: die Augenbrauen, die Augen, insbesondere die Iris, die beiden Ringfinger. Das smaragdgrüne Licht fließt auch einfach in den Körper, direkt durch die Haut. Es füllt die Leber und fließt auch in die Gallenblase direkt unter der Leber hinein.

13. Beim Ausatmen stellen Sie sich vor, dass Sie mit dem Atem eine Energie von trüb-grüner oder grauer Farbe aus dem Körper hinausbefördern – die Energie der negativen Emotion der Leber, der Wut. Visualisieren Sie, dass Sie diese Wut beim Ausatmen vertreiben. Die eingeatmete smaragdgrüne Farbe ist strahlend grün. Die ausgeatmete trüb-grüne oder graue Energie ist die Negativität, die das strahlende grüne Licht am Leuchten hindert. Fahren Sie mit der Übung fort, und die negative Energie wird immer schwächer, das smaragdgrüne Licht immer stärker und heller. Machen Sie mit dieser Farbatmung mindestens eine halbe Minute weiter.

14. Ziehen Sie nun das ganze smaragdgrüne Licht aus der Leber, der Gallenblase und auch alles Licht, was in den Körper geflossen ist, in Ihren Leber-/Holz-Sammelpunkt, den Bereich (etwa

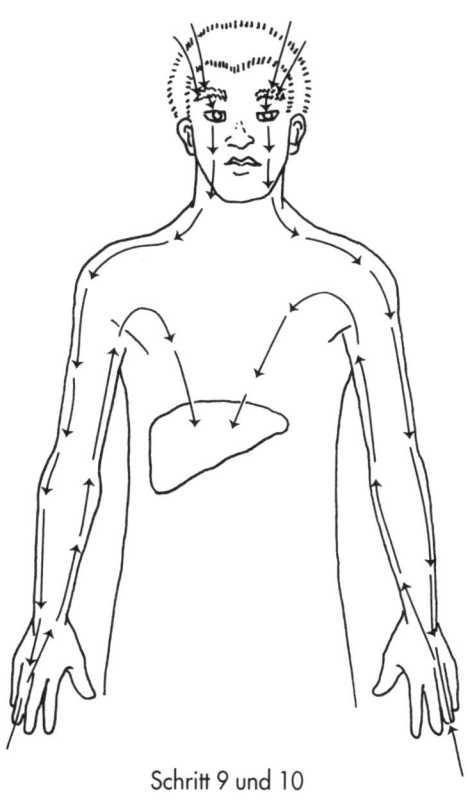

Schritt 9 und 10

sieben bis acht Zentimeter im Durchmesser) direkt rechts vom Nabel. Dieses Feld beginnt beim Ein- und Ausatmen smaragdgrün zu leuchten. Machen Sie mindestens eine Minute weiter.

15. Beim Ausatmen stellen Sie sich vor, wie das smaragdgrüne Licht aus dem Leber-/Holz-Sammelpunkt und durch die Augen aus dem Körper tritt. Die smaragdgrüne Farbe fließt dabei in alle Richtungen und bildet um den Körper eine Aura, eine Art zweite Haut. Gleichzeitig stellen Sie sich vor, wie sich smaragdgrünes Licht oder smaragdgrüner Nebel auch aus den beiden Ringfingern und den Augenbrauen mit dem smaragdgrünen Licht/Nebel verbindet, der aus den Augen fließt, und um den ganzen Körper eine smaragdgrüne Aura bildet. Lenken Sie das smaragdgrüne Licht über den Kopf, den Nacken, die Brust, den Rücken, die Arme und Beine, zwischen die Finger und Zehen, zu den Sexualorganen etc., bis der ganze Körper davon umgeben ist. Wenn Sie Kleider tragen, fließt das smaragdgrüne Licht durch sie hindurch.

16. Zum Abschluss der Übung wird die Energie im Nabel gesammelt.

Holz ist das letzte der Fünf Elemente. Eigentlich ist es nicht das Fünfte Element, es kommt in der Sequenz, die wir gelernt haben, nur an fünfter Stelle. Dieser so genannte Kreative Zyklus ist ein Muster, bei dem jedes Element das nächstfolgende Element stärkt. Wir haben mit dem Feu-

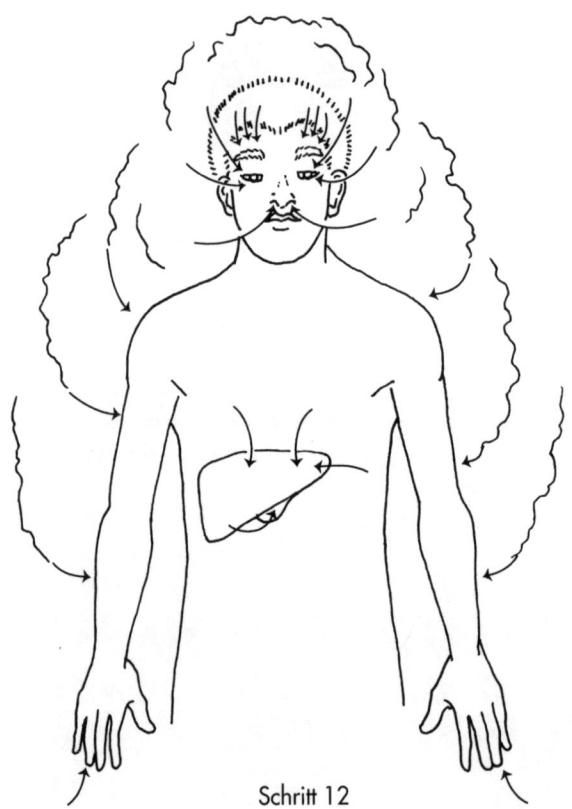

Schritt 12

er angefangen, dann folgen Erde, Metall, Wasser und schließlich Holz. Man muss den Kreativen Zyklus nicht unbedingt mit Feuer beginnen; jedes Element kann das erste sein, aber die Reihenfolge muss stimmen. Wenn man beispielsweise mit Metall anfängt, kommt als nächstes Wasser, dann Holz, Feuer und Erde.

Diese Zusammenhänge werden erst jetzt erläutert, weil Sie zunächst jedes der Elemente gründlich studieren sollten. Auch das Aufbauen der Regenbogen-Aura haben Sie gelernt. Sie können diese Aura jederzeit um sich errichten. Wenn Sie die Übungen dieser Woche so fleißig üben wie die vorigen, dürfte Ihnen das schnell gelingen. Behandeln Sie eine Farbe nach der anderen, nicht gleichzeitig. Sie können mit Rot anfangen, aber auch mit einer der anderen vier Farben. Wichtig ist nur, dass die Farbsequenz entsprechend dem Kreativen Zyklus eingehalten wird. Diese Technik ist sehr gut dafür geeignet, die Elemente auszubalancieren, die eigene Energie zu versiegeln und sich vor negativen Einflüssen zu schützen. Mit entsprechender Erfahrung kann die Regenbogen-Aura in wenigen Sekunden errichtet werden. Führen Sie diese Übung in verschiedenen Alltagssituationen durch und beobachten Sie, was passiert. Sie ist zu jeder Tageszeit auch ein wunderbares Werkzeug zur Stressminderung und zum Zentrieren.

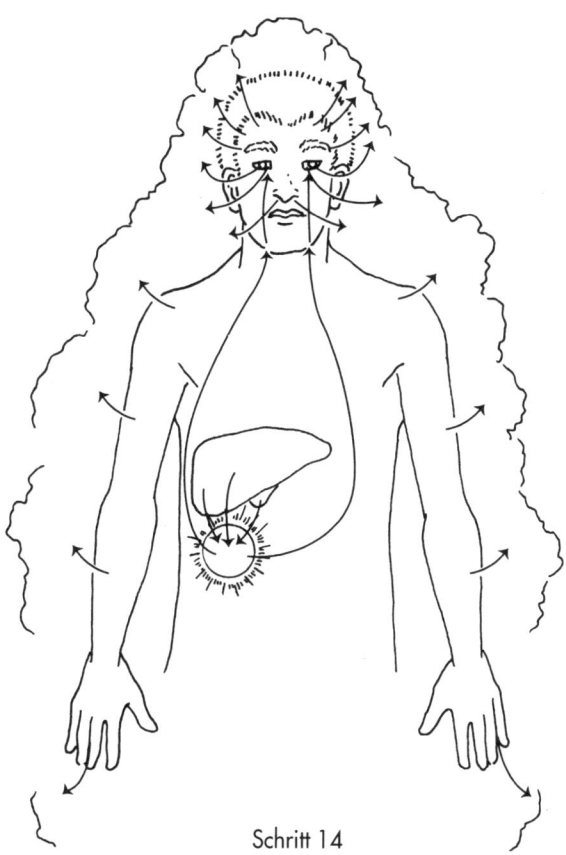

Schritt 14

6. WOCHE

Quadratische Atmung: Teil 1

Chi
Atem

In die Taille atmen

In dieser Woche werden zum ersten Mal Atemübungen mit Hilfe der Perineum-Kraft ausgeführt, um das Chi in die verschiedenen Körperteile zu lenken.

Die Übung »In die Taille atmen« beginnt mit einem tiefen Einatmen in den Bauch. Dann wird der Nabel nach außen gedrückt und Perineum und Anus (die Perineum-Kraft) hochgezogen, Richtung Nabel. Danach wird der Nabel nach hinten zur Wirbelsäule gezogen und die Perineum-Kraft zum Ming-Men-Punkt auf der Wirbelsäule, gegenüber vom Nabel, gelenkt.

Die Perineum-Kraft wird auch in den Bereich rechts und links der Taille gelenkt. Damit soll der Chi-Druck im Körper erhöht werden, was das Bindegewebe um die Organe herum in ein Chi-Schutzkissen packt, das so genannte »Eisenhemd«. Diese Form der Eisenhemdatmung nenne ich die Quadratische Atmung. Die Übung, die diese Woche vorgestellt wird, macht Taille und Wirbelsäule kräftig und flexibel.

Wenn die Perineum-Kraft zum Nabel und dann zum Ming Men auf der Wirbelsäule geleitet worden ist, atmet man kurz ein und drückt von der linken Seite des Anus hoch zur linken Seite der Taille. Mit ein wenig Übung spürt man dabei, wie sich die linke Seite nach links ausdehnt. Dann wird wieder kurz eingeatmet und das Ganze nach rechts wiederholt, danach nach beiden Seiten. Damit wird sozusagen eine Art Chi-Gürtel um die Mitte des Körpers gebildet.

Schritt 2

Diese Übung hat sehr viel Kraft. Sie sollte sanft und ohne große Anstrengung erfolgen.

1. Sie atmen langsam mit einer Bauchatmung ein und dehnen dabei den Unterbauch.
2. Dann drücken Sie den Nabel nach außen und ziehen Perineum und Anus (die Perineum-Kraft) Richtung Nabel.
3. Ohne auszuatmen wird dann der Nabel zum Rücken gezogen.
4. Nun atmen Sie kurz ein und lenken die Perineum-Kraft zum Ming-Men-Punkt auf der Wirbelsäule (gegenüber vom Nabel).

5. Noch einmal atmen Sie kurz ein und lenken die Perineum-Kraft zur linken Seite der Taille. Spüren Sie,
   wie die Taille sich nach links ausweitet.
6. Mit dem nächsten kurzen Atemzug lenken Sie die
   Perineum-Kraft zur rechten Seite der Taille und
   spüren, wie sie sich nach rechts ausweitet.
7. Noch einmal wird kurz eingeatmet und die Perineum-Kraft diesmal gleichzeitig nach rechts und links
   gelenkt. Beide Seiten dehnen sich zur Seite hin aus.
8. Jetzt atmen Sie langsam aus und halten dabei den
   Zug.
9. Entspannen Sie und fangen Sie von vorne an; das
   Ganze wird mindestens dreimal wiederholt. Mit der
   Zeit können Sie sich bis auf neunmal steigern.

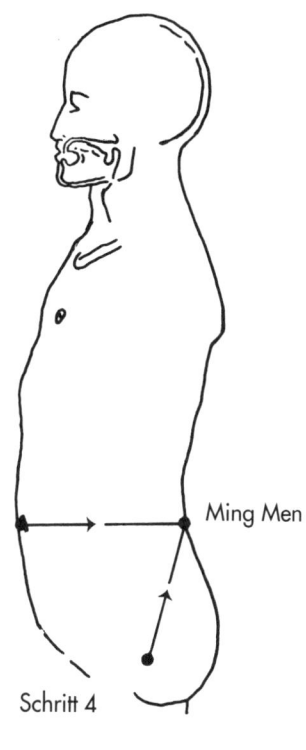

Ming Men

Schritt 4

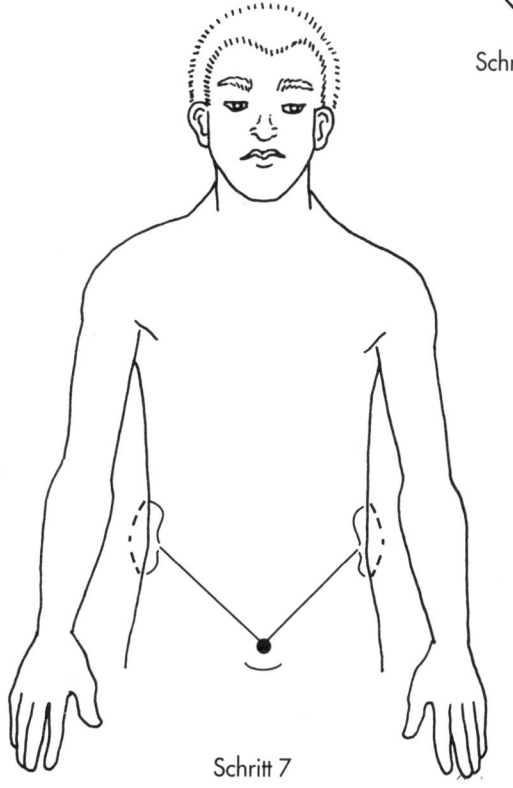

Schritt 7

Sie sollten in jedem Fall spüren, wie sich die beiden Seiten der Taille nach außen weiten. Es muss nicht viel sein, Sie sollten nur die Bewegung unter der Haut spüren. Sie können beim Üben die Hände in die Taille legen und spüren, wie der Bereich sich ausweitet und fester wird, wenn Sie mit der Perineum-Kraft hineinatmen.

Diese Atemtechnik kann mit einer beliebigen Standübung ausgeführt werden.

Verwurzeln: Teil 1

Die Füße

Die Praktik des Verwurzelns hilft uns, die Energie der Erde »anzuzapfen«. Auch das ist eines der taoistischen Geheimnisse, über das nur wenig schriftlich überliefert ist, das aber eine Schlüsselrolle in vielen Tai-Chi- und Chi-Kung-Übungen spielt.

Viele der bisher vorgestellten Atemübungen der Ersten Kostbarkeit – insbesondere diejenigen, die mit der Perineum-Kraft arbeiten –, aber auch verschiedenste Übungen der Zweiten Kostbarkeit sind eigentlich Eisenhemd-Übungen. Eisenhemd ist eine taoistische Chi-Kung-Form, mit deren Hilfe wir in den kommenden Übungswochen die »Innere Kraft« aufbauen. Die Quadratische Atmung , die diese Woche erstmals praktiziert wird, ist Teil eines methodischen und logischen Ansatzes speziell für die Stärkung der Inneren Kraft im ganzen Körper.

Das Verwurzeln ist ein weiterer wesentlicher Aspekt der Inneren Kraft. Wir schicken dabei »Wurzeln« in die Erde unter uns. Damit erden wir uns und erhalten die Verbindung mit der Welt aufrecht, was aus vielerlei Gründen wichtig ist. Auf der physischen Ebene lernen wir, mit der Yin-Energie der Erde unsere Struktur auszurichten und Unterstützung zu bekommen. Die taoistischen Lehren und Praktiken sind nicht dazu gedacht, »abzuheben« und den Kontakt mit der Umwelt zu verlieren, wenngleich man beim Praktizieren dieser Techniken sehr wohl an einen Punkt kommt, wo es spirituell wird. Als Ihr Lehrer möchte ich betonen, dass es wichtig ist, mit der Welt verwurzelt zu bleiben. Je besser man geerdet und verwurzelt ist, desto besser kann man natürlich auch mit spiritueller Energie (Shen) umgehen. Durch das Verwurzeln bleiben wir sowohl physisch als auch emotional geerdet.

Wenn wir nun »Wurzeln« in die Erde treiben, hilft Mutter Erde uns wiederum, ihre Energie zu nutzen. Das verbessert unsere Struktur, und wir fühlen uns stärker, können die Muskeln entspannen und uns vom Skelett und den Sehnen tragen lassen. Auch die Balance wird verbessert.

In dieser Übungswoche lernen wir die Grundübungen für das physische Verwurzeln. Dabei konzentrieren wir uns auf die Füße, mit denen wir uns in der Erde verwurzeln. Das Verwurzeln aus einem Buch zu lernen, ist nicht so einfach, Sie sollten also wirklich alle Details genau beachten. Das Verwurzeln ist an sich nicht schwierig, aber es ist dem westlichen Geist fremd. Wenn man es einmal begriffen hat, kommt das »Aha«-Erlebnis. Das kann allerdings ein paar Wochen dauern. Lernen Sie das Verwurzeln Schritt für Schritt, damit es nicht zu viel auf einmal wird.

In dieser Woche konzentrieren wir uns darauf, uns die Struktur des Fußes bewusst zu machen. Dazu müssen wir die Neun Punkte des Fußes kennen lernen, die für ein gutes Verwurzeln mit der Erde in Kontakt bleiben müssen.

Die Taoisten legten beim Verwurzeln – was für jede Form des Chi Kung und des Tai Chi Chuan so wichtig ist – besonderen Wert auf die »Neun Punkte« an jedem Fuß, nämlich:

1. die Ferse
2. die Außenkante (längs des kleinen Zehs) des Fußes
3. der kleine Ballen unterhalb des kleinen Zehs
4. der große Ballen unterhalb des großen und des zweiten Zehs
5. der große Zeh
6. der zweite Zeh
7. der dritte Zeh
8. der vierte Zeh
9. der kleine Zeh

Das ist nicht so kompliziert, wie es vielleicht klingt. Fünf der Punkte sind einfach die fünf Zehen, angefangen beim großen Zeh und weiter bis zum kleinen Zeh. Diese Punkte (5 bis 9) sind einfach zu merken. Es bleiben also nur vier weitere Punkte übrig. Die nun folgende Übung beginnt am Punkt 1, der Ferse. Das ist nicht besonders geheimnisvoll. Und dann geht's weiter, bis alle Neun Punkte durch sind. Wir verwurzeln die Füße nacheinander. Die Übung sollte barfuß ausgeführt werden.

1. Sie gehen in eine der beidseitigen Standpositionen (Füße parallel, beide Füße zeigen nach vorne), zum Beispiel »den Baum umarmen«.
2. Die linke Ferse hat Kontakt mit dem Boden. Der restliche linke Fuß wird vom Boden drei bis vier Zentimeter weggebracht. Der rechte Fuß bewegt sich nicht.
3. Nun bringen Sie langsam die Außenkante des linken Fußes rollend nach unten.
4. Die rollende Bewegung geht weiter, und der kleine Ballen unterhalb des kleinen Zehs kommt auf den Boden und wird in den Boden hineingedrückt.
5. Dann wird der große Ballen unterhalb des großen Zehs rollend nach unten gebracht. Ferse und kleiner Ballen bleiben dabei in Kontakt mit dem Boden.
6. Drücken Sie jetzt den großen Zeh in den Boden, alle anderen Punkte bleiben in Bodenkontakt.
7. Dann ist der zweite Zeh an der Reihe, alle anderen Punkte bleiben in Bodenkontakt.
8. Nun kommt der dritte Zeh dran, alle anderen Punkte bleiben in Bodenkontakt.
9. Der vierte Zeh folgt, alle anderen Punkte bleiben in Bodenkontakt.
10. Zum Schluss kommt der kleine Zeh, alle anderen Punkte bleiben in Bodenkontakt.
11. Drücken Sie nun alle Neun Punkte leicht in den Boden. Versuchen Sie, das Gewicht des linken Fußes gleichmäßig auf die Neun Punkte zu verteilen. Der Fuß ist entspannt.
12. Nun ist der rechte Fuß an der Reihe.

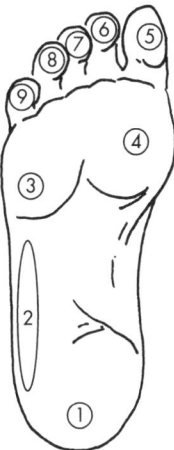

13. Standmeditation: Wenn beide Füße verwurzelt sind, nehmen Sie noch einmal für ein paar Minuten die Ausgangsposition ein. Dabei können Sie mit dem Körper ein wenig vor- und zurück- und von einer Seite auf die andere schaukeln. Dadurch wird der Körper empfänglicher für die Erdenergie und kann sie besser hochziehen. Praktizieren Sie eine der Atemübungen, eine aktive oder bewegungslose Meditation oder eine der anderen gelernten Übungen.

Wenn man die Neun Punkte in den Boden drückt und wieder entspannt, wird die Yin-Kraft der Erde aktiviert. Mit der Zeit spüren Sie, wie diese Erdkraft vom Boden hochsteigt in die Knochen der Füße.

Diese Übung ist an sich sehr einfach und äußerst effektiv. Ich stelle mir dabei immer zwei Wellen vor: Man fängt an der Ferse an, geht über die Außenkante des Fußes nach innen zum großen Fußballen, und dann – mit der zweiten Welle – zum großen Zeh bis nach außen zum kleinen Zeh. Nach ein paar Tagen werden Sie wahrscheinlich merken, dass der Fußkontakt mit dem Boden anders ist, dass die Beine sich stärker anfühlen und dass sich insgesamt der Gleichgewichtssinn verbessert. Wenn man mit der Übung im beidseitigen Stand erst einmal vertraut ist, kann man sie auch im einseitigen Stand ausführen.

Achten Sie auch darauf, das Kreuzbein einzukippen und das Perineum nach unten sinken zu lassen, als ob Sie sich gerade hinsetzen wollten. Versuchen Sie auch, die Muskeln dabei zu entspannen und Ihre Struktur vom Knochengerüst und den Sehnen tragen zu lassen. Dies ist ein wichtiges Ziel der Übungen für die Zweite Kostbarkeit, Jing (Körper). Sie kann auf alle Kampfkünste angewandt werden, auf Chi Kung und vor allem Tai Chi Chuan. Wenn man dieses Verwurzeln und die Innere Kraft nicht kennt, ist Tai Chi nur ein eleganter Tanz.

Sexual-Kung-Fu

Die Yin-Yang-Wasserräder drehen: Teil 1

Je tiefer Sie in die Geheimnisse des Sexual-Kung-Fu eindringen, desto wichtiger wird das Visualisieren. Bereits in der letzten Übungswoche wurde bei der Sexual-Kung-Fu-Übung und dem Inneren Lächeln die Phantasie eingesetzt: die perfekte Gottheit des anderen Geschlechts, die Ihnen in die Augen lächelte. Die Energie dieses Lächelns nahm dabei ihren Weg von den Augen über die Wirbelsäule nach unten bis zur Penis-/Klitorisspitze, wo eine Gottheit des gleichen Geschlechts visualisiert wurde. Die Sexualenergie (Jing Chi) stieg dann über das Lenkergefäß hoch und zirkulierte im Kleinen Energiekreislauf – eine vielleicht sehr erotische Übung. Diese Woche arbeiten wir mit neuen Visualisierungen, um die Sexualenergie zu erregen und den Prozess der Inneren Alchemie in Gang zu setzen.

Sexualenergie ist einer der Hauptbestandteile der Inneren Alchemie. Die Taoisten waren sich des unglaublichen Potenzials der Sexualenergie für Heilungs- und Transformationszwecke bewusst. Im Westen wissen nur ein paar wenige Lehrer und eine Handvoll ergebener Schüler um diese taoistischen Geheimnisse. Je tiefer Sie in die Praxis eindringen, desto erstaunter werden Sie immer wieder darüber sein, wie die Taoisten die Sexualenergie in die Gesamtpraxis des Tao-Yoga integrieren. Die Sexualenergie stellt sozusagen den Brennstoff bereit, der die Transformationsprozesse initiiert und in Gang hält.

Die Praktik dieser Woche heißt »Das Yin-Yang-Wasserrad drehen«. Mit dieser Übung betreten wir Neuland. Sie ist eine authentische Formel der taoistischen Alchemie. Ihr liegen viele der bereits gelernten Techniken zu Grunde; zusätzlich kommen ein paar neue hinzu. Also: Lächeln Sie weiter, Sie werden etwas Wunderbares erleben!

Wie letzte Woche fangen wir auch diesmal mit den Augen an, doch mit einem Unterschied. In der taoistischen Lehre hat das linke Auge Yang-, das rechte Yin-Qualität. Wir beziehen nun auch diese Yin-Yang-Unterscheidung mit ein und visualisieren im linken Augen einen Jungen (Yang) und im rechten Auge ein Mädchen (Yin). Das Alter ist egal. Sie sind in königliche Gewänder gekleidet: der Junge in Gold, das Mädchen in Silber.

Mit dem Inneren Auge blicken Sie hinunter zum Perineum-Bereich; dort visualisieren Sie den gleichen Jungen und das gleiche Mädchen. Die beiden laufen auf den Wasserrädern und bringen sie zum Drehen. Damit diese sexuelle Formel funktio-niert, müssen Sie so mit den Augen arbeiten, wie Sie es ge-lernt haben. Sie müssen sich vorstellen, dass Sie die Augen ganz in den Augenhöhlen herumdrehen können, wie einen Ball, um 360 Grad, von vorne nach hinten, nicht von einer Seite auf die andere. Das ist physisch natürlich unmöglich. Doch wenn Sie nach unten schauen, dabei die Augen nach innen ziehen und gleichzeitig die Hoden bzw. Eierstöcke (Schamlippen) hochziehen, fühlt es sich tatsächlich so an, als ob die Augen nach unten rollen und wieder hoch, in einer 360-Grad-Drehung. Für den Anfang reicht es, die Energie ein-fach um die Augen kreisen zu lassen und sich vorzustellen, dass die Augen rotieren. Die Augen »drehen« sich im Einklang mit den Wasserrädern. Die Wasserräder drehen sich und die Augen mit ihnen, in der gleichen Geschwindigkeit.

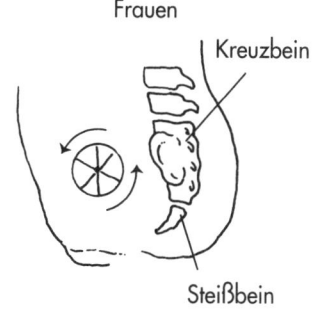

Frauen

Kreuzbein

Steißbein

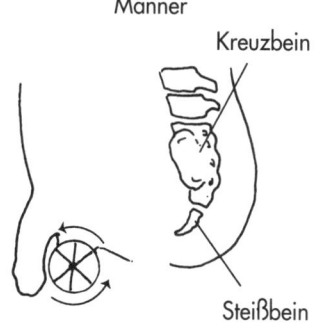

Männer

Kreuzbein

Steißbein

Diese Übung muss man eine Weile probieren, bis man den »Dreh« heraus hat. Sie haben dabei das Gefühl, dass die Au-gen eine Verbindung zu den Hoden/Eierstöcken haben (dort sitzen die Wasserräder) und dass beide Augen und die Was-serräder synchron eine 360-Grad-Drehung machen. Um das zu erreichen, werden mit Hilfe einer anderen, neuen Technik die Wasserräder in Bewegung versetzt. Dazu visualisiert man einen Spiegel im Kopf, etwa sieben bis acht Zentimeter hinter dem Dritten Auge (zwischen den Augen, leicht oberhalb der Augenbrauen). Dieser Spiegel reflektiert alles hinunter zu den Ho-den bzw. Eierstöcken. Sie visualisieren den golden gekleideten Jungen im linken, das silbern gekleidete Mädchen im rechten Auge. Mit dem Inneren Auge werden der Junge und das Mädchen nach unten zu den Hoden gespiegelt, bei Frauen zum linken und rechten Eierstock.

Diese Übung ist eine fortgeschrittene Form der Hoden- bzw. Eierstockatmung. Wer mit dem Visualisieren Probleme hat, macht es einfach so gut es eben geht. Alternativ zu einem Jungen und einem Mädchen können Sie sich auch vorstellen, dass die Sonne in die beiden Augen lächelt und dieses Lächeln nach unten zu den Hoden/Eierstöcken gespiegelt wird. Das Visualisieren soll nur anregen. Am wichtigsten ist es zu fühlen, wie sich die Wasserräder (oder was auch immer) im Einklang mit den Augen drehen.

Diese Übung dient auch der sexuellen Verjüngung. Der golden gekleidete Junge und das silbern gekleidete Mädchen symbolisieren reine, jugendliche, verjüngende Sexualenergie (Jing Chi). Die Übung ist zudem eine Formel für sexuelle Balance – Yin (weiblich) und Yang (männlich) werden in Balance gebracht. In jedem Menschen ist sowohl Yin- als auch Yang-Energie vorhanden. Das Balancieren und Harmonisieren dieser Energie ist der Beginn der Inneren Alchemie.

Anfangs sollte die Übung entweder im Sitzen oder im Stehen ausgeführt werden. Sowohl Bauch- als auch Umkehratmung ist möglich.

1. Sie visualisieren einen in Gold gekleideten Jungen im linken Auge (bzw. eine lächelnde Sonne).
2. Dann visualisieren Sie ein in Silber gekleidetes Mädchen im rechten Auge (bzw. eine lächelnde Sonne).
3. Stellen Sie sich vor, dass sich etwa sieben bis acht Zentimeter hinter dem Dritten Auge ein Spiegel befindet; er ist in einem steilen Winkel nach unten, Richtung Hoden bzw. Eierstöcke geneigt.
4. Drehen Sie die Augen herum und spiegeln Sie den goldenen Jungen und das silberne Mädchen (bzw. die lächelnde goldene Sonne) nach innen, in den Kopf und zurück auf den Spiegel, von wo aus sie nach unten zu den Hoden bzw. Eierstöcken reflektiert werden.
5. Für Männer:
   Sie stellen sich vor, dass der golden gekleidete Junge oben auf dem linken Hoden und das silbern gekleidete Mädchen auf dem rechten Hoden steht (oder Sie visualisieren einfach den goldenen, lächelnden Sonnenschein).
   Für Frauen:
   Sie stellen sich vor, dass der golden gekleidete Junge oben auf dem linken Eierstock und das silbern gekleidete Mädchen auf dem rechten Eierstock steht (oder Sie visualisieren einfach den goldenen, lächelnden Sonnenschein).
6. Für Männer:
   Dann stellen Sie sich vor, dass die beiden Hoden sich in Wasserräder verwandeln.
   Für Frauen:
   Dann stellen Sie sich vor, dass die beiden Eierstöcke sich in Wasserräder verwandeln.
7. Lassen Sie die Energie um die Augen kreisen. Versuchen Sie zu spüren bzw. sich vorzustellen, dass Sie die Augen rollen, zunächst nach vorne, dann nach unten. Ziehen Sie die Augen leicht nach innen, die Hoden bzw. Eierstöcke leicht nach oben.

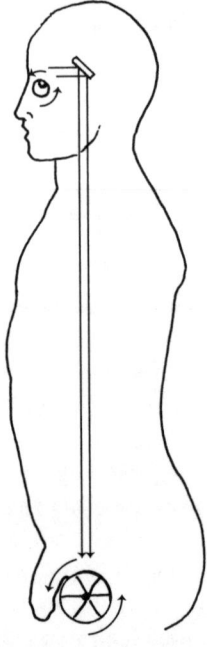

Schritt 3 bis 10

116

Das fühlt sich an, als ob Sie sie nach unten und herumdrehen könnten, wie einen rollenden Ball, in einer 360-Grad-Umdrehung.

8. Dann stellen Sie sich vor, dass der goldene Junge und das silberne Mädchen auf den Wasserrädern laufen. Ihre Füße laufen Richtung Wirbelsäule (alternativ visualisieren Sie einfach ein paar Füße, die, umgeben von goldenem Sonnenlicht, zur Wirbelsäule laufen).

9. Die Wasserräder beginnen sich nun Richtung Körpervorderseite zu drehen, also in die entgegengesetzte Richtung wie der Junge und das Mädchen laufen. Ihre Bewegung geht vorne am Körper hinunter und hinten wieder hoch.

10. Die beiden Wasserräder (die Hoden/Eierstöcke) fühlen sich an, als ob sie im Einklang mit den Augen rollen. Nehmen Sie dies bewusst wahr. Wenn Sie mit den Augen rollen, scheinen sich auch die Hoden/Eierstöcke mit ihnen zu drehen.

11. Führen Sie diese Übung mindestens ein bis zwei Minuten lang durch.

Je besser Sie diese Übung beherrschen, desto unwichtiger wird das Visualisieren. Wenn Sie den »Dreh« wirklich heraushaben, stellt sich eventuell ein Gefühl ein, als ob die Augen sich tatsächlich bis hinunter zu den Hoden bzw. Eierstöcken begeben haben. Bitte arbeiten Sie an dieser Formel. Wenn Sie damit Erfolg haben, wird sich die Gesamtpraxis des Tao-Yoga verbessern.

Sie können versuchen, auch beim Liebesakt die Augen und Hoden/Eierstöcke zu drehen. Wenn Ihnen das gelingt und Sie entsprechend entspannt sind, kann die erotische Empfindung bis hoch in den Oberkörper gelangen – der so genannte Ganzkörperorgasmus. Wenn Sie diese Erfahrung erst einmal verspüren, wissen Sie, was ich meine. Übung macht auch hier den Meister! Damit sind Sie einen Schritt über den normalen Orgasmus, der normalerweise nur in den Genitalien empfunden wird, hinaus.

Auch in der nächsten Übung werden wir mit dieser Formel arbeiten und darauf aufbauen.

Fusion der Fünf Elemente: Teil 1

Die Fusion der Fünf Elemente steht am Anfang der Übungen der Dritten Kostbarkeit, die die Taoisten als die Innere Alchemie bezeichnen. Sie besteht aus einer Reihe von Formeln, die im weiteren Verlauf des Buches gelehrt werden.

Zunächst besteht die Praktik darin, Energie in Form der Fünf Elemente im Körper zu sammeln. Die Fünf Elemente werden in die jeweiligen Sammelpunkte gezogen und im Energie-Sammelpunkt im Unteren Tan Tien miteinander vermischt; dieser Sammelpunkt wird im Folgenden als »Kessel« bezeichnet.

In dieser Übungswoche wird gezeigt, wie diese Sammelpunkte im Körper aufgebaut werden. Es gibt zwei Arten von Energie-Sammelpunkten: Zum einen das so genannte Pa Kua, das auch das traditionelle Symbol der Taoisten darstellt, mit dem auf das Sammeln der Energie in den Fusions-Praktiken Bezug genommen wird. Dieses Symbol ist eine achtseitige, dreischichtige Figur, in deren Mitte das Tai-Chi-Symbol (Yin-Yang) zu finden ist, das wohl die meisten kennen und welches im Grunde die acht Trigramme des *I Ging* in einem Energienetz rund um das Tai-Chi-

Symbol in der Mitte kombiniert. Zum Visualisieren ist es vielleicht für einige zu komplex; deshalb wird alternativ ein viel einfacheres Symbol verwendet, das aus zwei miteinander verschlungenen Dreiecken besteht, die einen sechszackigen Stern bilden. Man visualisiert es in einem Kreis. Auch dieses Symbol ist ziemlich bekannt, allerdings auch in anderen Traditionen. In unserem Zusammenhang wird auf eine authentische taoistische Quelle Bezug genommen. Es heißt »Der Stern im Kreis« oder einfach »der Stern«.

Egal welches der Symbole Sie nehmen, beide dienen demselben Zweck, nämlich dem Sammeln, Verdichten, Verfeinern, Transformieren und Speichern von Energie aus den Körperorganen, Drüsen und Sinnesorganen. In dieser ersten Formel des Fusions-Prozesses werden im Körper zwei Pa Kuas bzw. zwei Sterne im Kreis gebildet.

Beide Symbole werden in einem Durchmesser von etwa sieben bis acht Zentimeter visualisiert, und zwar an folgenden beiden Stellen:

1. an der Körpervorderseite, hinter dem Nabel, direkt innerhalb des Körpers,

2. an der Körperrückseite, gegenüber vom Nabel am Ming Men (Tor des Lebens), direkt vor der Wirbelsäule (im Körper).

Die Energie aus dem vorderen und hinteren Pa Kua (bzw. Stern) wird dann spiralig in den Kessel in der Mitte gebracht und zu einer Perle geformt, ein stark verdichteter Ball aus Lebensenergie (Chi), die so genannte Innere Pille.

An dieser Stelle ist vielleicht ein wenig Theorie zum besseren Verständnis angebracht. Tan Tien heißt soviel wie Elixier- oder Medizinfeld. Das Untere Tan Tien ist das wichtigste Medizinfeld des Körpers. Wenn man diesen Bereich mit schnellen Blasebalgatmungen anwärmt, »heizt man den Ofen ein«. Die Übung »Den Ofen einheizen« aktiviert das Medizinfeld – der erste Schritt der Inneren Alchemie.

Der nächste Schritt besteht darin, in diesem Feld die Medizin zuzubereiten – die Perle. Deshalb heißt sie auch die Innere Pille, denn sie wird im Inneren des Körpers geschaffen. Die weiteren in diesem Buch vorgestellten Übungen dienen dazu, diese Perle zu stärken und aufzubauen. Für diesen Vorgang gibt es in der westlichen Medizin keine Erklärung. Der Prozess ist im Wesentlichen ein Herstellen heilender Medizin im eigenen Körper. Ich kann meinen westlichen Lesern hier nur meine eigene Erklärung liefern.

Der Körper besteht eigentlich aus zwei Nervensystemen: dem zentralen Nervensystem, das wir alle kennen, und dem enteralen Nervensystem (enteral = auf den Darm bezogen), das, was man oft als »Bauchgefühl« bezeichnet. Beide entwickeln sich im embryonalen Frühstadium aus einer gemeinsamen Quelle. Ein Klumpen Gewebe, die so genannte Neuralleiste, spaltet sich in zwei Teile: Der eine Teil entwickelt sich weiter zum zentralen Nervensystem, der andere dagegen wandert in den Fötus und wird zum enteralen Nervensystem. Später werden beide Nervensysteme über den Vagusnerv miteinander verbunden. Der Vagusnerv hat auch eine Verbindung zu allen wichtigen Organen.

Das enterale Nervensystem befindet sich in dem Gewebemantel, der Speiseröhre, Magen, Dünn- und Dickdarm umgibt. Bekanntermaßen beeinflusst das zentrale Nervensystem dieses »Bauchgefühl«. Deutlich wird das, wenn sich Sorgen »auf den Magen schlagen«. Umgekehrt kann auch das enterale das zentrale Nervensystem (Gehirn) beeinflussen, meist in Form von schmerzhaften Negativbotschaften.

Jedermann weiß, dass er das Gehirn im Kopf (das Zentrum des zentralen Nervensystems) »erziehen« kann; doch mit dem »Bauch« versucht das niemand. Genau das versuchten aber die Taoisten. Ich glaube, dass in alter Zeit die Taoisten in der Lage waren, das »Bauchgefühl« zu »erziehen« und sich so das Medizinfeld herausbildete, das ansonsten unentwickelt und untätig geblieben wäre. Die Perle bzw. Innere Pille ist die erste Medizinform im Medizinfeld, das von nun an als »Kessel« bezeichnet wird, der Ort, an dem die Medizin zubereitet wird. Auf einer fortgeschrittenen Stufe der Inneren Alchemie wird ein weiteres Elixier zubereitet, und zwar in Form eines heilenden »Dampfes«.

Unser Körper hat also ein Medizinfeld, in dem heilende Elixiere zubereitet werden können, die zu einem längeren und gesünderen Leben führen. Diese Erkenntnis war ein Teil des großen Geheimnisses der »Goldenen Blume«. Auf dem Weg ins 21. Jahrhundert wird auch die westliche Medizin in diese Geheimnisse vordringen. Die Taoisten wissen schon seit Jahrtausenden darum.

Um die Übungen dieser Woche auszuführen, müssen wir lernen, mental das Pa Kua bzw. den Stern im Kreis zu bilden. Das Pa Kua wird zu diesem Zweck geistig »gezeichnet«. Es besteht aus drei Schichten mit jeweils acht Linien und dem Tai-Chi-Symbol im Zentrum. Wir beginnen mit der äußeren Schicht. Ich persönlich fange mit der linken Seite an, aber eigentlich ist es egal; Sie können auch oben, unten oder rechts beginnen. Das alles ist ja nur zu Lernzwecken gedacht. Wenn Sie für sich eine bessere Möglichkeit entdecken, ist das völlig in Ordnung. Sicherlich können manche Schüler das Pa Kua auch sofort komplett visualisieren – wunderbar! Dann tun Sie dies. Wir beginnen also beispielsweise an der linken Seite. Insgesamt ist

Pa Kua

das Pa Kua etwa sieben bis acht Zentimeter im Durchmesser. Sie ziehen eine senkrechte Linie, etwa zweieinhalb Zentimeter lang, links vom Nabel, und verbinden diese mit einer weiteren Linie im 45-Grad-Winkel nach oben. Dort folgt eine waagrechte Linie, dann eine um 45 Grad geneigte Linie nach rechts. Als nächstes kommt wieder eine senkrechte Linie, dann eine um 45 Grad nach unten geneigte Linie, eine waagrechte Linie unten und zuletzt eine Linie, die um 45 Grad nach oben geht. Damit ist die erste, äußere Schicht des Netzes – maximal etwa sieben bis acht Zentimeter breit – komplett. Alle Linien sind gleich lang. Innerhalb dieses Netzes werden dann zwei weitere Schichten gebildet.

Im nächsten Schritt wird an jedem Schnittpunkt an den Ecken eine gerade Linie nach innen zum Mittelpunkt gezogen, sodass acht Linien das Pa Kua in acht Abschnitte unterteilen. Im Zentrum wird dann das Tai-Chi-Symbol visualisiert. Jetzt haben Sie ein Energienetz, einen taoistischen Energiesammler.

Über die taoistische Verbindung zum Stern im Kreis las ich zum ersten Mal in dem Buch *Taoist Yoga – The Chinese Art of Kai Men* von Chee Soo (Aquarian Press, 1983). Der Autor schreibt, dass ein moderner Taoist nur dieses eine Symbol tragen würde. Es besteht aus zwei versetzt miteinander verbundenen Dreiecken, »die das Yin und Yang aller Erscheinungen des Universums (der Kreis) darstellen. Die sechs Ecken symbolisieren die fünf Elemente und die spirituelle bzw. makrokosmische Energie. Auch die Flussrichtung vom Himmel zur Erde und von der Erde zurück zum Himmel wird aufgezeigt.« Der Kreis steht für das Tao. »Das ganze Symbol steht also für alles innerhalb und außerhalb des Kosmos – Himmel und Erde, die ganze Natur und die ganze Menschheit, alle bekannten und unbekannten Erscheinungen. Alle sind eins.«

Stern im Kreis

Ich persönlich finde dieses Symbol äußerst effektiv für die Fusions-Übungen. Zudem ist es viel einfacher zu visualisieren und bildlich zu halten als das Pa Kua. Man stellt sich einfach ein mit der Spitze nach oben zeigendes gleichseitiges Dreieck um den Nabel vor (alle drei Seiten gleich lang). Dann wird ein zweites gleichseitiges Dreieck mit der Spitze nach unten darüber gelegt. Dadurch entsteht ein sechszackiger Stern. Um diesen Stern wird ein Kreis gezeichnet (im oder gegen den Uhrzeigersinn, was Ihnen lieber ist), mit einem Durchmesser von etwa sieben bis acht Zentimetern. Das ist alles.

Die erste Formel der Fusion der Fünf Elemente kann im Stehen oder im Sitzen praktiziert werden.

1. Zunächst bilden Sie um den Körper nacheinander eine Aura der fünf Elementfarben. Sie beginnen mit Rot, dann folgen Gelb, Weiß, Blau und Grün. Sie visualisieren in schneller Folge ein Licht bzw. einen Nebel in der jeweiligen Farbe, der dann in die nächste Farbe übergeht.
2. Dann lächeln Sie in die Augen (wer damit vertraut ist, kann das vollständige Innere Lächeln entlang der Vorder-, Mittel- und Rückenlinie praktizieren).

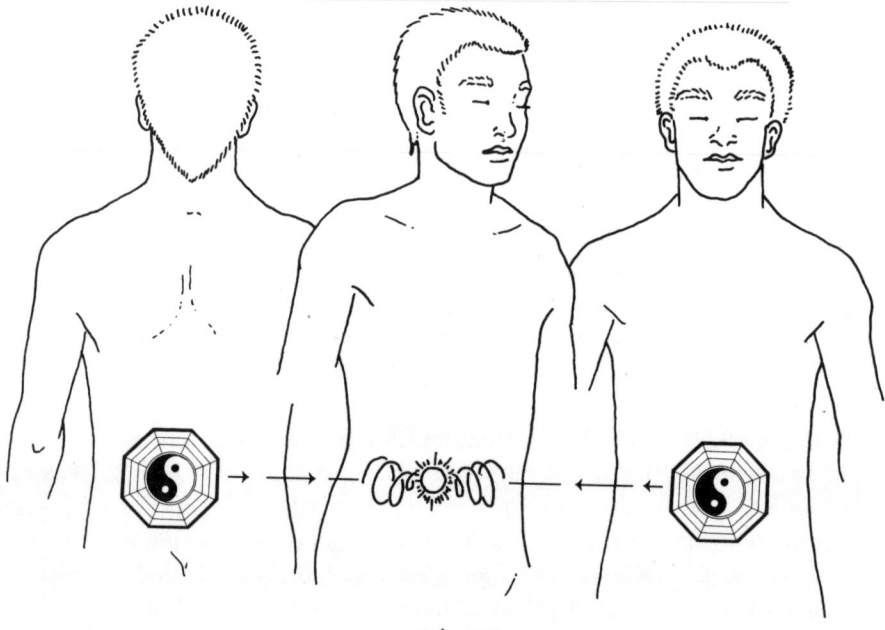

Schritt 7

120

3. Bilden Sie nun an der Vorderseite des Körpers das Pa Kua oder den Stern im Kreis, direkt hinter dem Nabel.

4. Spüren Sie oder visualisieren Sie, wie das Tai-Chi-Symbol im Zentrum des Pa Kua bzw. der Stern zu drehen anfängt (egal in welche Richtung).

5. Bilden Sie nun das Pa Kua oder den Stern im Kreis am Ming-Men-Punkt am Rücken, gegenüber vom Nabel.

6. Spüren Sie oder visualisieren Sie, wie das Tai-Chi-Symbol im Zentrum des hinteren Pa Kua bzw. der hintere Stern sich zu drehen beginnt (egal in welche Richtung).

7. Nun teilen Sie die Konzentration und spüren bzw. visualisieren, dass sich sowohl das Tai-Chi-Symbol (bzw. der Stern) vorne wie auch das Symbol hinten spiralig zu drehen beginnt. Eine Energiespirale, ähnlich einem Trichter, bildet sich vorne und hinten und wird in den Kessel (das Untere Tan Tien, etwas näher am Rücken als an der Vorderseite) gezogen.

8. Konzentrieren Sie sich nun stärker auf den Kessel, um die Energie dort hineinzuziehen.

9. Nun bilden Sie im Kessel eine Perle. Sie spüren oder sehen, wie sie sich verdichtet und zu leuchten beginnt, mit einem goldenen oder weiß-silbrigen Schein.

10. Führen Sie die Perle in den Kleinen Energiekreislauf und lassen Sie die Energie ein paarmal kreisen. Versuchen Sie auch, die Augen zu rollen (siehe die Sexual-Kung-Fu-Übung dieser Woche), um die Perle zu lenken.

11. Dann bringen Sie die Perle in den Kessel zurück und sammeln die Energie im Nabelbereich.

Quadratische Atmung: Teil 2

In die Hüften atmen

Das Atmen in die Hüften ist die zweite Form der Quadratischen Atmung. Bei dieser Übung wird die Energie (Chi) in den Sexualpalast (Samen-/Ovarpalast), ins Kreuzbein und in die Hüften gefüllt. Wer mit der Übung der letzten Woche gut zurechtkam, wird auch diese Woche keine Schwierigkeiten haben. Man atmet zunächst zum »Aufwärmen« wieder in die Taille, atmet dann – nach dem Dehnen der beiden Seiten – nicht aus, sondern ein weiteres Mal kurz ein und lenkt die Perineum-Kraft zum Samen-/Ovarpalast, direkt über den Genitalien, und drückt dort nach außen. Dann ziehen Sie den Samen-/Ovarpalast hoch und lenken die Perineum-Kraft zum Kreuzbein. Noch einmal wird kurz eingeatmet und die Perineum-Kraft zurück zur linken Hüfte, dann zur rechten Hüfte gelenkt. Mit einem letzten kurzen Atemzug gelangt die Perineum-Kraft dann in beide Hüften. Dabei sollte eine leichte Bewegung zu spüren sein, wenn die Hüften nach außen gedehnt werden. Beim Ausatmen wird der Zug auf Hüften und Kreuzbein gehalten.

Bei Menschen, die viel sitzen, zählen die Hüften oft zu den schwächsten Teilen des Körpers. Sie sind jedoch extrem wichtig für die Mobilität und das Aufrechterhalten der Balance und der Struktur. Die Hüften spielen zudem eine wichtige Rolle beim Verwurzeln. Das Atmen in die Hüften ist die Basis für den dritten Teil der Verwurzelungs-Praktik der nächsten Woche. Bitte üben Sie diese Technik! Der Übungsstoff der nächsten Woche ist vom Konzept her etwas schwierig, wenn man die Ausdehnung der Hüften nicht spüren kann. Deshalb dauert es auch noch eine Woche, bevor wir dies üben.

1. Sie atmen langsam mit einer Bauchatmung ein und dehnen dabei den Unterbauch.
2. Dann wird der Nabel nach außen gedrückt und die Perineum-Kraft zum Nabel gelenkt.
3. Ohne zwischendurch auszuatmen, wird der Nabel dann Richtung Wirbelsäule gezogen.
4. Nun atmen Sie kurz ein und lenken die Perineum-Kraft zum Ming-Men-Punkt (gegenüber vom Nabel) auf der Wirbelsäule.
5. Sie holen noch einmal kurz Luft und lenken die Perineum-Kraft zur linken Seite der Taille, die sich nach außen dehnt.
6. Mit einem weiteren kurzen Atemzug wird die Perineum-Kraft dann zur rechten Seite der Taille gelenkt. Auch sie dehnt sich nach rechts aus.
7. Noch einmal atmen Sie kurz ein und bringen die Perineum-Kraft diesmal gleichzeitig nach rechts und links. Beide Seiten der Taille dehnen sich dabei aus.

8. Konzentrieren Sie sich nun auf den Samen- bzw. Ovarpalast, direkt über den Genitalien.

9. Mit einem weiteren kurzen Atemzug drücken Sie den Samen-/Ovarpalast nach außen, ziehen gleichzeitig das Perineum und den Anus hoch und lenken die Perineum-Kraft zum Samen-/Ovarpalast.

10. Atmen Sie noch einmal kurz ein und ziehen Sie den Samen-/Ovarpalast Richtung Kreuzbein. Lenken Sie die Perineum-Kraft zurück zum Kreuzbein.

11. Mit dem nächsten kurzen Atemzug drücken Sie die linke Seite des Anus (Perineum-Kraft) Richtung linke Hüfte.

12. Mit einem weiteren kurzen Einatmen wird die rechte Seite des Anus (Perineum-Kraft) zur rechten Hüfte gedrückt.

13. Ein letztes Mal atmen Sie kurz ein und lenken die Perineum-Kraft gleichzeitig zur rechten und linken Hüfte. Versuchen Sie zu spüren, wie sich beide Hüften leicht zu den Seiten hin ausdehnen.

14. Jetzt atmen Sie aus, wobei der Zug zum Kreuzbein sowie zur rechten und linken Hüfte aufrecht erhalten bleibt.

15. Entspannen Sie sich. Atmen Sie mindestens zwei- bis dreimal durch.

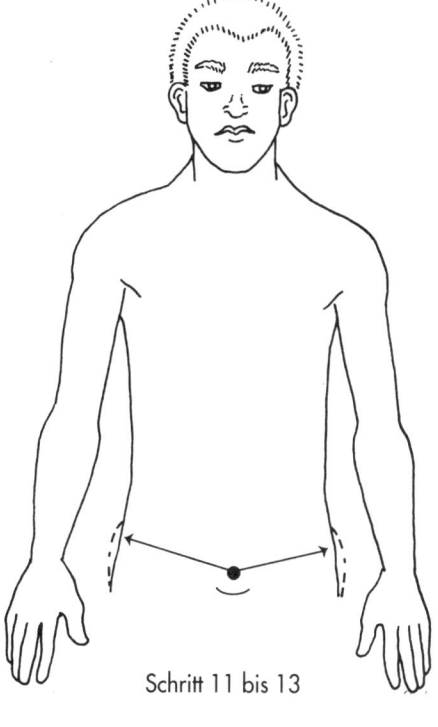

Schritt 11 bis 13

Auch dies ist eine sehr kraftvolle Übung. Eventuell kann das Atmen in die Hüften etwas schmerzhaft sein. Sie füllen einen Teil des Körpers mit Energie (Chi), der das wahrscheinlich überhaupt nicht gewöhnt ist.

Nach dem ersten Einatmen (Bauchatmung) werden sozusagen immer nur kleine »Schlucke« Luft geholt und dabei die Perineum-Kraft wie beschrieben in die verschiedenen Teile gelenkt. Die Lungen dürfen nicht zu voll werden. Mit ein wenig Übung dürfte dies kein großes Problem sein. Am wichtigsten ist, dass Sie die seitliche Ausdehnung der Hüften spüren.

Verwurzeln: Teil 2

Knöchel und Knie

Im Tao-Yoga wird die Energie von Vater Yang (Himmelsenergie) mit der Energie von Mutter Yin (Erdenergie) im Körper ausbalanciert (Energie der menschlichen Ebene). Diese drei Energieformen sind als »Die

Drei Reinen« bekannt. In der taoistischen Kosmologie entstehen die Drei Reinen aus den »Zwei«, Yin und Yang, die wiederum aus dem »Einen« entstehen, dem Tai Chi. Das Tao ist die unerkennbare Quelle von allem. Die Drei Reinen brachten die Vielzahl an Dingen (die ganze Schöpfung) hervor. Die Quelle der Drei Reinen geht zurück bis in die alten Zeiten schamanistischer Praxis in China, noch vor den Taoisten. Das schamanische Universum bestand immer aus einer Form der drei Welten: die Oberwelt, Mittelwelt und Unterwelt.

Im Tao-Yoga entspricht die Oberwelt der Himmelsenergie – Vater Yang – Vater Himmel. Die Mittelwelt ist die Energie der menschlichen Ebene, auch Energie der kosmischen Ebene – also der Ebene zwischen Himmel und Erde – genannt. Dies ist die Ebene aller physischen Existenz. Die Unterwelt ist die Erdenergie – Mutter Yin – Mutter Erde. Die Drei Kostbarkeiten des Tao-Yoga – Chi, Jing und Shen (Atem, Körper, Geist) entstanden aus den Drei Reinen. Vater Yang brachte Shen hervor, Mutter Erde gebar Jing. Die Energie der menschlichen Ebene ließ das Chi entstehen.

Dieser Blick auf die ferne Vergangenheit lässt erahnen, wie weit die Wurzeln der Inneren Alchemie wirklich zurückreichen. Die dem Tao-Yoga zu Grunde liegende Struktur ist unbestreitbar schamanischer Herkunft. Meines Wissens sind die Praktiken der heute als Tao-Yoga bekannten Disziplin sechstausend Jahre alt. Ein Beweis dafür liegt mir nicht vor, dennoch belegt die schamanische Struktur in gewisser Weise, wie uralt diese Praktiken sind. Das System selbst wurde über Jahrtausende hinweg außergewöhnlich weiterentwickelt. Sehen Sie selbst: Sie haben schon so viel gelernt, und doch ist dies erst der erste Schritt hin zur Inneren Alchemie. Interessierten Lesern, die sich über die mittlere und fortgeschrittene Stufe der Inneren Alchemie informieren möchten, empfehle ich die Beschreibungen in meinem ersten Buch, *The Tao & The Tree of Life* (Llewellyn Publications, 1995).

Viele Menschen, die nach der spirituellen Erfahrung streben (Himmelsenergie), möchten die höchsten Ebenen der Inneren Alchemie so schnell wie möglich erreichen. Doch wahrer spiritueller Fortschritt im Sinne des Tao erfordert auch, dass die Energie von Mutter Erde zum Ausbalancieren der Energie von Vater Himmel herangezogen wird. Genau darum geht es beim Verwurzeln. Das Verwurzeln gibt uns, die wir auf der menschlichen Ebene leben (die Mittelwelt), die Möglichkeit, die Energie von Mutter Erde (Unterwelt) anzuzapfen und in den Körper zu bringen, um damit die himmlische Energie (Oberwelt) – also Sonne, Mond, Planeten, Sterne, Galaxien und Konstellationen sowie die spirituelle Energie und Führung – auszubalancieren.

Letzte Woche haben wir uns mit den Neun Punkten am Fuß vertraut gemacht. Die Füße tragen das gesamte Körpergewicht. Wenn diese Neun Punkte in Kontakt mit dem Boden bleiben, zentriert sich das Gewicht über der Fußmitte, direkt hinter den Fußballen, an dem Punkt, der bei den Taoisten »die Sprudelnde Quelle« heißt. Durch diese beiden Punkte an den beiden Füßen kann die Erdenergie in den Körper gezogen bzw. hinausgelenkt werden. Wenn dieser Punkt offen ist, kann man – wenn man sich darauf konzentriert (Yi-Geist) – spüren, wie er »atmet«. Das fühlt sich an, als ob Energie direkt aus dem Boden gesaugt wird. Diese nährende Erdenergie wirkt sich wohltuend auf alle Organe und Drüsen aus. Man spürt eine wirkliche Verbindung zum Boden unter sich. Die Erdenergie stärkt alle Elemente im Körper.

Der nächste Schritt des Verwurzelns besteht darin, sich mit Hilfe der Knöchel und Knie in den Boden zu »schrauben«. Die Bewegung an sich ist ziemlich einfach; doch wie so oft bei den taoistischen Praktiken passiert auch dabei mehr, als das Auge wahrnimmt. Im Prinzip werden die Neun Punkte an beiden Füßen in Kontakt mit dem Boden gebracht und in die Erde gedrückt, wobei die Knöchel leicht nach außen gedreht werden. Dann werden auch beide Knie sanft nach außen gedreht. Das Verwurzeln besteht im Wesentlichen aus zwei Schritten – erstens das Verwurzeln in der Erde, zweitens das Hochziehen der Erdenergie. Diese Woche wird zunächst einmal noch am ersten Schritt gearbeitet. Dabei sollen die Füße im Boden verwurzelt (bzw. das Gewicht übertragen) werden. Wir fangen bei den Knöcheln an.

Wenn Sie die Neun Punkte in den Boden drücken und dabei die Knöchel leicht nach außen drehen, stellen Sie sich vor, dass Ihre Füße sich wie zwei riesige Schrauben buchstäblich in den Boden schrauben. Wenn die Füße nach unten gedrückt und die Knöchel nach außen gedreht werden, fließt die Energie von den Außenkanten der beiden Füße zu den Zehen und die Innenkante entlang und »schraubt« sich dabei in den Boden. Die Bewegung der schraubenden Energie des rechten Fußes verläuft im, die des linken Fußes gegen den Uhrzeigersinn.

Dadurch dass man die Knie nach außen dreht, verstärkt sich die Drehung der Knöchel. Dazu dreht man die Knie nach außen zur Seite, bis sie sozusagen »einrasten«. Das muss ganz sanft geschehen, damit die Knie nicht verletzt werden. Durch das Drehen der Knie öffnet sich auch der Lendenbereich (Qua), wo die Muskeln oft schmerzhaft verspannt und steif sind. Auch zwischen der rechten und linken Seite kann es Unausgewogenheiten der Muskeln geben. Durch das Verwurzeln werden solche Beschwerden gelindert.

Bei richtiger Ausführung sehen die Beine aus, als ob man auf einem Pferd sitzt. Der »Pferdestand« ist eine der grundlegenden Chi-Kung-Formen. Das Verwurzeln ist eines der großen Geheimnisse des Chi Kung und Tai Chi Chuan. Da es dem westlichen Denken so fremd ist, fällt das Erklären schwer. Wenn man sich allerdings an die Anweisungen hält, ist es einfach auszuführen, sofern man regelmäßig übt. Beim Drehen der Knöchel und Knie geht man leicht in die Knie und drückt die Neun Punkte in den Boden. Dabei kann man sich vorstellen, dass sich die Füße richtiggehend in den Boden schrauben. Man spürt dabei die Verbindung zwischen Knien, Knöcheln und Fußsohlen.

Durch die Drehung nach außen wickeln sich die Sehnen um die Knochen der Waden und Oberschenkel. Beim Drehen tragen die Sehnen die Knochenstruktur. Bis jetzt lautete die Anweisung, die Muskeln an der Rückseite der Oberschenkel anzuspannen, um die Standform einnehmen zu können und das Gewicht zu tragen. Durch das Verwurzeln entspannen sich die Beinmuskeln, denn die Struktur wird von den Sehnen gestützt. Dies ist eine der Besonderheiten des Verwurzelns. Je besser Sie darin werden, desto besser können die Muskeln entspannen. Das erfordert allerdings Übung!

1. Sie gehen in eine der beidseitigen Standformen. Die Füße stehen parallel oder leicht nach innen gedreht und schulterbreit auseinander auf dem Boden.
2. Bringen Sie die Neun Punkte auf den Boden, entweder einen Fuß nach dem anderen oder gleichzeitig.
3. Drehen Sie dann beide Knöchel leicht nach außen; Gehen Sie dabei sanft vor. Die Knöchel bewegen sich dabei kaum.

4. Drücken Sie beide Fußsohlen in den Boden und stellen Sie sich dabei vor, dass die Füße sich in den Boden schrauben. Die Schraubbewegung geht beim rechten Fuß im, beim linken Fuß gegen den Uhrzeigersinn.

5. Nun werden auch beide Knie nach außen gedreht, bis sie »einrasten«. Auch dies sollte ganz vorsichtig und ohne Kraftaufwand geschehen. Die Knöchel gehen dadurch noch ein bisschen weiter nach außen. Auch der Lendenbereich (Qua) öffnet sich.

6. Sinken Sie in den Knien leicht nach unten, kippen Sie das Kreuzbein nach vorne und halten Sie die Wirbelsäule aufrecht. Die Kniescheiben dürfen dabei maximal so weit nach außen gehen, dass sie sich über den Zehenspitzen befinden.

7. Nun spüren oder visualisieren Sie, wie sich die Sehnen an den Beinen um die Beine wickeln, und zwar in die gleiche Richtung wie die Schraubenergie: rechts also im, links gegen den Uhrzeigersinn.

8. Drücken Sie nach unten. Spüren oder visualisieren Sie, dass die Energie von den Füßen sich in den Boden schraubt, rechts im, links gegen den Uhrzeigersinn.

9. Entspannen Sie beim Stehen die Muskeln so weit wie möglich. Die Sehnen tragen die Struktur.

10. Nehmen Sie wahr, wie Knie und Knöchel gemeinsam den Druck der Füße unterstützen.

11. Nehmen Sie eine Standposition auf diese Weise mindestens ein paar Minuten täglich ein. Optional:

12. Versuchen Sie, in den Punkt der »Sprudelnden Quelle« hinein- und auszuatmen; er befindet sich in der Fußmitte, direkt hinter den Fußballen. Atmen Sie mit der Umkehratmung ein und aus.

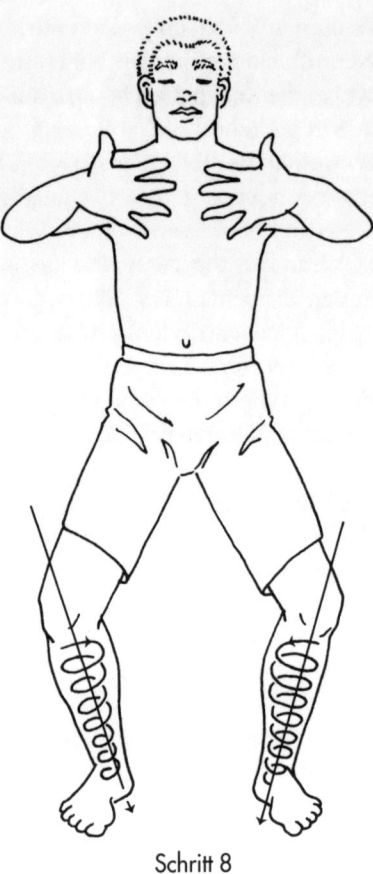

Schritt 8

In der kommenden Übungswoche wird der letzte Teil der Verwurzelungspraktik erklärt, der lange ein wohlgehütetes Geheimnis war. Bitte üben Sie diese Woche das Verwurzeln intensiv. Ohne eine stabile Grundlage wird dieser letzte Teil sonst sehr schwierig. Vieles von dem, was hier gelehrt wird, geht auf mündliche Überlieferungen zurück, die kaum jemals vollständig schriftlich dokumentiert wurden.

Sexual-Kung-Fu

Die Yin-Yang-Wasserräder drehen: Teil 2

In den alten taoistischen Texten werden die sexuellen Aspekte der Inneren Alchemie mit schönen, poetischen Worten beschrieben. So ist beispielsweise »Wasser des Nordmeeres« eine Bezeichnung für die Sexualenergie. Dieses Nordmeer-Wasser fließt normalerweise nach unten zum Körper hinaus. Ein Grundziel des Sexual-Kung-Fu ist es, diese Flussrichtung zu ändern und das Nordmeer-Wasser in die entgegengesetzte Richtung, nämlich nach oben zu lenken.

Das Wasser des Nordmeeres, die Quelle der Sexualenergie, ist auch der Ursprung sexuellen Begehrens. Sexuelle Erregung ist wie ein »Zehntausend Meter tiefes Meer«. Im Gegensatz zu anderen Körperenergien dehnt sich die Sexualenergie in erregtem Zustand aus, insbesondere kurz vor und während des Orgasmus. Wie kann man nun diese Ausdehnung, also den Unterschied zwischen unerregtem Zustand, Erregung und Orgasmus messen? Das ist nicht möglich. Deshalb wird es poetisch als » Zehntausend Meter tiefes Meer« beschrieben.

Die Innere Alchemie dient dem Zweck, die Energie sexuellen Begehrens und die Orgasmusenergie in heilende, spirituelle Energie zu transformieren. Das Yin-Yang-Wasserrad pumpt das Wasser des Nordmeeres, also die Sexualenergie, hoch, sodass es aufsteigt und aufwärts fließt. Mit fortschreitender Erfahrung in der Inneren Alchemie können die Wasserräder so lange gedreht werden, bis der Grund des Nordmeeres erreicht und die ganze Energie des sexuellen Begehrens in spirituelle Energie bzw. Shen transformiert worden ist.

Bei den Übungen dieser Woche bauen wir auf den Grundtechniken der letzten Woche auf; wir arbeiten also wieder mit dem golden gekleideten Jungen und dem silbern gekleideten Mädchen (bzw. der lächelnden Sonne), um die Wasserräder anzutreiben und die Sexualenergie hoch in den Kessel (das Untere Tan Tien) zu pumpen.

Man kann sich die sexuelle Energie als die Nahrung vorstellen, die im Kessel gekocht wird und dazu beiträgt, die Perle zu bilden, wie es in der letzten Übungswoche bei der Fusion der Fünf Elemente, der Übung für die Dritte Kostbarkeit, beschrieben wurde.

Nun betreten wir wirklich das Reich der Inneren Alchemie. Die Sexualenergie der Zweiten Kostbarkeit stellt die Kraft für die Transformationsprozesse der Dritten Kostbarkeit zur Verfügung. Nirgendwo sonst in den Annalen der Wissenschaft über die menschliche Sexualität gibt es etwas Vergleichbares. Genau an diesem Punkt wird klar, wie brillant die alten Tao-Meister waren. Ich hoffe, dass ich diese Lehren klar verständlich machen kann. Das Wissen um die menschliche Sexualität, wie es den alten Taoisten zu eigen war, geht weit über das hinaus, was man im Westen unter menschlicher Sexualität versteht. Und dies ist erst der Anfang!

Das taoistische Sexual-Kung-Fu bringt unsere Vorstellung von Sexualität auf eine höhere Ebene. Sexualenergie (Jing Chi) ist fast das ganze Leben lang die mächtigste Energie im Körper. Die Taoisten fanden heraus, dass Sexualenergie nicht nur der Fortpflanzung und der Lust dient, sondern auch eine heilende und spirituelle Energie ist.

Verglichen mit den Taoisten sind die Menschen der westlichen Welt fast wie kleine Kinder, wenn es um die umfassende Bedeutung der menschlichen Sexualität geht. Sex reizt uns, ist etwas Anstößiges. Oder wir zeigen mit dem Finger darauf und lachen darüber. Sex stößt ab und macht an. Wir lieben Sex und wir hassen Sex. Sex frustriert, tröstet und macht auch manchmal

Angst. Für manche Menschen ist Sex eine Sünde oder etwas Böses. Und wie wir alle wissen, war Sex zu allen Zeiten die Ursache von Krieg und Blutvergießen. In manchen Ländern ist bereits das bloße Reden über Sex verboten, in anderen Ländern wird viel zu viel darüber geredet und geschrieben.

Mit einem besseren Verständnis der taoistischen Sichtweise wird auch langsam klar, wie dumm wir mit dem Thema Sex manchmal umgehen. Die menschliche Sexualität kann eine wunderschöne und spirituelle Erfahrung sein. Über Sex gibt es unglaublich viel zu wissen, was im Westen noch völlig unbekannt ist. Es ist an der Zeit, darüber mehr zu erfahren. Ein neues Zeitalter bricht an!

In den Übungen dieser Woche werden die Wasserräder wieder angetrieben und die Sexualenergie von den Hoden bzw. Eierstöcken zum Perineum, dann zur Kreuzbeinspalte, hoch zum Kreuzbein und weiter zum Ming-Men-Punkt geleitet, der gegenüber vom Nabel auf der Wirbelsäule sitzt. Von dort aus wird die Sexualenergie in den Kessel gegossen und die Konzentration wieder nach unten auf die Wasserräder gelenkt. Damit wird ein Mikro-Energiekreislauf geschaffen: von den Sexualorganen zum Kessel im Unteren Tan Tien und wieder zurück nach unten.

In den Kessel haben wir letzte Woche bereits die Energie aus dem vorderen und hinteren Pa Kua (bzw. dem Stern im Kreis) geleitet; dies war der erste Teil der Fusion der Fünf Elemente. Es ist nicht so wichtig, ob man dabei etwas fühlt oder den Kessel tatsächlich visualisieren kann. Sie können ihn sich als Topf mit drei Beinen vorstellen (von den Taoisten »Ting« genannt). Über die Farbe des Kessels müssen Sie sich keine Gedanken machen. Aber wenn es Ihnen wichtig ist, dann nehmen Sie Schwarz oder Gold. Wer sich diesen Kessel nicht so recht vorstellen kann, sollte versuchen, ihn am Unteren Tan Tien zu spüren oder zu sehen – etwa zweieinhalb Zentimeter unterhalb des Nabels und etwas weiter nach hinten zur Wirbelsäule als zur Vorderseite versetzt.

Zu Beginn der Übung werden die ersten zehn Schritte aus der letzten Übungswoche (Drehen der Yin-Yang-Wasserräder, Teil 1) ausgeführt. Ab dem elften Schritt verändert sich die Übung.

1. Sie visualisieren einen in Gold gekleideten Jungen im linken Auge (bzw. eine lächelnde Sonne).
2. Dann visualisieren Sie ein in Silber gekleidetes Mädchen im rechten Auge (bzw. eine lächelnde Sonne).
3. Stellen Sie sich vor, dass sich etwa sieben bis acht Zentimeter hinter dem Dritten Auge ein Spiegel befindet; er ist in einem steilen Winkel nach unten, Richtung Hoden bzw. Eierstöcke geneigt.
4. Drehen Sie die Augen nach hinten und spiegeln Sie den goldenen Jungen und das silberne Mädchen (bzw. die lächelnde goldene Sonne) nach innen, in den Kopf und zurück auf den Spiegel, von wo aus sie nach unten zu den Hoden bzw. Eierstöcken reflektiert werden.
5. Für Männer:
   Sie stellen sich vor, dass der golden gekleidete Junge oben auf dem linken Hoden und das silbern gekleidete Mädchen auf dem rechten Hoden steht (oder Sie visualisieren einfach den goldenen, lächelnden Sonnenschein).

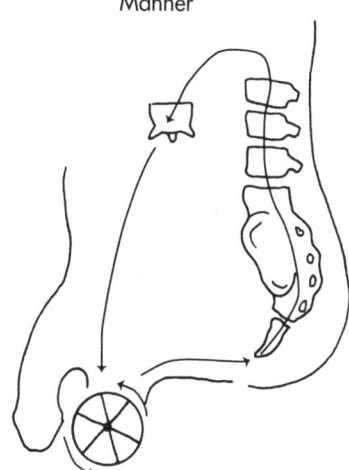

Männer

Frauen

Für Frauen:

Sie stellen sich vor, dass der golden gekleidete Junge oben auf dem linken Eierstock und das silbern gekleidete Mädchen auf dem rechten Eierstock steht (oder Sie visualisieren einfach den goldenen, lächelnden Sonnenschein).

6. Für Männer:

Dann stellen Sie sich vor, dass die beiden Hoden sich in Wasserräder verwandeln.

Für Frauen:

Dann stellen Sie sich vor, dass die beiden Eierstöcke sich in Wasserräder verwandeln.

7. Versuchen Sie zu spüren bzw. sich vorzustellen, dass Sie die Augen rollen, zunächst nach vorne, dann nach unten. Ziehen Sie die Augen leicht nach innen, die Hoden bzw. Eierstöcke leicht nach oben. Das fühlt sich an, als ob Sie sie nach unten und herumdrehen können wie einen rollenden Ball, in einer 360-Grad-Umdrehung.

8. Dann stellen Sie sich vor, dass der goldene Junge und das silberne Mädchen auf den Wasserrädern laufen. Ihre Füße laufen Richtung Wirbelsäule (alternativ visualisieren Sie einfach ein paar Füße, die, umgeben von goldenem Sonnenlicht, zur Wirbelsäule laufen).

9. Die Wasserräder beginnen sich nun Richtung Körpervorderseite zu drehen, also in die entgegengesetzte Richtung wie der Junge und das Mädchen laufen. Ihre Bewegung geht vorne am Körper hinunter und hinten wieder hoch.

10. Die beiden Wasserräder (die Hoden/Eierstöcke) fühlen sich an, als ob sie im Einklang mit den Augen rollen. Nehmen Sie dies bewusst wahr. Wenn Sie mit den Augen rollen, scheinen sich auch die Hoden/Eierstöcke mit ihnen zu drehen.

11. Mit Hilfe des Inneren Auges und durch Augenrollen lenken Sie die Sexualenergie von den Wasserrädern an den Hoden bzw. Eierstöcken ins Perineum.

12. Beim Einatmen wird die Sexualenergie vom Damm hoch zur Kreuzbeinspalte gelenkt, der kleinen Öffnung unten am Kreuzbein, etwa zweieinhalb Zentimeter über der Steißbeinspitze (vgl. die folgende Abbildung).

13. Die Energie wird weiter durch das Kreuzbein zum Ming-Men-Punkt, gegenüber vom Nabel, gelenkt.

14. Beim Ausatmen wird die Sexualenergie in den Kessel gegossen. Dabei sollten die physischen Augen gerade die nach oben gerichtete Drehbewegung überschritten haben und wieder nach unten rollen. Der Kessel ist näher an der Wirbelsäule als an der Vorderseite des

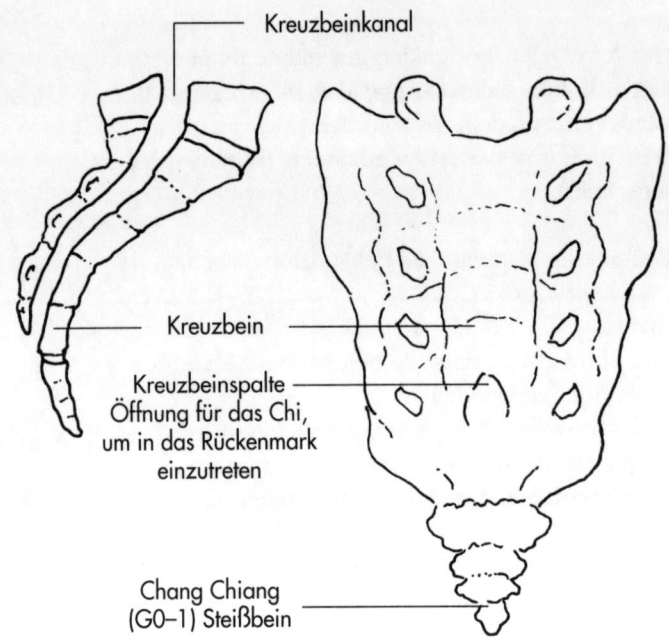

Kreuzbeinkanal

Kreuzbein

Kreuzbeinspalte
Öffnung für das Chi,
um in das Rückenmark
einzutreten

Chang Chiang
(G0–1) Steißbein

Körpers. Wenn Sie können, stellen Sie sich einen dreibeinigen Kessel vor, in den Sie die Sexualenergie gießen.

15. Die Sexualenergie bleibt im Kessel, bzw. Sie stellen sich dies vor und rollen die Inneren Augen weiter an der Körpervorderseite entlang nach unten (Dienergefäß) zu den Wasserrädern an den Hoden bzw. Eierstöcken.

16. Nehmen Sie noch mehr Sexualenergie auf und wiederholen Sie die Schritte 11 bis 15.

17. Führen Sie diese mindestens sechsmal, ansonsten beliebig oft durch.

Durch diese Übung wird ein kleiner Kreislauf für die Sexualenergie zwischen dem Kessel unterhalb des Nabels und den Hoden/Eierstöcken aufgebaut. Durch das »Augenrollen« wird das Zirkulieren der Sexualenergie unterstützt. *The Secret of the Golden Flower* sagt, dass das Licht des Himmels nicht gesehen werden kann, denn es ist in den beiden Augen enthalten.

Fusion der Fünf Elemente: Teil 2

Diese Woche bauen wir auf die Übung der letzten Woche auf und fügen links und rechts des Kessels noch zwei Pa Kuas bzw. Sterne im Kreis hinzu. Die Fusions-Übungen bauen auch im weiteren Verlauf aufeinander auf, langsam, Schritt für Schritt, damit die Lektionen nicht gar zu komplex und verwirrend sind.

Bereits letzte Woche wurde gezeigt, wie das vordere und hintere Pa Kua bzw. der Stern im Kreis aufgebaut werden, mit der Option, entweder das Symbol des Pa Kua – das traditionelle Symbol der Fusions-Übungen – oder den Stern im Kreis zu visualisieren, der sich einfacher visualisieren lässt, aber dennoch sehr effektiv ist. Beide Symbole dienen dazu, die Energie zu sammeln.

In dieser Woche werden vier Pa Kuas bzw. Sterne visualisiert. Wie wir bereits wissen, sitzen die beiden ersten zum einen an der Körpervorderseite, direkt hinter dem Nabel im Körper, und an der Körperrückseite, gegenüber vom Nabel am Ming Men (Tor des Lebens) direkt vor der Wirbelsäule. Die beiden neuen, seitlichen Pa Kuas bzw. Sterne im Kreis sitzen jeweils links und rechts vom Nabel, nach außen zeigend, in einem 90-Grad-Winkel zum Nabel versetzt.

Auch diesmal lassen wir die Energie vom Tai-Chi-Symbol in der Mitte des Pa Kua oder vom Stern aus (am besten von der Mitte aus) kreisen; die Richtung, ob im oder gegen den Uhrzeigersinn, ist nicht so wichtig, Hauptsache, die Energie wird in den Kessel gelenkt. Versuchen Sie, wirklich ein Gefühl für die sich spiralig drehende Energie zu entwickeln. Wenn Sie ein bisschen Übung haben, können Sie die Richtung auch verändern oder sogar vorne und hinten bzw. links und rechts in entgegengesetzte Richtungen kreisen lassen. Anfangs sollten Sie alle Pa Kuas bzw. Sterne in eine Richtung kreisen lassen.

Durch die zusätzlichen Pa Kuas bzw. Sterne rechts und links wird der Energiefluss zum Kessel noch verstärkt und damit auch die Perle leichter gebildet. Bei dieser Übung müssen Sie nicht unbedingt den Kessel visualisieren. Das kann bei manchen Menschen eher ablenken. Am wichtigsten ist es zu spüren, wie die Energie in spiraligen Bewegungen ins Untere Tan Tien fließt und sich dort zur Energieperle verdichtet.

Die Fusionspraktiken sind morgens am effektivsten. Wenn sie spätabends ausgeführt werden, können sie das Einschlafen beeinträchtigen. Wenn Sie nicht üben, funktioniert es gar nicht. An manchen Tagen ist es einfacher und besser als an anderen, damit müssen Sie rechnen. Erwarten Sie keine Wunder. Die Veränderungen treten mit der Zeit ein und sind oft eher subtil, bevor sich handfeste Auswirkungen zeigen.

Die zweite Formel der Fusion der Fünf Elemente kann im Stehen oder Sitzen ausgeführt werden.

1. Zunächst bilden Sie um den Körper nacheinander eine Aura der fünf Elementefarben. Sie beginnen mit Rot, dann folgen Gelb, Weiß, Blau und Grün. Sie visualisieren in schneller Folge ein Licht bzw. einen Nebel in der jeweiligen Farbe, der dann in die nächste Farbe übergeht.
2. Dann lächeln Sie in die Augen (wer damit vertraut ist, kann das vollständige Innere Lächeln entlang der Vorder-, Mittel- und Rückenlinie praktizieren).
3. Bilden Sie nun an der Vorderseite des Körpers das Pa Kua oder den Stern im Kreis, direkt hinter dem Nabel.
4. Spüren Sie oder visualisieren Sie, wie das Tai-Chi-Symbol im Zentrum des Pa Kua bzw. der Stern zu kreisen anfängt (egal in welche Richtung).
5. Bilden Sie nun das Pa Kua oder den Stern im Kreis am Ming-Men-Punkt am Rücken, gegenüber vom Nabel.
6. Spüren Sie oder visualisieren Sie, wie das Tai-Chi-Symbol im Zentrum des hinteren Pa Kua bzw. der hintere Stern zu kreisen anfängt (egal in welche Richtung).

7. Spüren Sie den Bereich des Unteren Tan Tien, den Kessel (dazu können Sie einen schwarzen oder goldenen, dreibeinigen Kessel zwischen dem vorderen und hinteren Pa Kua bzw. dem vorderen und hinteren Stern im Kreis visualisieren). Er ist etwas näher am Rücken als an der Vorderseite.

8. Nun teilen Sie die Konzentration und spüren bzw. visualisieren, dass sich das Tai-Chi-Symbol des vorderen und hinteren Pa Kua (bzw. der vordere und hintere Stern, vom Zentrum aus) spiralig zu drehen beginnt. Eine Energiespirale, ähnlich einem Trichter, bildet sich vorne und hinten und wird in den Kessel gezogen.

9. Konzentrieren Sie sich nun stärker auf den Kessel, um die Energie dort hineinzuziehen. Wenn die Energie für Sie dort spürbar ist, machen Sie weiter.

10. Sie bilden nun das Pa Kua bzw. den Stern im Kreis an der linken Seite.

11. Spüren oder visualisieren Sie, wie das Tai-Chi-Symbol im Zentrum des linken Pa Kua bzw. der linke Stern (vom Zentrum aus) zu kreisen anfängt (egal in welche Richtung).

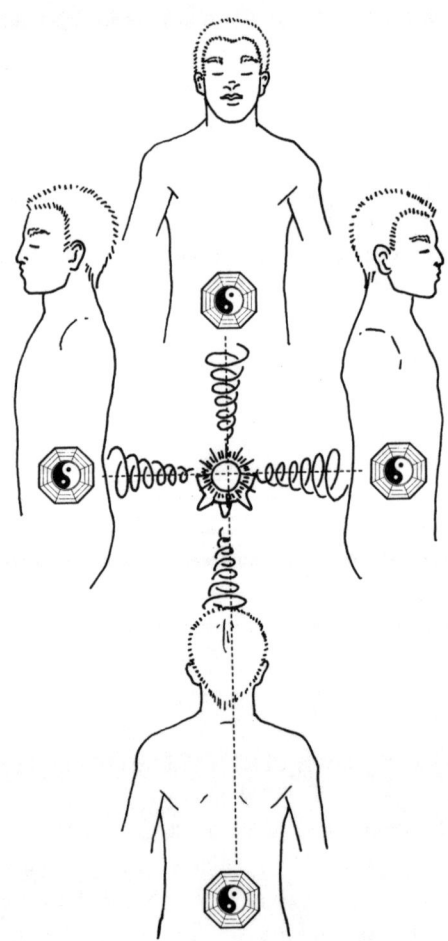

12. Jetzt wird das Pa Kua bzw. der Stern im Kreis an der rechten Seite gebildet.

13. Spüren Sie oder visualisieren Sie, wie das Tai-Chi-Symbol im Zentrum des rechten Pa Kua bzw. der rechte Stern (vom Zentrum aus) zu kreisen anfängt (egal in welche Richtung).

14. Nun teilen Sie die Konzentration und spüren bzw. visualisieren, dass sich das Tai-Chi-Symbol bzw. der Stern) im rechten wie im linken Pa Kua (Stern) spiralig zu drehen beginnt. Eine Energiespirale, ähnlich einem Trichter, bildet sich links und rechts und wird in den Kessel gezogen.

15. Nun verdichten Sie die spiralig kreisende Energie im Kessel zu einer Perle. Sie spüren oder sehen, wie sie sich verdichtet und zu leuchten beginnt.

16. Führen Sie die Perle in den Kleinen Energiekreislauf (oder den Großen Energiekreislauf, der auch die Beine mit einschließt) und lassen Sie die Energie ein paarmal kreisen. Versuchen Sie auch, die Augen zu rollen, um die Perle zu lenken.

17. Dann bringen Sie die Perle vom Ming-Men-Punkt in den Kessel zurück und sammeln die Energie im Nabelbereich.

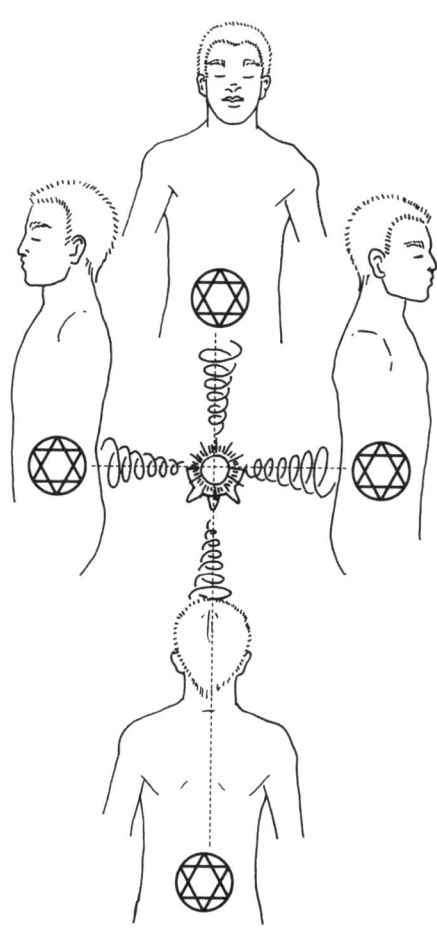

8. WOCHE

Knochenmarksatmung: Teil 1

In dieser Übungswoche befassen wir uns mit einer der geheimnisvollsten und wohltuendsten Übungen des Tao, die ich jemals erlernt habe. Die Knochenmarksatmung bringt den Selbstheilungsprozess in bisher im Westen unvorstellbare Bereiche. Noch vor gar nicht allzu langer Zeit zählten diese Übungen zu den bestgehüteten taoistischen Geheimnissen. Sie stehen im Mittelpunkt der zweiten Hälfte dieses Buches.

Grundsätzlich geht es bei der Knochenmarksatmung darum, das Wachstum des roten Knochenmarks anzuregen. Im Knochenmark werden die roten und weißen Blutkörperchen gebildet. Mit zunehmendem Alter nimmt das rote Knochenmark in den Knochen ab und wird durch Fett ersetzt. Dadurch wird auch die Produktion gesunder Blutkörperchen eingeschränkt, und die Knochen werden brüchiger. Die Knochenmarksatmung stimuliert die Produktion der roten Blutkörperchen und unterstützt den Abbau des in den Knochen angesammelten Fettes.

In den Knochen gibt es zwei Arten von Mark, nämlich rotes und gelbes. In beiden werden Blutkörperchen produziert. Das rote Knochenmark ist dabei allerdings wesentlich effizienter. Das gelbe Knochenmark produziert und speichert auch Fett. Deshalb ist ein höherer Anteil von rotem Knochenmark für eine gesunde Produktion von Blutkörperchen wichtig.

Die roten Blutkörperchen werden in den großen Röhrenknochen des Körpers produziert, zum Beispiel an Armen und Beinen. Die weißen Blutkörperchen entstehen in den flachen Knochen, den Beckenknochen, Schulterblättern und Schädelknochen.

Die Knochenmarks- bzw. Knochenatmung ist ein sehr vielschichtiger Prozess. Zunächst wird die Energie direkt in die Knochen gezogen. Auch die Sexualenergie (Jing Chi) spielt für die Regeneration des roten Marks eine Rolle. Schließlich geht man über zur Ganzkörperatmung, bei der Energie in die Knochen gepresst wird. Doch dazu mehr in den späteren Kapiteln.

Die Knochenmarksatmung ist also offensichtlich eine komplexe Angelegenheit, die wir langsam und methodisch, Schritt für Schritt angehen. Im weiteren Verlauf des Buches werden Übungen zur Knochenmarksatmung sowohl bei der Ersten als auch bei der Zweiten Kostbarkeit vorgestellt. Die Knochen sind voller mikroskopisch kleiner Poren, über die Sauerstoff, Blut und Nährstoffe ein- und austreten können. So gesehen atmen die Knochen tatsächlich ständig, wobei dies völlig unbewusst, also ohne bewusstes Eingreifen von unserer Seite, vor sich geht.

Doch man kann auch bewusst in die Knochen atmen und die Energie willentlich hinein- und hinausbefördern. An sich ist die Knochenmarksatmung nicht schwierig, sondern eine weitere taoistische Technik, die uns vorher nicht im Traum in den Sinn gekommen wäre.

Der Anfang ist ganz einfach. In der ersten Lektion wird in die Spitze der Zeigefinger geatmet. Die Knöchelchen dort sind ziemlich spitz und können die Energie leicht absorbieren. Um die Fingerspitze einmal zu spüren, können Sie dort den Daumennagel eindrücken. Dann ist ein scharfer Schmerz oder einfach nur die scharfe Spitze des Knochens zu fühlen.

Die Übung kann im Stehen oder im Sitzen praktiziert werden. Rechtshänder beginnen mit der rechten, Linkshänder mit der linken Hand.

1. Sie heben die Arme wie beim »Umarmen des Baumes«.
2. Spüren oder visualisieren Sie eine kalte Empfindung an der Spitze des linken oder rechten Zeigefingers (eigentlich wird dadurch warme Energie von außen angezogen).
3. Sie atmen mit einer Umkehratmung ein (oder mit einer Bauchatmung, wenn Ihnen dies lieber ist), ziehen sanft die Sexualorgane und den Anus (Perineum-Kraft) hoch und ziehen die Hände leicht auseinander.
4. Gleichzeitig wird mental Energie direkt in die Spitze des Zeigefingers gezogen, nicht weiter als bis zum ersten Fingergelenk.
5. Beim Ausatmen werden die Sexualorgane und der Anus entspannt und die Hände wieder etwas näher zusammengebracht. Spüren Sie, wie die Energie durch die Zeigefingerspitze wieder nach außen geht.
6. Führen Sie diese Übung mindestens 30 Sekunden lang durch, bis Sie die Energie wirklich in den Knochen des ersten Fingergelenks am Zeigefinger ein- und austreten spüren.
7. Dann atmen Sie mindestens 30 Sekunden lang bis zum zweiten Fingergelenk des Zeigefingers.
8. Danach atmen Sie mindestens 30 Sekunden lang bis zum Knöchel des Zeigefingers.
9. Die Schritte 1 bis 8 werden mit dem Zeigefinger der anderen Hand wiederholt.
10. Wiederholen Sie die Übung, diesmal mit beiden Zeigefingern gleichzeitig.

Sie sollten die Knöchelchen im Zeigefinger wirklich spüren. Je besser Sie sich auf diesen kleinen Teil des Knochengerüsts konzentrieren können, desto besser gelingt auch die weitere Praxis in den kommenden Wochen. Eventuell entwickelt sich in den Zeigefingern ein Wärme- oder Hitzegefühl. Genau das ist beabsichtigt. Mehr dazu wird in einem späteren Kapitel verraten.

Verwurzeln: Teil 3

Der Chi-Gürtel

Hier kommt nun das letzte Geheimnis der Verwurzelungspraxis. Damit es funktioniert, müssen einige der vorherigen Lektionen zusammengeführt werden. Üben Sie so lange, bis Sie herauskriegen, wie es geht. Sobald diese Hürde genommen ist, dürfte sich Ihre Verwurzelung mit der Erde und das Anzapfen der Erdenergie enorm verbessern. In der ersten Übungswoche wurden in Schritt 5 der Chi-Kung-Standpositionen der Ersten Kostbarkeit (Stehen mit den Armen an den Seiten) beide Knie nach außen zur Körperseite gedreht und dann wieder nach innen. Damit wird das »Qua« (Gabelung im Schritt) abgerundet und die Verwurzelung mit dem Boden unterstützt. Dies wird in dieser Übungswoche näher erläutert.

In der letzten Woche ging es darum, die Knie (und Fußknöchel) nach außen zu drehen, um sich besser zu verwurzeln. Der nächste Schritt besteht nun darin, die Knie wieder leicht zueinander zurückzudrehen, nur etwa zwei bis drei Zentimeter. Gleichzeitig wird in die Hüften geatmet (vgl. die Übung der Ersten Kostbarkeit der letzten Woche). Gehen Sie Schritt für Schritt vor, dann dürfte es nicht schwierig sein. Allerdings erfordert auch diese Technik Übung. Wenn das Chi in den Hüftbereich strömt, kann dies etwas schmerzhaft sein, insbesondere bei »Sitzmenschen«.

Zur korrekten Ausführung werden auch diesmal wieder die Neun Punkte an den Füßen auf den Boden gebracht und dann in den Boden gedrückt und gleichzeitig Knöchel und Knie nach außen gedreht. Danach folgt eine vollständige Hüftatmung, also zunächst in die Taille, dann in die Hüften. Dabei dehnen sich die Hüften nach außen, und die Beine werden wieder leicht nach innen gedreht. Das Schwierige dabei ist, dass die Knie nach außen gedreht bleiben, die Beine also sozusagen gleichzeitig nach außen und innen gedreht werden, wobei sich die Füße wiederum in den Boden schrauben. Aber keine Angst: Es ist nicht ganz so kompliziert, wie es sich anhört.

Die Innendrehung der Beine erfolgt von den Hüften aus. Man setzt also die Dehnung der Hüften dazu ein, die Beine nach innen zu drehen, wodurch die Knie ein wenig näher zusammenrücken und der Schrittbereich (Qua) sich wirklich öffnet. Die Verbindung zwischen Hüften und Beinen fällt zunächst oft schwer. Doch durch fleißiges Üben wird das Gefühl, dass die Beine nicht mit dem Körper verbunden sind, vergehen. Richtig ausgeführt haben Sie das Gefühl, dass die Füße sich direkt in den Boden schrauben.

Die Kombination der Hüftatmung und des Verwurzelns erzeugt einen Chi-Gürtel, der Nabel, Taille, Ming Men, Samen-/Ovarpalast, Kreuzbein und Hüften miteinander verbindet und das Gefühl entstehen lässt, als ob ein breiter Gürtel den unteren Teil des Oberkörpers umgibt. Dieser Chi-Gürtel hilft, sich wirklich mit dem Boden zu verwurzeln. Wenn man die Technik erst einmal beherrscht, stellt man fest, dass die Struktur des Körpers viel leichter mit den Sehnen und Knochen als mit den Muskeln aufrechtzuerhalten ist. Der Chi-Gürtel fungiert auch als Verbindungsglied zwischen der unteren und oberen Hälfte des Oberkörpers. Durch den stärkeren inneren Druck, der durch die Hüftatmung entsteht, werden die Gelenke und Schwachstellen in der Struktur gefüllt, so wie man Luft in einen Reifen pumpt, damit er das Auto tragen kann. Wenn die Gelenke erst einmal von Energie durchströmt werden, füllen sich auch die Knochen, was wiederum die Knochenmarksatmung der Ersten Kostbarkeit unterstützt.

Für diese Übung nehmen Sie eine Standposition mit hängenden Armen ein. Man atmet ein und drückt mit dem Ausatmen die Arme nach unten und zieht dabei die Handgelenke hoch nach hinten, sodass die Handflächen parallel nach unten zum Boden gerichtet sind. Anfangs kann es gut sein, dass die Übung schmerzhaft ist, weil so viele Muskeln und Sehnen gedehnt werden. Sie sollten also dranbleiben, es aber nicht übertreiben und sich davon überraschen lassen, dass nach ein paar Wochen des Übens die Hüften und Beine sich viel kräftiger anfühlen und das Verwurzeln besser geht.

Beim Hinunterdrücken der Arme geht der Oberkörper leicht nach oben. Wenn dabei die Neun Punkte an den Füßen in Kontakt mit dem Boden bleiben und sich die Beine spiralig in den Boden drehen, sollte es Ihnen möglich sein, Energie aus der Erde hoch in den Körper zu ziehen –

der zweite Schritt der Verwurzelungspraktik. Mit der Zeit ist dann zu spüren, wie die Erdkraft spiralig über die Beine hoch in die Hüften fließt und sich mit dem Chi-Gürtel verbindet. Sobald Sie die Erdkraft für sich nutzen können, wird die ganze Praxis auf eine neue Ebene gebracht.

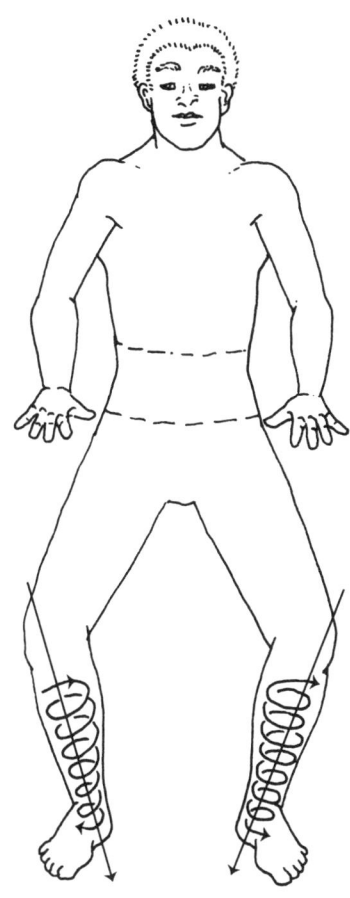

1. Sie gehen in eine Standform, bei der die Arme an den Seiten nach unten hängen.
2. Bringen Sie die Neun Punkte auf den Boden, entweder einen Fuß nach dem anderen oder beide gleichzeitig.
3. Drehen Sie dann beide Knöchel leicht nach außen.
4. Dann werden auch beide Knie nach außen gedreht, bis sie »einrasten«
5. Sinken Sie in den Knien leicht nach unten, kippen Sie das Kreuzbein nach vorne und halten Sie die Wirbelsäule aufrecht. Die Kniescheiben dürfen dabei maximal so weit nach außen gehen, dass sie sich über den Zehenspitzen befinden.
6. Nun spüren oder visualisieren Sie, wie sich die Sehnen an den Beinen um die Beine wickeln, und zwar in dieselbe Richtung wie die Schraubenenergie, rechts also im, links gegen den Uhrzeigersinn.
7. Drücken Sie nach unten. Spüren oder visualisieren Sie, wie sich die Energie von den Füßen in den Boden schraubt, rechts im, links gegen den Uhrzeigersinn.
8. Nun wird eine vollständige Hüftatmung durchgeführt und der Chi-Gürtel errichtet. Sie atmen mit der Perineum-Kraft in den Nabel, den Ming-Men-Punkt, in die linke und rechte Seite der Taille, in den Samen-/Ovarpalast, das Kreuzbein sowie in die linke und rechte Hüfte.
9. Wenn sich die Hüften nach außen dehnen, gehen Sie mit dieser Bewegung mit den Beinen leicht, etwa zwei bis drei Zentimeter, nach innen.
10. Beim Ausatmen werden die Handgelenke in einem 90-Grad-Winkel angehoben, sodass die Handflächen nach unten zum Boden zeigen. Gleichzeitig drücken Sie die Arme in Richtung des Bodens. Dabei geht der Oberkörper ein wenig nach oben.
11. Drücken Sie beide Fußsohlen in den Boden und stellen Sie sich dabei vor, dass die Füße sich in den Boden schrauben. Die Schraubbewegung geht beim rechten Fuß im, beim linken Fuß gegen den Uhrzeigersinn. Spüren oder visualisieren Sie, wie die Erdkraft hoch in die Beine und weiter bis zum Chi-Gürtel steigt.
12. Atmen Sie ein und entspannen Sie beim Stehen die Muskeln so weit wie möglich. Ihre Sehnen werden Ihre Struktur tragen.

Wenn Sie die Übung beherrschen, können Sie sie auch mit einer der anderen Chi-Kung-Stand-formen ausprobieren.

Vom Konzept her ist dies wohl die schwierigste Übung. Das Verwurzeln gilt im Prinzip für praktisch jede Form von Bewegungs-Chi-Kung bzw. Tai Chi Chuan und ist eines der wirklichen Geheimnisse der taoistischen Kampfkünste. Durch die Fähigkeit, Energie aus der Erde hochzu-ziehen und sich von der Erde tragen zu lassen, ist man fast jedem Gegner überlegen. Es wird eine verblüffende Erfahrung sein, wenn Sie das erste Mal wirklich fühlen, wie die Erdenergie in den Körper steigt.

Sexual-Kung-Fu

Die Yin-Yang-Wasserräder drehen: Teil 3

Bis jetzt war vom Mittleren Tan Tien noch nicht die Rede. Wir kennen bereits das Untere Tan Tien, welches sich unterhalb des Nabels befindet, und das Obere Tan Tien im Zentrum des Ge-hirns. Das Mittlere Tan Tien sitzt eigentlich an zwei Plätzen. In der folgenden Übung lernen wir, die erste dieser beiden Stellen – in der Nähe des Solarplexus – zu öffnen und die Sexualener-gie dorthin zu lenken.

Das Mittlere Tan Tien ist ein höheres Energiezentrum bzw. Medizinfeld. Der Solarplexus-Be-reich ist oft sehr verspannt und eingeengt. In den Praktiken der fortgeschrittenen Inneren Al-chemie werden dort Energien von außerhalb des Körpers miteinander vermischt, harmonisiert und transformiert. In der Übung dieser Woche wird die Sexualenergie hoch zum Chi-Chung-Punkt (T-11) gezogen, der sich gegenüber vom Solarplexus auf der Wirbelsäule befindet, und dann in einen Kessel gegossen, der im Solarplexus-Bereich visualisiert wird.

Dabei bauen wir einfach auf der Übung der letzten Woche auf. Das Drehen der Yin-Yang-Was-serräder, Teil 3, sollte keinerlei Schwierigkeiten mehr bereiten, wenn Sie fleißig geübt haben.

1. Sie führen mindestens dreimal die Übung der letzten Wochen durch und bringen die Sexualenergie hoch in den Kessel im Unteren Tan Tien. Dabei spüren Sie, wie die Wasserräder an den Hoden/Eierstöcken eine 360-Grad-Drehung vollführen. Bringen Sie auch die Inneren Augen nach unten.
2. Konzentrieren Sie sich dann noch einmal auf die Was-serräder. Sie sehen die Füße des golden gekleideten Jungen und des silbern gekleideten Mädchens auf den Wasserrädern Richtung Wirbelsäule laufen.
3. Mit Hilfe der Inneren Augen lassen Sie die Augen rol-len und führen die Sexualenergie von den Wasserrädern an den Hoden bzw. Eierstöcken zum Perineum.
4. Beim Einatmen bringen Sie die Sexualenergie hoch vom Damm zur Kreuzbeinspalte und weiter durch das Kreuzbein, am Ming-Men-Punkt vorbei (gegenüber

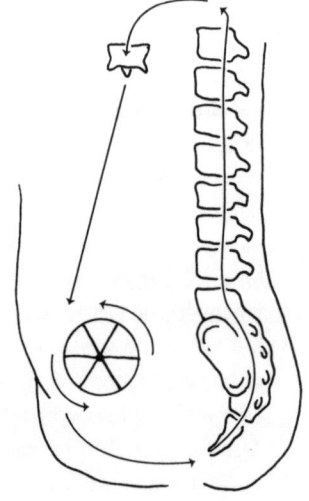

vom Nabel) bis hoch zum Punkt T-11 (Chi Chung) hinter dem Solarplexus.

5. Dort (am Mittleren Tan Tien) visualisieren Sie einen Kessel.

6. Beim Ausatmen gießen Sie die Sexualenergie vom T-11 in den Kessel am Solarplexus. Dabei sollten die physischen Augen gerade die nach oben gerichtete Drehbewegung überschritten haben und wieder nach unten rollen.

7. Die Sexualenergie bleibt im Kessel bzw. Sie stellen sich dies vor und rollen die Inneren Augen weiter an der Körpervorderseite entlang nach unten (Dienergefäß) zu den Wasserrädern an den Hoden bzw. Eierstöcken.

8. Nehmen Sie noch mehr Sexualenergie auf und wiederholen Sie die Schritte 3 bis 7.

9. Führen Sie dies mindestens sechsmal durch, ansonsten beliebig oft.

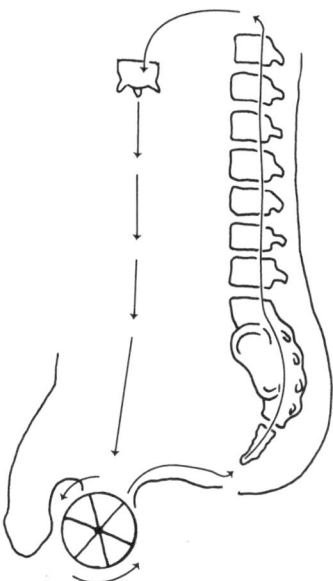

Mit dieser Übung wird ein weiterer kleiner Kreislauf im Körper aufgebaut, diesmal von den Hoden/Eierstöcken hoch zum Solarplexus. Die Arbeit mit diesen kleineren Kreisläufen ist eine wunderbare Übung, um zu lernen, wie die Energie im Körper gelenkt wird. Es kann sogar passieren, dass Sie im Schlaf Energie in diesen Kreisläufen zirkulieren lassen! Wer allerdings verspannt ist und den Erfolg zu erzwingen versucht, erreicht eher das Gegenteil. Wenn es dagegen richtig gemacht wird, kann man die lustvollen Empfindungen manchmal stundenlang genießen.

Fusion der Fünf Elemente: Teil 3

Wir haben bereits gelernt, Pa Kuas bzw. Sterne im Kreis vorne und hinten, rechts und links zu schaffen und die Energie spiralig in den Kessel zu führen, wo sie zu einer Perle verdichtet wird. Diese Woche kommen zwei weitere Pa Kuas bzw. Sterne hinzu; damit ist dieser Aspekt der Fusion der Fünf Elemente abgeschlossen.

Diese beiden letzten Pa Kuas bzw. Sterne werden ober- und unterhalb des Kessels gebildet; das obere Pa Kua befindet sich in Höhe des Solarplexus, das untere Pa Kua am Samen- bzw. Ovarpalast, direkt über den Genitalien. Diese Pa Kuas liegen horizontal, während die anderen vier Pa Kuas vertikal angeordnet sind.

Ansonsten ist der Prozess der gleiche wie in Teil 1 und Teil 2 der Fusion der Fünf Elemente. Zunächst wird wieder das vordere und hintere Pa Kua gebildet, die Energie spiralig in den Kessel gelenkt und dort eine Perle geformt; dann geschieht dasselbe mit dem linken und rechten

Pa Kua. Diese Woche kommen nun noch das obere Pa Kua am Solarplexus sowie das untere Pa Kua am Samen-/Ovarpalast hinzu.

Durch diese beiden zusätzlichen Pa Kuas wirkt die Übung noch stärker. Die Energie von oben und unten scheint dabei richtiggehend »einzuklinken«, als ob der Kessel hermetisch versiegelt würde. Wie so vieles ist auch dies mit Worten schwierig zu beschreiben. Doch die Praxis und Erfahrung zeigt, was damit gemeint ist.

Die Energie wird also aus sechs Richtungen spiralig drehend in den Kessel geführt: von vorne und hinten, links und rechts, oben und unten. Dabei dürfte sich praktisch auf der Stelle ein Hitzegefühl im Kessel entwickeln, sobald die Energie von oben und unten zugeführt wird. Die gesamte Energie wird in einer Perle verdichtet, die manchmal in einem intensiven weißen oder goldenen Licht glüht, manchmal aber auch gar nicht zu sehen ist. Man spürt nur, wie sich die Energie im Kessel verdichtet. Dabei ist das eine so gut wie das andere.

Die so gebildete Perle zirkuliert dann im Kleinen Energiekreislauf. Zum Abschluss der Übung sammeln Sie die Energie.

1. Sie führen zunächst die Übung der letzten Woche bis Schritt 15 aus, bilden also das vordere und hintere Pa Kua, drehen die Energie spiralig in den Kessel, bilden eine Perle und wiederholen dies dann mit dem linken und rechten Pa Kua.

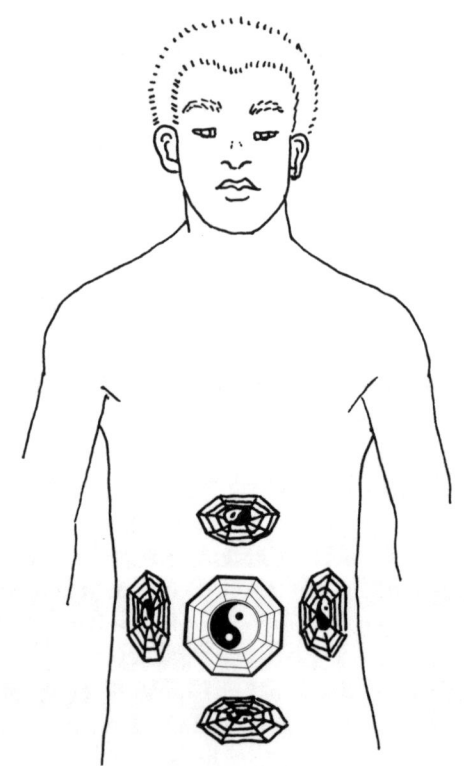

2. Dann bilden Sie ein Pa Kua (bzw. einen Stern im Kreis) in Höhe des Solarplexus, innen im Körper. Dieses Pa Kua (Stern) »liegt« horizontal zum Boden; wenn man also innerlich nach unten schaut, kann man das ganze Pa Kua (den Stern) wie ein flaches Bild sehen.

3. Spüren Sie oder visualisieren Sie, wie das Tai-Chi-Symbol im Zentrum des oberen Pa Kua bzw. der Stern zu drehen anfängt (egal in welche Richtung).

4. Bilden Sie nun das untere Pa Kua oder den Stern auf der Höhe des Samen- bzw. Ovarpalastes, im Körper, direkt oberhalb der Genitalien.

5. Spüren oder visualisieren Sie, wie das Tai-Chi-Symbol im Zentrum des unteren Pa Kua bzw. der untere Stern zu drehen anfängt (egal in welche Richtung).

6. Nun teilen Sie die Konzentration und spüren bzw. visualisieren, dass sich das Tai-Chi-Symbol des oberen und unteren Pa Kua (bzw. der obere und untere Stern, vom Zentrum aus) spiralig zu drehen beginnt. Eine Energiespirale, ähnlich einem Trichter, bildet sich oben und unten und wird in den Kessel gezogen.

7. Nun verdichten Sie die spiralig kreisende Energie im Kessel zu einer Perle. Sie spüren oder sehen, wie sie sich verdichtet und zu leuchten beginnt. Nehmen Sie sich an dieser Stelle ein wenig Zeit, um die Perle immer heller leuchten zu sehen, je mehr sie sich verdichtet, bis sie zu einer winzig kleinen, leuchtenden Energieperle verdichtet ist.

8. Führen Sie die Perle in den Kleinen Energiekreislauf und lassen Sie die Energie ein paarmal kreisen. Versuchen Sie auch, die Augen in einer 360-Grad-Drehung zu rollen, um die Perle zu lenken.

9. Dann bringen Sie die Perle vom Ming-Men-Punkt in den Kessel zurück und sammeln die Energie.

9. WOCHE

Quadratische Atmung: Teil 3

Bei der Quadratischen Atmung geht es in erster Linie darum, durch die Kombination der Atmung mit der Perineum-Kraft Energie in die vordere, hintere, linke und rechte Seite des Körpers zu packen und so den inneren Chi-Druck zu erhöhen. Diese Übungen haben eine extrem starke Wirkung.

Letzte Woche gab es keine neue Übung; vielmehr wurde das Gelernte (Quadratische Atmung Teil 1 und 2) in den dritten Teil der Verwurzelungspraktik integriert. Das Übungsprogramm für diese Woche besteht darin, am Oberkörper bis zum Solarplexus hochzugehen. Dazu atmet man in den Solarplexus ein, setzt die Perineum-Kraft ein und zieht hoch zum Chi-Chung-Punkt (T-11) auf der Wirbelsäule; dann wird auf Höhe des unteren Brustkorbs in die linke sowie die rechte Körperseite geatmet.

1. Sie atmen langsam mit einer Bauchatmung ein und dehnen dabei den Unterbauch.

2. Nun holen Sie kurz Luft und lenken die Perineum-Kraft (Perineum und Anus) zum Solarplexus.

3. Sie holen noch einmal kurz Luft und lenken die Perineum-Kraft zur linken Seite der Taille, die sich nach außen dehnt.

4. Mit einem weiteren kurzen Atemzug (ohne dazwischen auszuatmen) wird der Solarplexus dann nach hinten Richtung Rücken gezogen.

5. Noch einmal atmen Sie kurz ein und drücken die linke Seite des Anus zur linken Seite des unteren Brustkorbs, der sich nach links ausdehnt.

6. Mit dem nächsten kurzen Atemzug drücken Sie die rechte Seite des Anus zur rechten Seite des unteren Brustkorbs, der sich nach rechts ausdehnt.

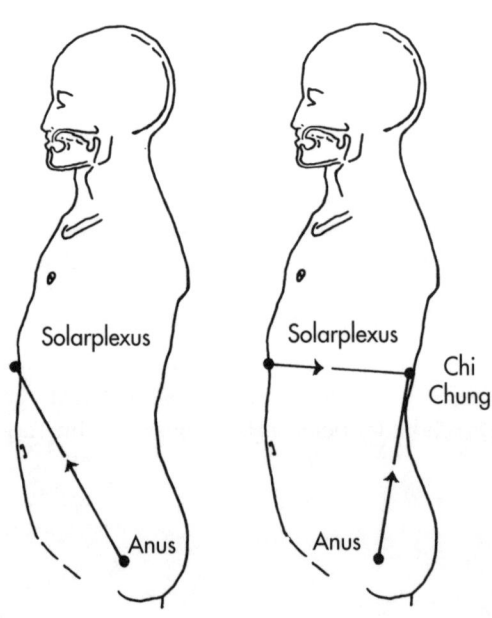

7. Mit einem letzten Atemzug drücken Sie jetzt gleichzeitig beide Seiten des Anus hoch zum unteren Brustkorb und spüren, wie sich beide Seiten weiten.

8. Jetzt atmen Sie aus, der Zug wird dabei aufrechterhalten.

9. Dann entspannen Sie sich und führen die Übung noch einmal durch, insgesamt mindestens dreimal pro Sitzung.

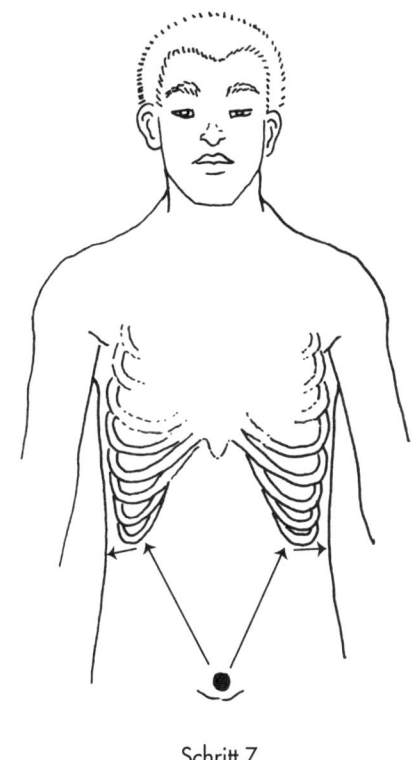

Schritt 7

Diese Übung kann auch zusammen mit Teil 1 und 2 der Quadratischen Atmung ausgeführt werden. In diesem Fall beginnen Sie am Nabel und an der Taille, gehen hinunter zum Samen-/Ovarpalast und zu den Hüften, danach hoch zum Solarplexus und den unteren Rippen. Dabei muss nicht viel Kraft aufgewandt werden. Holen Sie einfach ganz kurz Luft und spüren Sie, wie sich der jeweilige Bereich weitet. Mit ein wenig Übung kann man die ganze Übung durchführen, ohne zwischendurch auszuatmen. Sie sollten sich dabei allerdings auf keinen Fall – schnaufend und verbissen – unter Druck setzen! Das ist nicht der Sinn der Sache.

Bei dieser Übung kann es passieren, dass Teile der Wirbelsäule sich »öffnen«, wenn das Chi hineingepackt wird. Auch für das Zwerchfell ist diese Übung wohltuend.

Knochenmarksatmung: Teil 2

Sobald man für die Knochenmarksatmung einmal ein »Gefühl« entwickelt hat, wird das Praktizieren immer einfacher. Im Teil 1 haben wir uns auf den Zeigefinger konzentriert und zu spüren versucht, wie die Energie in die Fingerspitze hinein- und hinausströmt; das führt oft zu einem »Kribbeln« an der Fingerspitze, manchmal auch zu einem scharfen Schmerz, wie bei einem Insektenbiss – ein gutes Zeichen, denn dies bedeutet, dass sich ein blockierter Energiekanal wieder öffnet. Diese Empfindungen können auch in anderen Körperteilen auftreten. Das ist kein Grund zur Beunruhigung, sondern vielmehr ein Zeichen der Natur, dass es vorangeht!

Bei der Übung für diese Woche wird auch in die anderen vier Finger und die restlichen Knochen der beiden Hände geatmet. Im Tao-Yoga und Chi Kung spielen die Hände eine sehr wichtige Rolle, insbesondere in den Heil- und Massagetechniken. Man kann in die Hände Energie absorbieren und auch nach außen leiten. Von der Wirkung der Knochenmarksatmung auf das Knochenmark war bereits die Rede. Doch sie wirkt sich nicht nur auf das Mark, sondern auch auf den Knochen selbst aus, die Knochenmatrix, den wichtigsten Kalziumspeicher des Körpers.

Knochen haben eine ganz besondere, ungewöhnliche Eigenschaft, die ansonsten praktisch nur in Quarzkristallen zu finden ist. Allen Stoffwechselprozessen im Körper liegen winzige elektrische Ströme im ganzen Körper zu Grunde. Die Knochen sind elektrisch geladen. Bei einem verstärkten Druck auf die Knochen steigt deren elektrische Ladung direkt proportional zum Druck, ein Phänomen, das als Piezoelektrizität bekannt ist und auf der Erde nur selten vorkommt.

Die Knochenmarksatmung wirkt auf die Knochen piezoelektrisch: Sie erhöht den Druck in den Knochen und – wie wir später noch sehen werden – auch außerhalb der Knochen, was wiederum deren elektrische Ladung verstärkt. Dies führt zu einer höheren Gesamtladung im Körper. Für einen Taoisten wäre diese elektrische Ladung das Chi – die Energie bzw. Lebenskraft.

Dieses Gebiet wartet noch immer darauf, in der westlichen Medizin und der modernen Wissenschaft genau erforscht zu werden. Da das Knochenmark gestärkt und die Blutkörperchenproduktion angeregt werden, könnte es auch durchaus Sinn machen, den Nutzen bei der Behandlung von Anämie und anderen Blutkrankheiten zu untersuchen. Auch im Kampf gegen den Krebs könnte es bei einer Chemotherapie, die das Knochenmark und die Blutkörperchenproduktion ja aufs Schwerste beeinträchtigt, für den Patienten äußerst hilfreich sein.

Die Knochenmarksatmung ist wirklich etwas Besonderes. Jeder, des sich ernsthaft damit beschäftigt, kann sie praktizieren.

Nachdem wir in den Zeigefinger geatmet haben, kommt als nächstes der Mittelfinger an die Reihe. Es gibt eine Art Reihenfolge dabei, in welche Finger man wann atmen sollte. Nach dem Mittelfinger wird in den Daumen geatmet. Wenn Zeige-, Mittelfinger und Daumen »atmen«, ist vielleicht eine stärkere elektrische Ladung zu spüren oder die Knochen werden wärmer.

Danach wird in den Ring- und schließlich in den kleinen Finger geatmet. Wenn alle Finger atmen, wird die Energie einfach durch die Handknochen ins Handgelenk ausgeweitet – für diese Woche der »Endpunkt«. Sie sollten wirklich spüren, wie das Knochenmark atmet. Gehen Sie langsam vor, damit Sie eine Grundlage aufbauen (in die Finger und Hände atmen), dann werden auch die folgenden Lektionen wunderbar gelingen, wenn wir in das ganze Knochengerüst atmen.

Die Knochenmarksatmung ist eine wunderbare Praktik und taoistische Heilkunst vom Feinsten. Am besten funktioniert es, wenn man innerlich wirklich zur Ruhe gekommen ist. Je ruhiger man ist, desto einfacher ist es, die Energie über die Knochen aufzunehmen und abzugeben. Das ruhige Atmen führt zu innerer Stille und bringt die Energie in Bewegung.

1. Sie heben die Arme und gehen in die Position »den Baum umarmen«.
2. Spüren oder visualisieren Sie eine kühle Empfindung in der Spitze des linken Zeigefingers (damit wird eigentlich warme Energie angezogen). Zunächst arbeiten wir nacheinander mit den Händen.
3. Sie atmen mit einer Umkehratmung ein und ziehen sanft die Sexualorgane und den Anus hoch (Perineum-Kraft).

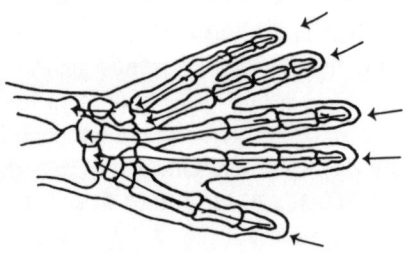

4. Gleichzeitig wird Energie direkt in die Spitze des linken Zeigefingers gezogen. Ziehen Sie die Energie durch den ganzen Finger, bis zum Knöchel der Hand.

5. Beim Ausatmen werden die Sexualorgane und der Anus entspannt, und Sie spüren, wie die Energie durch den Zeigefinger nach außen abgegeben wird.

6. Machen Sie so ein paar Sekunden weiter, bis Sie spüren, wie die Energie in den Zeigefinger eintritt und wieder austritt.

7. Nun atmen Sie mindestens 30 Sekunden in den linken Mittelfinger.

8. Dann ist der linke Daumen an der Reihe.

9. Es folgt die Atmung in den linken Ringfinger.

10. Als Letztes atmen Sie in den linken kleinen Finger.

11. Nun entspannen Sie die linke Hand und wiederholen Schritt 1 bis 10 mit der rechten Hand.

12. Dann wird die Übung mit beiden Händen gleichzeitig ausgeführt, und Sie atmen dabei bis zu den Handknöcheln.

13. Atmen Sie durch alle Finger der linken Hand bis zu den Knöcheln.

14. Ziehen Sie leicht die Sexualorgane hoch, holen Sie noch einmal Luft und atmen Sie durch die Knochen der linken Hand, bis hoch ins Handgelenk. Beim Ausatmen atmen Sie auch durch die Fingerspitzen aus.

15. Schritt 13 und 14 werden dann mit der rechten Hand wiederholt und ein weiteres Mal mit beiden Händen gleichzeitig ausgeführt.

Stehendes Chi Kung

Weitere Formen

Nach drei Wochen Pause möchte ich Ihnen diese Woche drei weitere stehende Chi-Kung-Formen vorstellen. Sie sind alle traditionellen chinesischen Quellen entnommen und werden jeweils für bestimmte Beschwerden empfohlen. Sie gehören zur Gruppe der beidseitigen Standformen, können aber auch zu einseitigen Positionen verändert werden.

Alle drei Formen arbeiten mit einem visualisierten Ball bzw. Bällen, die entweder gehalten werden oder im Wasser treiben.

Einen treibenden Wasserball drücken

1. Sie gehen in den Grundstand.

2. Dann werden beide Hände auf Nabelhöhe gebracht.

3. Die Hände befinden sich vor dem Körper, etwa sieben bis fünfzehn Zentimeter auseinander. Die Handflächen zeigen nach unten, die Finger nach vorne, also vom Körper weg.

4. Stellen Sie sich vor, Sie stünden in bauchhohem Wasser (bis zum Unterbauch) und vor Ihnen treibt ein Wasserball im Wasser.
5. Stellen Sie sich außerdem vor, dass die Handflächen leicht nach unten, auf den treibenden Wasserball drücken, damit der Ball nicht davonschwimmt.

Diese Standform wird bei Verdauungsbeschwerden und Magenstörungen empfohlen.

Zwei Fußbälle stützen

1. Sie gehen in den Grundstand.
2. Dann heben Sie beide Hände; die Handflächen befinden sich auf Nabelhöhe und zeigen nach unten. Die Hände sind etwa 15 bis 30 Zentimeter auseinander, seitlich des Körpers.
3. Nun stellen Sie sich wieder vor, dass Sie bauchhoch im Wasser stehen. Diesmal visualisieren Sie zwei gleich große Fußbälle, die unter jeder Hand im Wasser treiben.
4. Beim Einatmen stellen Sie sich vor, dass Sie die beiden Bälle jeweils in eine Handfläche hochziehen.
5. Beim Ausatmen drücken Sie beide Bälle leicht nach unten, damit sie nicht wegtreiben.

Diese Form wird Menschen empfohlen, die unter Depressionen oder anderen nervös bedingten Störungen leiden. Die Form ist außerdem hervorragend für die Knochenmarksatmung durch die Hände geeignet. Mit den Händen in dieser Position können Sie die Energie leichter in beide Hände gleichzeitig ziehen bzw. wieder ausleiten.

Zwei Wasserbälle halten

Diese Form erinnert an die Übung »Den Baum umarmen«, mit dem Unterschied, dass sich die Arme weiter auseinander an den Seiten und die Hände sich nur auf Nabelhöhe befinden.

1. Sie gehen in den Grundstand.
2. Dann heben Sie die Arme an den Seiten hoch, so als ob Sie unter jedem Arm einen kleinen Wasserball halten.
3. Die Handflächen werden so gehalten, dass sie seitlich zum Körper zeigen, etwa auf Nabelhöhe.
4. Die Achselhöhlen fühlen sich rund, die Schultern entspannt an.

Diese Form stärkt die Lunge und hilft bei Störungen der Atemwege.

Sexual-Kung-Fu

Die Yin-Yang-Wasserräder drehen: Teil 4
Das Herz ausspülen

In der letzten Woche haben wir darüber gesprochen, dass das Mittlere Tan Tien sich an zwei Stellen befindet, nämlich am Solarplexus-Bereich und am Bereich des Herzzentrums.

Die Taoisten betrachten das Herz als das Zentrum für die Kontrolle der Emotionen. Das Herz spiegelt den emotionalen Zustand wider. Sind die Emotionen ruhig, ist auch das Herz ruhig, sind Sie erregt, ist auch das Herz erregt, bei Angst spiegelt ein klopfendes Herz diese Angst wider.

Wer also das Herz kontrollieren kann, hat auch seine Emotionen unter Kontrolle. Das Reinigen und Leeren des Herzens hat auch mit dem Reinigen und Leeren von negativen Emotionen zu tun. Die taoistische Theorie besagt, dass Herz und Nieren die elektromagnetischen Ströme im Körper ausbalancieren. Die Feuerenergie des Herzens balanciert die Wasserenergie der Nieren. Herz und Nieren sind die Batterien des Körpers und transformieren Energie hoch. Wenn im Herzen durch Stress, Spannungen, Ungeduld oder eine Krankheit zu viel Hitze aufgebaut wird, entsteht umgekehrt in den Nieren auch zu viel kalte Energie. Das »Ausspülen des Herzens« dient dazu, die heiße (Yang-) und kalte (Yin-)Energie in Herz und Nieren wieder auszugleichen.

Bei Anspannung oder Aufregung hat man oft das Gefühl, dass das Herz nach vorne gedrückt wird, als wolle es aus der Brust herausspringen. Wenn das Herz sich entspannt, zieht es sich weiter in den Körper zurück. Mit bewusster Kontrolle kann man das Herz zurückziehen und sich so beruhigen.

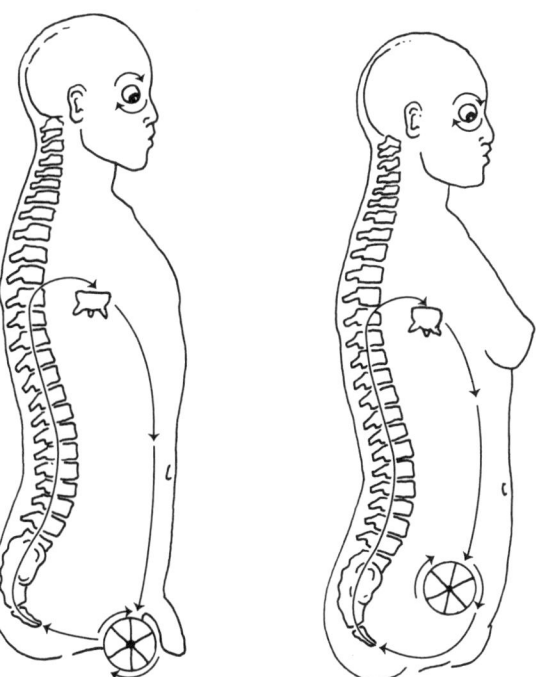

Zu viel Kälte in den Nieren wirkt sich nicht nur auf das Herz, sondern auch auf die Hüftmuskeln im unteren Rücken negativ aus. Die Hüftmuskeln verabscheuen Kälte. Durch zu viel Kälte in den Nieren verspannen sie sich, werden kürzer und kontrahieren, was nicht unbedingt gut für das Gleichgewicht, die Atmung und die Beweglichkeit ist. Ein Teil der dieswöchigen Übung dient dazu, die Hüftmuskeln aufzuwärmen.

Als Einstieg in die Übung wird zunächst der Heilende Laut für das Herz praktiziert, um übermäßige Hitze aus dem Herzen nach unten zu den Nieren zu leiten und diese so aufzuwärmen. Dann breitet sich die Energie in die Hüftmuskeln im unteren Rücken aus und geht weiter hinunter zu den Hoden bzw. Eierstöcken. Mit den Yin-Yang-Wasserrädern wird die Energie dann hoch zum Gia-Pe-Punkt, gegenüber vom Herzzentrum in der Brustmitte geleitet. Von dort wird die Energie ins Herzzentrum gegossen. Im Anschluss lenkt man die Konzentration an der Körpervorderseite, im Dienergefäß, nach unten zu den Wasserrädern und dann wieder hoch zum Herzzentrum – ein weiter Mini-Kreislauf im Körper.

Die Übung kann im Stehen, Sitzen oder Liegen ausgeführt werden.

1. Zunächst wird der Heilende Laut des Herzens praktiziert: H-h-a-a-a, und zwar beim Ausatmen.
2. Sie spüren, wie das Herz sich dabei entspannt und tiefer in die Brust sinkt. Der Heilende Laut wird mindestens dreimal ausgeführt.
3. Spüren Sie die Hitze, die aus dem Herzen strömt. Ziehen Sie diese Hitze mental zur Wirbelsäule.
4. Die Hitze strömt die Wirbelsäule hinunter zu den beiden Nieren, die sich erwärmen.
5. Beim Ausatmen verbreitet sich die Hitze von den Nieren aus hinunter zum unteren Rücken, in die Hüftmuskeln.
6. Auch der untere Rücken wird warm und entspannt sich.
7. Diese Übung wird zwei- bis dreimal wiederholt.
8. Ziehen Sie dann die Wärme mental nach unten in die Hoden bzw. Eierstöcke.
9. Die Konzentration (Inneres Auge) wird nun auf die Wasserräder gelenkt, wie es in den letzten Übungswochen beschrieben wurde. Die Füße des golden gekleideten Jungen und des silbern gekleideten Mädchens laufen auf den Wasserrädern, Richtung Wirbelsäule.
10. Mit dem Inneren Auge lassen Sie die Augen rollen, um die Sexualenergie von den Wasserrädern an den Hoden bzw. Eierstöcken hinauf zum Perineum zu lenken.
11. Beim Einatmen läuft die Sexualenergie hoch, vom Damm über die Kreuzbeinspalte und weiter hoch zum Kreuzbein, vorbei am Ming-Men-Punkt, Chi-Chung-Punkt (T-11) hinter dem Solarplexus und hoch zum Gia-Pe-Punkt (T-5), gegenüber der Mitte des Brustbeins (Sternum).
12. Visualisieren Sie nun einen Kessel im Herzzentrum, in der Brustmitte.
13. Beim Ausatmen wird die Sexualenergie vom Gia-Pe-Punkt in den Kessel am Herzzentrum gegossen (das Durchspülen des Herzens). Dabei sollten die physischen Augen gerade die nach oben gerichtete Drehbewegung überschritten haben und wieder nach unten rollen.
14. Sie rollen die Inneren Augen weiter an der Körpervorderseite entlang nach unten (Dienergefäß) zu den Wasserrädern an den Hoden bzw. Eierstöcken.
15. Nehmen Sie noch mehr Sexualenergie auf und wiederholen Sie die Schritte 9 bis 14.
16. Führen Sie diese Übung mindestens sechsmal durch, ansonsten beliebig oft.

Fusion der Fünf Elemente: Teil 4

Grundfusion – Wasser und Feuer

In dieser Übungswoche werden verschiedenste Teile zusammengebracht und die eigentliche Grundfusion praktiziert.

Im Laufe der letzten drei Wochen wurde mit dem Pa Kua bzw. dem Stern im Kreis gearbeitet und dann die Energie spiralig in den Kessel im Unteren Tan Tien gebracht und dort zu einer Perle verdichtet. Dies sind zwar auch für sich genommen Übungen mit einer starken Wirkung, sie bilden aber nur die Grundlage für die eigentliche Fusion der Fünf Elemente.

Bei der Fusion der Fünf Elemente sammeln die Energie-Sammler die Energie aller Fünf Elemente. In dieser ersten Formel der Grundfusion wird die Energie des Wasser- und des Feuerelementes gemischt und im vorderen Pa Kua bzw. vorderen Stern im Kreis harmonisiert. Dann werden die anderen Pa Kuas (oder Sterne) gebildet und die Energie spiralig in den Kessel gebracht und zur Perle kondensiert.

Die Übungen der Dritten Kostbarkeit – Shen – der ersten bis fünften Übungswoche sollten das Verständnis der Anleitungen dieser und der nächsten Woche – zur Praktik der Grundfusion – erleichtern. Wer sich nicht vorab mit den Elementen, deren zugeordneten Yin-Organen, ihren Farben und Sammelpunkten beschäftigt hat, wird die nun folgende Übung wahrscheinlich nicht verstehen und praktizieren können. Das hier Gelernte wurde Jahrhunderte lang nur mündlich überliefert. Es wird sehr darauf geachtet, die schriftlichen Lektionen in einen Zusammenhang zu bringen, der für den Leser sinnvoll ist und diese wohlgehüteten Geheimnisse verständlich vermittelt.

Bei dieser ersten Grundformel wird die kalte saphirblaue/schwarze Energie des Wasserelementes aus den Nieren in den Sammelpunkt am Perineum gezogen. Dann wird die heiße rote Energie des Feuerelementes aus dem Herzen im Feuer-Sammelpunkt in der Brustmitte gesammelt (dieselbe Stelle wie beim Durchspülen des Herzens in der vorhergehenden Sexual-Kung-Fu-Übung). Gleichzeitig wird die Wasser- und Feuerenergie in das vordere Pa Kua (bzw. den vorderen Stern im Kreis) gezogen und dann dort miteinander vermischt. Danach wird das hintere Pa Kua (bzw. der hintere Stern) gebildet und die Energie aus dem hinteren und vorderen Pa Kua spiralig in den Kessel gelenkt. Anschließend werden die beiden seitlichen Pa Kuas (bzw. Sterne) gebildet und deren Energie im Kessel zu einer Perle verdichtet. Danach ist das obere und untere Pa Kua (Stern) an der Reihe. Die Perle wird dann im Kleinen Energiekreislauf zirkuliert und die Energie anschließend im Unteren Tan Tien gesammelt (im und gegen den Uhrzeigersinn zirkuliert).

Dies ist bereits die zweite Übung in dieser Woche, bei der Wasser und Feuer in Balance gebracht werden. Im Chinesischen ist Wasser *Kan*, Feuer *Li*. Überall in der taoistischen Literatur der Inneren Alchemie wird auf Kan- und Li-Praktiken verwiesen. Diese Übung bedeutet für uns den formalen Anfang.

1. Sie sitzen aufrecht auf einem Stuhl, die Hände sind gefaltet, die Zungenspitze wird an den oberen Gaumen gebracht. Visualisieren Sie um Ihren Körper nacheinander die Fünf Farben der Elemente; Rot macht den Anfang, dann folgen Gelb, Weiß, Blau und Grün. Das sollte ganz schnell gehen: Sie visualisieren ein Licht oder einen Nebel in der jeweiligen Farbe, der dann in die nächste Farbe übergeht.
2. Lächeln Sie in die Augen (Sie können auch das gesamte Innere Lächeln für die Vorder-, Mittel- und Rückenlinie praktizieren).
3. Nun wird das vordere Pa Kua bzw. der Stern im Kreis gebildet.
4. Sie konzentrieren sich (mit dem Yi-Geist) auf die linke und rechte Niere.
5. Dann wird der Heilende Laut der Nieren praktiziert: Tsch-o-o-o-o, und zwar mindestens dreimal. So können Sie die Nierenenergie besser spüren und eine Verbindung herstellen.
6. Sie visualisieren, dass die Nieren in einer saphirblauen oder glänzend schwarzen Farbe (wie ein hochglanzpoliertes Auto) leuchten.
7. Lassen Sie diese saphirblaue/schwarze Farbe spiralig um und in die Nieren kreisen.
8. Am Perineum wird nun mental ein etwa sieben bis acht Zentimeter großes Feld gebildet, der Nieren-/Wasser-Sammelpunkt (im Körper).

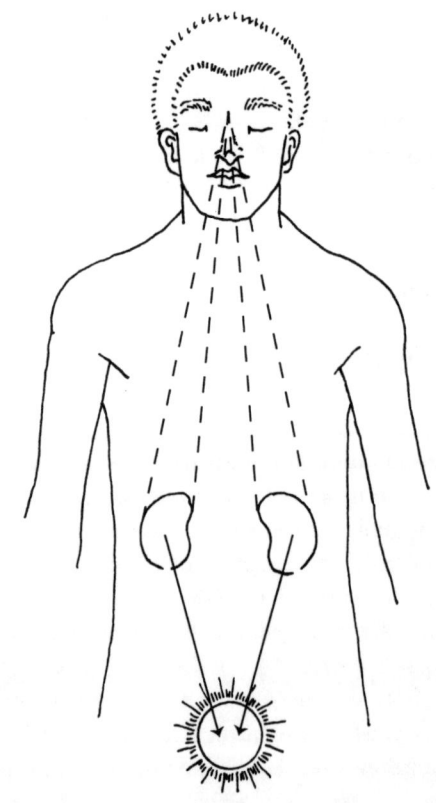

Schritt 8

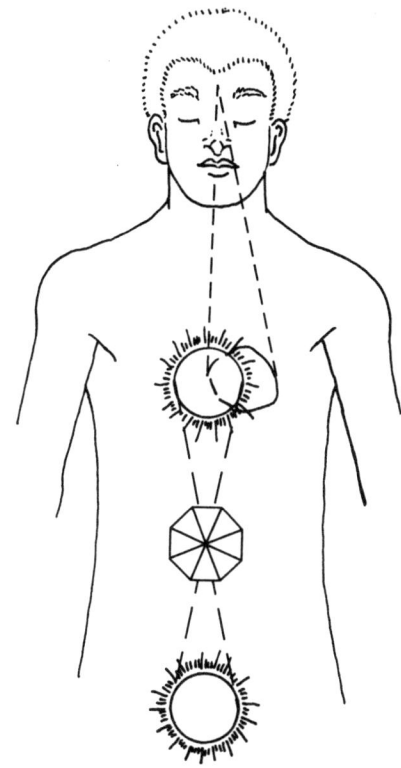

Schritt 15 bis 22

9. Kontrahieren Sie nun leicht die linke und rechte Seite des Anus und ziehen Sie die kalte, saphirblaue/schwarzglänzende Wasserenergie hinunter in den Nieren-/Wasser-Sammelpunkt.

10. Der Nieren-/Wasser-Sammelpunkt leuchtet saphirblau (bzw. schwarz).

11. Nun lenken Sie die Konzentration auf das Herz.

12. Dann wird der Heilende Laut des Herzens praktiziert: H-h-a-a-a-a, und zwar mindestens dreimal.

13. Sie visualisieren, dass das Herz rot leuchtet.

14. Lassen Sie diese rote Farbe spiralig um und in das Herz kreisen.

15. In der Brustmitte wird nun mental ein etwa sieben bis acht Zentimeter großes Feld gebildet, der Herz-/Feuer-Sammelpunkt, ungefähr hinter der Mitte des Brustbeins (Sternum).

16. Kontrahieren Sie nun leicht den Anus und ziehen Sie die heiße, rote Feuerenergie vom Herzen auf der linken Körperseite in den Herz-/Feuer-Sammelpunkt in der Brustmitte.

17. Der Herz-/Feuer-Sammelpunkt leuchtet rot, (dies ist auch eine »Aufwärmübung« für die Thymusdrüse, die unterhalb des Herz-/Feuer-Sammelpunktes liegt.

18. Nun teilen Sie die Aufmerksamkeit zwischen dem kalten Nieren-/Wasser-Sammelpunkt und dem heißen Herz-/Feuer-Sammelpunkt.

19. Bringen Sie die kalte saphirblaue/schwarze und die heiße rote Farbe aus den beiden Sammelpunkten gleichzeitig spiralig in das vordere Pa Kua.

20. Lassen Sie die beiden Energien dort spiralig kreisen und sich vermischen, bis die Farben und Temperaturen sich vermengen.

21. Nun visualisieren Sie das hintere Pa Kua (bzw. den hinteren Stern im Kreis).

22. Lassen Sie die vermischte Energie aus dem vorderen Pa Kua (Stern) und das Tai-Chi-Symbol bzw. die Sternmitte des hinteren Pa Kua spiralig im Kessel im Unteren Tan Tien kreisen (etwas näher zur Wirbelsäule, doch prinzipiell im Zentrum des Unterbauches).

23. Dann wird das linke und rechte Pa Kua (Stern) gebildet und die Energie spiralig in den Kessel gebracht.

24. Dasselbe geschieht mit dem oberen und unteren Pa Kua (Stern).

25. Die spiralig kreisende Energie wird im Kessel zu einer Perle verdichtet.

26. Diese Perle bringen Sie in den Kleinen Energiekreislauf und zirkulieren sie ein paarmal. Rollen Sie dabei zur Unterstützung mit den Augen (wie beim Antreiben der Yin-Yang-Wasserräder), als ob Sie sie um 360 Grad drehen könnten.

27. Dann wird die Perle vom Ming-Men-Punkt zurück zum Kessel gebracht und die Energie im Nabel gesammelt.

10. WOCHE

Quadratische Atmung: Teil 4

Im vierten Teil der Quadratischen Atmung geht es hoch zum Herzzentrum. In der letzten Woche haben wir viel am Herzzentrum gearbeitet. In dieser kommenden Woche wird nun eine Atemtechnik vorgestellt, mit der die Energie (Chi) des oberen Brustkorbes, des oberen Rückens und der Achseln gestärkt und ausbalanciert wird.

Wer sich auch nur ein bisschen mit der Quadratischen Atmung beschäftigt hat, sollte inzwischen beim Üben starke Veränderungen im Körper wahrnehmen. Bei dieser Atemtechnik werden die Organe, Muskeln, Sehnen, Knochen, das Bindegewebe, die Blutgefäße und alle Zwischenräume im Fleisch mit Energie vollgepackt. Diese Zwischenräume heißen bei den Taoisten »Höhlen«. Solche Höhlen gibt es viele im Körper. Sie werden durch die Quadratische Atmung mit Energie gefüllt.

Man kann dies mit einem Ballon vergleichen, aus dem ein wenig Luft gewichen ist. Damit er wieder ganz fest und voll wird, muss mehr Luft (Chi) zugeführt werden. Dadurch steigt der Innendruck im Ballon. Genau dasselbe geschieht bei der Quadratischen Atmung im Körper.

Es ist wirklich sehr wichtig, dass Sie dabei nicht mit zu viel Kraft vorgehen. Mit der Zeit reicht es, wenn Sie nach der einleitenden Bauchatmung einfach die Konzentration auf eine bestimmte Stelle lenken, und schon wird die Perineum-Kraft aktiviert (Anus und Damm hochgezogen), und beim leichtesten Atemzug spüren Sie bereits, wie die Energie an die richtige Stelle fließt.

Diese Übung mag ich wirklich gern. Wenn es Ihnen möglich ist, sie auszuführen, und es keinen Grund gibt, dies nicht zu tun, werden Sie sehen, welche Fortschritte Sie inzwischen gemacht haben. Sie können tatsächlich die Energie im Körper leiten, und zwar ganz einfach, nur durch die Atmung und das Konzentrieren auf eine oder mehrere Stellen im Körper. Kinder können dies oft völlig problemlos. Doch wenn man nie lernt, diese Fähigkeit einzusetzen, vergisst man sie mit der Zeit, was sich nun ändern soll.

Die Technik dieser Woche unterscheidet sich von den Teilen 1 bis 3 insofern, als in diesen vorangegangenen Übungen die Perineum-Kraft zunächst zu einem Punkt vorne am Körper gelenkt wurde, dann wurden diese Punkte nach hinten zum Rücken gezogen, bevor die Perineum-Kraft zu einem Punkt auf der Wirbelsäule gelenkt wurde.

Im nun folgenden 4. Teil wird die Energie durch die Quadratische Atmung zum Herzzentrum gelenkt, ohne dass dieser Punkt zum Rücken gezogen wird. Die Perineum-Kraft geht direkt zum Herzen, dann zum gegenüber auf der Wirbelsäule liegenden Gia-Pe-Punkt. Bei der Übung dehnt sich die Wirbelsäule in alle vier Richtungen aus.

1. Sie atmen langsam mit einer Bauchatmung ein und dehnen dabei den Unterbauch.
2. Nun holen Sie kurz Luft und lenken die Perineum-Kraft (Perineum und Anus) zur Brustbeinmitte, dem Herzzentrum.
3. Sie holen noch einmal kurz Luft und lenken die Perineum-Kraft zum Gia-Pe-Punkt, gegenüber vom Herzzentrum auf der Wirbelsäule.
4. Noch einmal atmen Sie kurz ein und drücken die linke Seite des Anus zur linken Achsel. Dabei gehen die Schultern nach unten und runden den Achselbereich, als ob Sie dort ein Ei hielten. Spüren Sie, wie sich dieser Bereich nach links ausdehnt.
5. Mit dem nächsten kurzen Atemzug drücken Sie die rechte Seite des Anus zur rechten Achsel. Dabei gehen die Schultern nach unten und runden den Achselbereich, als ob Sie dort ein Ei hielten. Spüren Sie, wie sich dieser Bereich nach rechts ausdehnt.
6. Mit einem letzten Atemzug drücken Sie jetzt gleichzeitig beide Seiten des Anus hoch zur linken bzw. rechten Achsel und spüren, wie sich beide Seiten weiten.
7. Jetzt atmen Sie aus, der Zug wird dabei aufrechterhalten.
8. Dann entspannen Sie sich und führen die Übung noch einmal aus, insgesamt mindestens dreimal pro Sitzung.

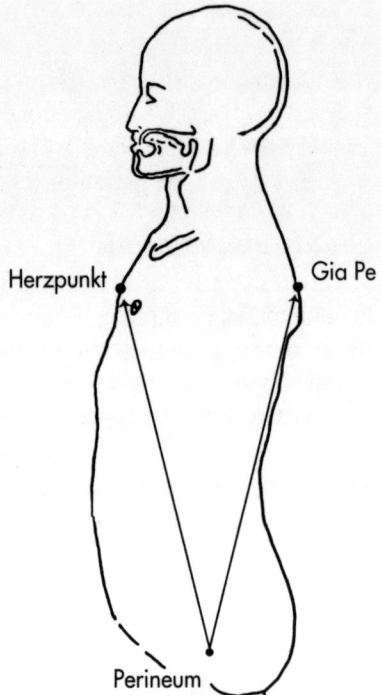

Herzpunkt   Gia Pe

Perineum

Wie wir in der zweiten Übungswoche gelernt haben, wird im Achselhaar die überschüssige Energie der Muskeln gespeichert. Dieses Zuviel an Energie verstopft auch die Muskeln, Sehnen und Lymphknoten im gesamten Unterarmbereich. Durch diesen vierten Teil der Quadratischen Atmung kann das schmerzhafte Gefühl im Achselbereich nach und nach verschwinden.

Man kann die Quadratische Atmung Teil 1 bis 4 auch nacheinander praktizieren. Dabei wird bei jedem Teil auf jeder der vier Ebenen ein- und ausgeatmet, oder man durchläuft alle vier Ebenen (1 – Nabel und Taille, 2 – Samen-/Ovarpalast und Hüften, 3 – Solarplexus und unterer Rippenbogen, 4 – Herzzentrum und Achseln) mit einem einzigen Atemzug, ohne zwischendurch auszuat-

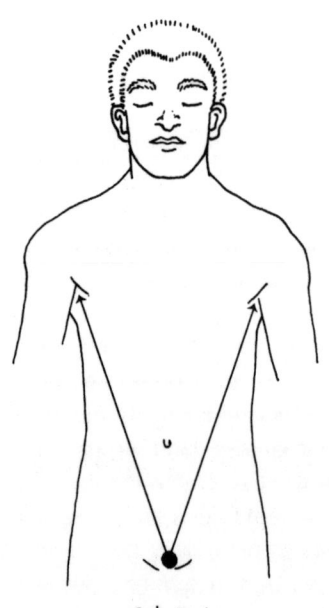

Schritt 6

men. Erst wenn man bei den Achseln angelangt ist, wird ausgeatmet, der Zug zu den Achseln aber aufrechterhalten. Dabei wird nach der Bauchatmung zu Beginn der Übung immer nur ein winziger »Schluck« Luft geholt und keine große Kraft aufgewandt. Man durchläuft die Übung ziemlich schnell. Wenn Ihnen dabei die Luft ausgeht oder das Gesicht rot anläuft: Nehmen Sie es sich nicht so zu Herzen! Durch regelmäßiges Üben wird es von Mal zu Mal einfacher, so wie auch das Anhalten des Atems bzw. das langsame Atmen immer leichter geht.

Knochenmarksatmung: Teil 3

Bei diesem nächsten Schritt der Knochenmarksatmung wird in die Armknochen geatmet. Der Arm hat drei Röhrenknochen, die – wie wir bereits erfahren haben – bei der Produktion von roten Blutkörperchen eine Rolle spielen. Der Unterarm besteht aus zwei Knochen, Speiche und Elle. Der Oberarm hat einen großen Knochen.

Um dieses Atmen in die Armknochen zu lernen, ist es hilfreich, sich zunächst einmal eine Abbildung der Armknochen anzuschauen und dann diese Knochen so gut wie möglich zu visualisieren oder zu spüren. Das Atmen in die Knochen ist ein bisschen schwieriger als die Knochenmarksatmung in Finger und Hände, denn diese kleinen Knochen sind nicht so sehr in Fleisch und Fett eingebettet; weshalb man sich relativ leicht auf die Knochen konzentrieren und die Energie dorthin lenken kann. Die Armknochen sind mit mehr Fleisch umgeben und deshalb nicht so leicht zu erspüren. Am besten wird zunächst Energie in die Fingerspitzen und dann durch die Handknochen zu den Handgelenken gezogen. Beim Einatmen wird die Energie dann mit der Kraft der Augen und des Geistes hoch in Elle und Speiche bis zum Ellbogen gezogen.

Schauen Sie sich also einmal Ihren Arm an. Spüren Sie Elle und Speiche und gehen Sie mental (Yi-Geist) und mit der Augenkraft langsam vom Handgelenk zum Ellbogen. Die Energie (Chi) wird diesem Weg folgen. Vor dem Ausatmen wird die Luft ein paar Sekunden angehalten; dabei sollten Sie spüren, wie die Energie in Elle und Speiche sich ausdehnt. Nachdem Sie beim Ellbogen angekommen sind, wird die Energie in den Oberarmknochen und weiter hoch zur Schulter gelenkt. Dabei wird wieder mit der gleichen Technik gearbeitet: Sie folgen der Einatmung mit den Augen und dem Geist.

Wenn Sie erst einmal ein Gefühl für die Übung entwickelt haben, müssen Sie die Augen nicht mehr einsetzen, nur noch den Geist. Mit dieser Technik lernen Sie, die Energie in Bewegung zu bringen.

Üben Sie die Knochenmarksatmung in die Arme; das ist wichtig! Und je mehr Sie üben, desto einfacher wird es. Wenn diese Atmung gut gelingt, hilft das sehr beim Atmen in die Knochen im Oberkörper.

Mit ein wenig Übung, spüren Sie, wie die Armknochen »atmen«. An manchen Stellen kann dies schmerzhaft sein, oder Sie spüren überhaupt nichts. Genauso kann das Gefühl entstehen, dass die Energie einfach verloren geht. An solchen Stellen ist der Energiefluss blockiert. Um diese Blockade aufzulösen, atmen Sie ein und halten die Luft an; dabei konzentrieren Sie sich auf die tauben oder schmerzenden Stellen. Visualisieren Sie die Knochen. Gehen Sie mental an der Stelle auf und ab, bis Sie die Energie fließen spüren. Atmen Sie dann weiter in den ganzen Arm ein und aus. Es kann allerdings ein wenig dauern, bis Sie den Fluss der Energie wirklich spüren.

Eventuell spüren Sie auch, wie die Energie in anderen Knochen fließt; das ist in Ordnung. Versuchen Sie, nicht in die Kopfknochen zu atmen. Wenn es doch passiert, führen Sie die Energie im Dienergefäß nach unten zum Nabel.

In den Knochen kann überraschend viel Anspannung sitzen. Die Knochenmarksatmung ist die beste Methode, um diese Spannungen abzubauen. Es war vor vielen Jahren, als ich diese Praktik erlernte, eine der außergewöhnlichsten Erfahrungen für mich zu spüren, wie sich die Knochen in meinem Arm entspannten – eine unglaubliche und wunderbare Empfindung.

1. Sie heben die Arme und gehen in die Position »Den Baum umarmen«.
2. Dann beginnen Sie mit der linken Hand und atmen in die Finger, wie bereits beschrieben.
3. Atmen Sie in die Knochen der linken Hand.
4. Halten Sie die Luft ein paar Sekunden lang an, und spüren Sie, wie sich die Energie in der Hand ausdehnt.

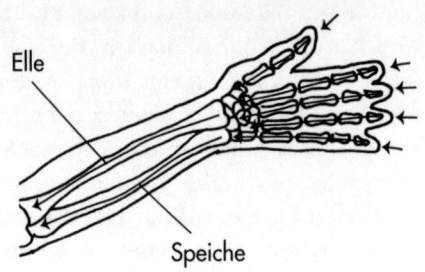

Elle

Speiche

5. Konzentrieren Sie sich dann wieder auf die Fingerspitzen. Sie atmen ein und führen die Energie durch die Finger, die Hand und das Handgelenk in die zwei Knochen des linken Unterarms, Elle und Speiche. Mit den Augen und dem Geist ziehen Sie die Energie hoch zum Ellbogen und bewegen sie mindestens 30 Sekunden lang auf und ab. Beim Ausatmen geht die Energie den linken Unterarm hinunter in die Hand und tritt über die Fingerspitzen aus.
6. Dann lassen Sie den linken Arm ausruhen und wiederholen diese Technik mindestens 30 Sekunden lang mit dem rechten Arm.
7. Gehen Sie nun zum linken Arm zurück und entspannen Sie den rechten Arm. Sie atmen von den Fingerspitzen zum Ellbogen und von dort weiter bis hoch in den Oberarmknochen und zur Schulter. Wieder ziehen Sie mit den Augen und dem Geist die Energie hoch in den Arm. Beim Ausatmen läuft die Energie den Arm hinunter und tritt über die Fingerspitzen aus. Atmen Sie mindestens 30 Sekunden lang so weiter.
8. Dann lassen Sie den linken Arm ausruhen und wiederholen diesen Schritt – bis hoch zur Schulter – mit dem rechten Arm.
9. Danach sind beide Arme gleichzeitig an der Reihe: bis in die Schultern hoch einatmen, dann durch den Arm über die Fingerspitzen ausatmen – mindestens 30 Sekunden lang.

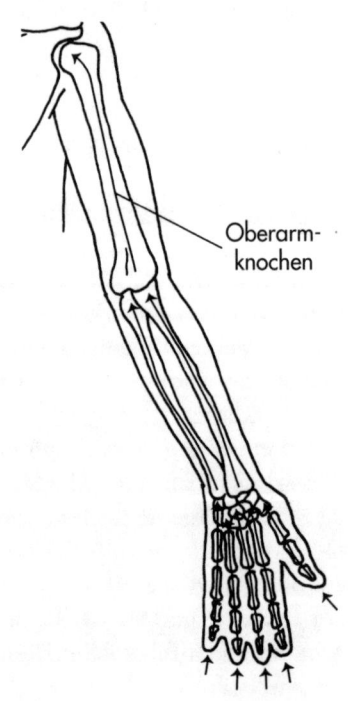

Oberarm-knochen

Stehendes Chi Kung

Sitzformen

Das Stehende Chi Kung beinhaltet – trotz des etwas irreführenden Namens – auch Formen, die im Sitzen, Liegen, in Bewegung und im Gehen ausgeführt werden. In dieser Übungswoche werden einige Sitzformen vorgestellt, die sehr einfach zu erlernen sind. Man benötigt dafür einen festen Stuhl oder eine Bank mit gerader Rückenlehne.

A. Zwei Bälle halten

1. Sie sitzen aufrecht auf einem Stuhl, der obere Rücken berührt die Rückenlehne.
2. Die Hände liegen mit der Handfläche nach oben auf den Oberschenkeln (im oberen Bereich), als ob Sie in jeder Hand einen Ball halten würden. Die Ellbogen sind zu den Seiten nach außen gebeugt.
3. Die Füße stehen flach auf dem Boden, die Knie in einem 90-Grad-Winkel zum Boden.
4. Sie senken die Augenlider und lächeln in die Augen.

Diese Form wird bei Erschöpfung, Depression und Überempfindlichkeit empfohlen.

B. Ruheposition

1. Sie lehnen sich im Stuhl zurück.
2 Die Ellbogen sind nach außen gebeugt, und die Handrücken liegen in der Taille oder ein bisschen weiter im Rücken, so dass die Handflächen vom Körper wegzeigen.
3. Die Beine stehen weit auseinander, die Waden sind gestreckt, so dass die Knie ungefähr einen 45-Grad-Winkel zum Boden bilden.
4. Die Füße ruhen auf den Fersen (Sie können die Füße dabei sanft von den Fersen aus auf und ab bewegen, wie beim Paddeln).
5. Sie schließen die Augen, aber nicht ganz, und entspannen das Gesicht.

Diese Form wird Menschen empfohlen, die unter Arthritis leiden oder deren Beine schlecht durchblutet sind.

C. Arme hochhalten mit den Füßen auf dem Boden

1. Der Körper befindet sich in der gleichen Position wie in der Übung »Zwei Bälle halten«: Sie sitzen aufrecht, mit den Füßen flach am Boden. Die Arme sind allerdings auf Schulterhöhe, die Ellbogen zeigen nach außen.
2. Die Hände werden ein bisschen mehr als schulterbreit auseinander gehalten. Beide Hände werden am Handgelenk hochgehoben, so dass die Handflächen nach vorne zeigen; die Gelenke werden dabei aber nicht ganz nach hinten durchgebogen. Die Finger sind gespreizt.

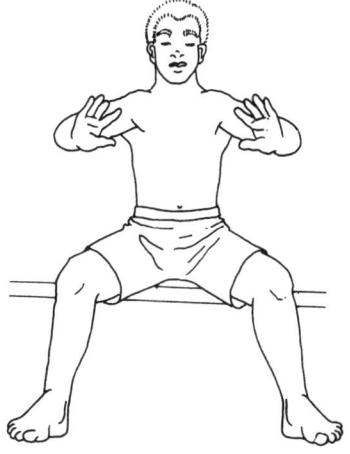

3. Das Gesicht ist entspannt. Ihr Blick ist in der Vorstellung weit in die Ferne gerichtet.
4. Beim Einatmen stellen Sie sich vor, dass Sie zwei kleine Wasserbälle in die Handflächen »saugen«. Alternativ können Sie die Knochenmarksatmung praktizieren.

Diese Position wird bei sexuellen Störungen sowie bei Depressionen und Erschöpfung empfohlen.

Arme hochhalten und Füße nach vorne gestreckt
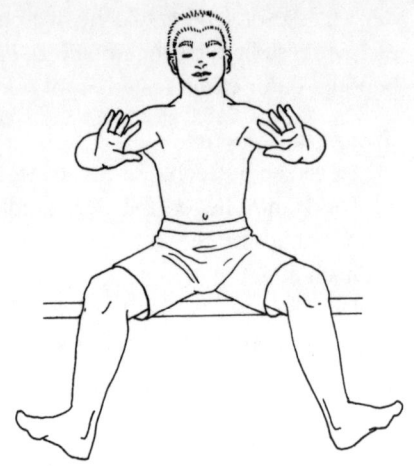
1. Die Arme und Hände sind in der gleichen Position wie in der vorhergehenden Übung.
2 Der Körper ist in der »Ruheposition« aus der zweiten Übung. Der Oberkörper wird gegen die Rückenlehne gestützt; die Waden werden nach vorne gestreckt, die Füße ruhen auf den Fersen.

Diese Position ist wohltuend bei extremer Erschöpfung oder bei Lähmungserscheinungen des Bewegungsapparats. Wer die Arme nicht hochbringt, kann einen Stuhl mit Armlehnen benutzen und darauf die Arme abstützen.

Sexual-Kung-Fu

Die Yin-Yang-Wasserräder drehen: Teil 5

Wer weiß, vielleicht haben Sie sich schon ausgerechnet, dass die Sexualenergie diese Woche hoch ins Obere Tan Tien im Kopf gebracht wird? Die Methode ist dieselbe wie die letzten Wochen beschrieben, nur wird diesmal die Energie die Wirbelsäule hoch, durch den Nacken zum Scheitel gelenkt und dann erst im Kessel im Unteren Tan Tien gesammelt.

Die Sexualenergie (Jing Chi) wird in den Kessel gegossen und bleibt dort, während Sie mit dem Inneren Auge am Dienergefäß entlang hinunter zu den Hoden/Eierstöcken wandern. Mit zunehmender Erfahrung baut sich im Kessel immer mehr Sexualenergie auf und tropft in die darunter liegenden Kessel, das Mittlere Tan Tien am Herzen sowie am Solarplexus und schließlich in den Kessel am Unteren Tan Tien, unterhalb des Nabels.

Doch dies ist nur der Anfang des Sexual-Kung-Fu für diese Woche. Wir lernen außerdem noch eine weitere Methode zur Stimulierung der Sexualenergie (Jing Chi).

Sie bringen die Sexualenergie neunmal hoch in den Kopf und visualisieren dann einen Menschen des *anderen* Geschlechts mit einem perfekten Körper im *Herzen*. Frauen visualisieren also einen nackten, perfekt geformten Mann im Herzen; dies kann der Ehepartner oder Liebhaber sein, aber auch ein Phantasie-Mann. Männer visualisieren eine nackte, perfekt geformte Frau im Herzen – die Ehefrau, Geliebte oder die »Traumfrau«.

Dann wird ein Mensch des *gleichen* Geschlechts mit einem perfekten Körper in den *Sexualorganen* visualisiert. Visualisieren Sie sich selbst oder Ihr eigenes Idealbild bzw. Ihre Vorstellung einer perfekten Frau bzw. eines perfekten Mannes.

Zwischen dem nackten Mann und der nackten Frau kommt es zu einer echten körperlichen Anziehung. Beide werden sexuell erregt, der Penis des Mannes erigiert, die Brüste der Frau werden größer und ihre Vagina wird feucht.

Nun werden der Mann und die Frau mental in den Kessel am Oberen Tan Tien gezogen, wo sie sich sexuell stimulieren und sich schließlich lieben. Bitte setzen Sie hier wirklich all Ihre Phantasie ein, werden Sie so anschaulich wie möglich. Und lassen Sie sich Zeit! Mit steigender sexueller Erregung im Kopf lassen Sie die überschüssige Sexualenergie nach unten in die beiden Kessel am Herzen und am Solarplexus überfließen (Mittleres Tan Tien) und dann in den Kessel am Nabelzentrum (Unteres Tan Tien). Eventuell spüren Sie auch Ihre eigene sexuelle Erregung, der Fokus dieser Übung liegt allerdings darauf, Sexualenergie im Gehirn aufzubauen.

Die Frau und der Mann stehen für die reine Yin- und Yang-Energie des Erwachsenen. Durch den »Liebesakt« im Kopf werden auch Ihre eigenen Yin- und Yang-Energien ausbalanciert. Das kann als orgasmische, ekstatische Wellen erfahren werden, die von der Kopfmitte ausgehen. Männer haben wahrscheinlich (aber nicht unbedingt) eine Erektion, Frauen werden eventuell feucht. Bringen Sie diese Sexualenergie aus den Geschlechtsorganen hoch in den Kopf, zu dem Mann und der Frau, die den Liebesakt ausführen.

Mit dieser Übung wird das Sexual-Kung-Fu auf eine neue Ebene gebracht. Dazu sind Schärfe und Konzentration erforderlich. Wahrscheinlich gelingt es Ihnen manchmal, manchmal auch nicht. Das ist völlig normal.

Ein Nutzen der Übung liegt auch darin, dass die stimulierte Sexualenergie in die Knochen gezogen und dort gespeichert wird, wodurch auch die Knochenmarksatmung effizienter und effektiver wird. Die taoistische Lehre besagt, dass überschüssige Sexualenergie in den Knochen gelagert wird und auf das Gehirn eine verjüngende Wirkung hat. Das Wissen der Taoisten um die menschliche Sexualität hatte Dimensionen, von denen man im Westen nicht einmal träumt.

1. Sie praktizieren die bereits beschriebenen Schritte für das Drehen der Yin-Yang-Wasserräder, Teil 1 bis 4.
2. Die Wasserräder in den Hoden/Eierstöcken sollten sich so anfühlen, als ob sie sich zusammen mit den Augen drehen.
3. Sie atmen ein und führen mit dem Inneren Auge bzw. dem Rollen der Augen die Sexualenergie von den Wasserrädern an den Hoden/Eierstöcken die ganze Wirbelsäule hoch bis zum Scheitelpunkt am Kopf.
4. Visualisieren Sie in der Kopfmitte einen dreibeinigen Kessel.
5. Beim Ausatmen gießen Sie die Sexualenergie in diesen Kessel. Dort bleibt sie zunächst.
6. Nun rollen Sie mit den Augen am Dienergefäß entlang zurück zu den Hoden/Eierstöcken und wiederholen diese Schritte insgesamt neunmal.
7. Für Männer:
Sie visualisieren eine perfekt geformte nackte Frau im Herzen.
Für Frauen:
Sie visualisieren einen perfekt geformten nackten Mann im Herzen.

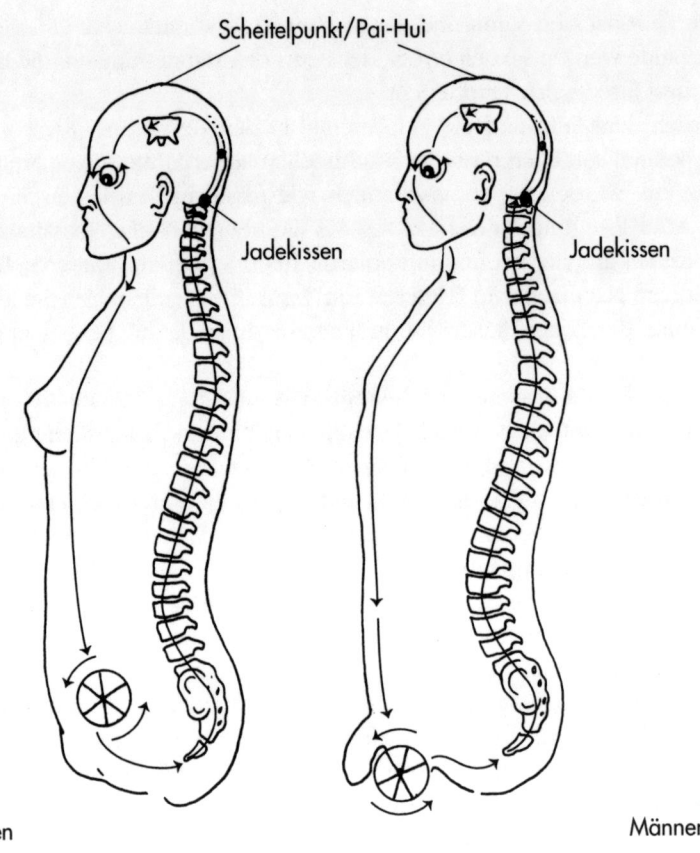

Scheitelpunkt/Pai-Hui

Jadekissen

Jadekissen

Frauen

Männer

8. Für Männer:
   Sie visualisieren sich selbst oder einen perfekt geformten nackten Mann in den Geschlechtsorganen.
   Für Frauen:
   Sie visualisieren sich selbst oder eine perfekt geformte nackte Frau in den Geschlechtsorganen.

9. Spüren Sie die starke sexuelle Anziehungskraft zwischen dem nackten Mann und der nackten Frau. Beide werden sexuell erregt; der Mann hat eine Erektion, die Brüste der Frau werden größer, die Brustwarzen stellen sich auf, und die Vagina wird feucht.

10. Nun ziehen Sie mental den erregten Mann und die erregte Frau in den Kessel in der Kopfmitte. Mann und Frau beginnen mit dem Vorspiel. Nehmen Sie sich Zeit für diesen Schritt, und seien Sie so anschaulich wie möglich.

11. Der Mann und die Frau beginnen nun mit dem Liebesakt. Sie spüren in der Phantasie ihre Bewegungen.

12. Vielleicht spüren Sie, wie die überschüssige Sexualenergie aus dem Oberen Kessel überfließt und hinunter in die anderen Kessel tropft und weiter in die Sexualorgane. Wenn die

Energie wirklich bis nach unten gelangt, bringen Sie sie mit Hilfe der Yin-Yang-Wasserräder wieder hoch in den Kopf.

13. Zum Abschluss bringen Sie die Sexualenergie hinunter in den Kessel am Unteren Tan Tien, um sie dort zu sammeln (Dies ist vor allem für Männer wichtig. Die Energie ist so heiß, dass sie nicht im Kopf bleiben sollte, sonst sind Sie ständig sexuell erregt).

Ich wünsche Ihnen viel Spaß beim Üben! In der 14. Woche wird noch einmal die Rede von den Yin-Yang-Wasserrädern sein. In der kommenden Woche geht es um Sexualenergiemassage.

Fusion der Fünf Elemente: Teil 5

Grundfusion – Holz, Metall und Erde

In dieser Woche lernen wir die restlichen Schritte der Grundfusion. Dazu werden die drei noch fehlenden Elemente – Holz, Metall und Erde – in das vordere Pa Kua gezogen, wo wir ja bereits das Feuer- und das Wasserelement gesammelt haben.

Wir haben inzwischen eine ganze Menge über die Fünf Elemente gelernt und wissen bereits, dass die Leber dem Holzelement zugeordnet ist; seine Farbe ist Grün, und der Sammelpunkt – ein etwa sieben bis acht Zentimeter großes Feld – befindet sich rechts vom Nabel. Die Lunge ist das innere Organ des Metallelements, seine Farbe ist Weiß, und sein Sammelpunkt befindet sich links vom Nabel. Das innere Organ der Erde ist die Milz, die ihr zugeordnete Farbe ist Gelb, und der Sammelpunkt ist im Unteren Tan Tien, dem so genannten Kessel. Viel mehr müssen Sie zum Ausüben der Grundfusion gar nicht wissen. Nur über die Temperaturentsprechung der Elementenergien möchte ich noch etwas sagen.

In der letzten Übungswoche ging es darum, die heiße Feuerenergie und die kalte Energie des Wassers im Kessel miteinander zu vermischen. In der Fusion der Fünf Elemente geht es darum, die Elemente im Körper zu vermischen und zu harmonisieren, um so mehr Ausgewogenheit zu erreichen, damit kein Element im Körper überwiegt und die Balance stört.

Jedes der Elemente, die aus den fünf Hauptorganen in den jeweiligen Sammelpunkt gezogen werden, hat seine eigene, typische Temperatur. Metall ist kühl und trocken (wie ein frischer Herbstnachmittag). Die warme, feuchte Energie des Holzes und die kühle, trockene Energie von Metall wirken ausgleichend auf die extremeren Temperaturen des heißen Feuers und des kalten Wassers. Das Erdelement ist neutral bzw. hat eine milde Temperatur und spiegelt mehr die Energien der anderen Elemente wider, nachdem sie im vorderen Pa Kua (bzw. Stern im Kreis) miteinander vermischt worden sind.

Zunächst werden das Feuer- und das Wasserelement im vorderen Pa Kua zusammengebracht, dann wird das Holzelement in seinen Sammelpunkt rechts vom vorderen Pa Kua und das Metallelement in seinen Sammelpunkt links vom vorderen Pa Kua gezogen. Beide werden dann gleichzeitig ins vordere Pa Kua gebracht und zusammen mit der bereits vermischten Energie von Feuer und Wasser vermengt. Als nächstes wird die Erdenergie von der Milz in ihren Sammelpunkt gezogen, der sich direkt im vorderen Pa Kua befindet. Alle Energien werden dort miteinander vermischt.

Ziel der Übung ist es, die Harmonie im Nabelbereich zu spüren. Sie ziehen immer weiter die Energie von den Sammelpunkten des Feuer-, Wasser-, Holz- und Metallelements ins vordere Pa Kua, sodass eine milde, ausgewogene Mischung erhalten bleibt, nicht zu heiß, nicht zu kalt, nicht zu feucht und nicht zu trocken (Die Erdenergie wird nur anfangs einmal ins vordere Pa Kua gebracht; dann passiert das automatisch).

80 Prozent Ihrer Aufmerksamkeit gehen zum vorderen Pa Kua, jeweils fünf Prozent werden auf die Sammelpunkte der vier Elemente Feuer, Wasser, Holz und Metall gelenkt. Sie ziehen soviel Elementenergie ins Pa Kua, wie für eine ausgewogene Mischung nötig ist. Das ist buchstäblich eine Art Kochprozess im Inneren des Körpers. Und an diesem Punkt wird auch verständlich, warum dieser Prozess den Namen Innere Alchemie trägt.

Als nächstes wird das hintere Pa Kua gebildet und das Tai-Chi-Symbol (bzw. die Mitte des Sterns) spiralig kreisend in den Kessel am Unteren Tan Tien gebracht. Gleichzeitig bringt man die Energiemischung der Elemente vom vorderen Pa Kua in den Kessel und kondensiert sie dort zur Perle. Danach sind das linke und das rechte Pa Kua an der Reihe, dann das obere und untere Pa Kua. Die so gebildete Perle wird daraufhin in den Kleinen Energiekreislauf gebracht, wo sie ein paar Runden lang zirkuliert. Zum Abschluss wird die Energie im Nabel gesammelt.

1. Sie sitzen aufrecht auf einem Stuhl, die Hände sind gefaltet, die Zungenspitze wird an den oberen Gaumen gebracht.
2. Lächeln Sie in die Augen (Sie können auch das gesamte Innere Lächeln für Vorder-, Mittel- und Rückenlinie praktizieren).

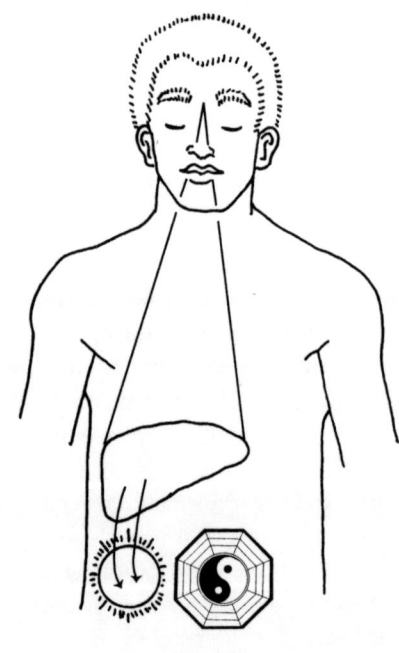

Schritt 9

3. Nun wird das vordere Pa Kua bzw. der Stern im Kreis gebildet.

4. Führen Sie Schritt 4 bis 20 aus der Fusions-Übung der letzten Woche aus: Teil 4 – Wasser und Feuer. Die heiße Feuer- und die kalte Wasserenergie werden im vorderen Pa Kua vermischt.

5. Sie konzentrieren sich dann auf die Leber. Versuchen Sie, die warme, feuchte Energie der Leber zu fühlen.

6. Dann wird der Heilende Laut der Leber praktiziert: Tsch-o-o-o-o, und zwar mindestens dreimal.

7. Sie visualisieren, dass die Leber in smaragdgrünem Licht badet.

8. Dann bilden Sie den Leber-/Holz-Sammelpunkt, ein etwa sieben bis acht Zentimeter großes Feld rechts vom Nabel, auf einer geraden Linie von der rechten Brustwarze zum Nabelbereich.

9. Ziehen Sie die warm-feuchte, smaragdgrüne Energie des Holzelements in den Leber-/Holz-Sammelpunkt. Spüren Sie, wie der Sammelpunkt sich mit Holzenergie füllt und smaragdgrün leuchtet. Lassen Sie die Energie zunächst in diesem Punkt.

10. Nun lenken Sie die Konzentration auf die Lunge. Spüren Sie deren kühle, trockene Energie.

11. Dann wird der Heilende Laut der Lunge praktiziert: S-s-s-s-s-s, und zwar mindestens dreimal.

12. Sie visualisieren, dass die Lunge in weißem bzw. silbrig-weißem Licht badet.

13. Dann bilden Sie den Lungen-Sammelpunkt, ein etwa sieben bis acht Zentimeter großes Feld links vom Nabel, auf einer geraden Linie von der linken Brustwarze zum Nabelbereich.

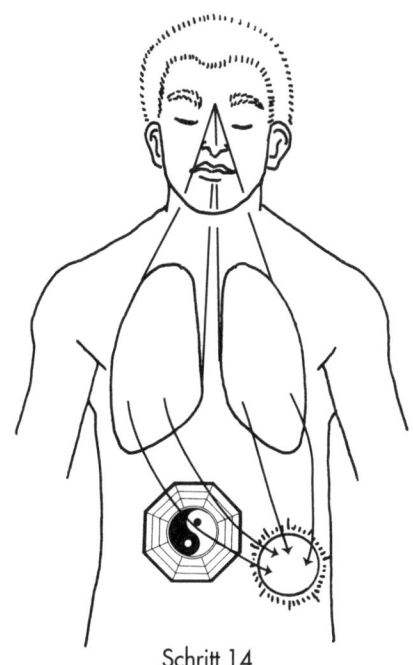

Schritt 14

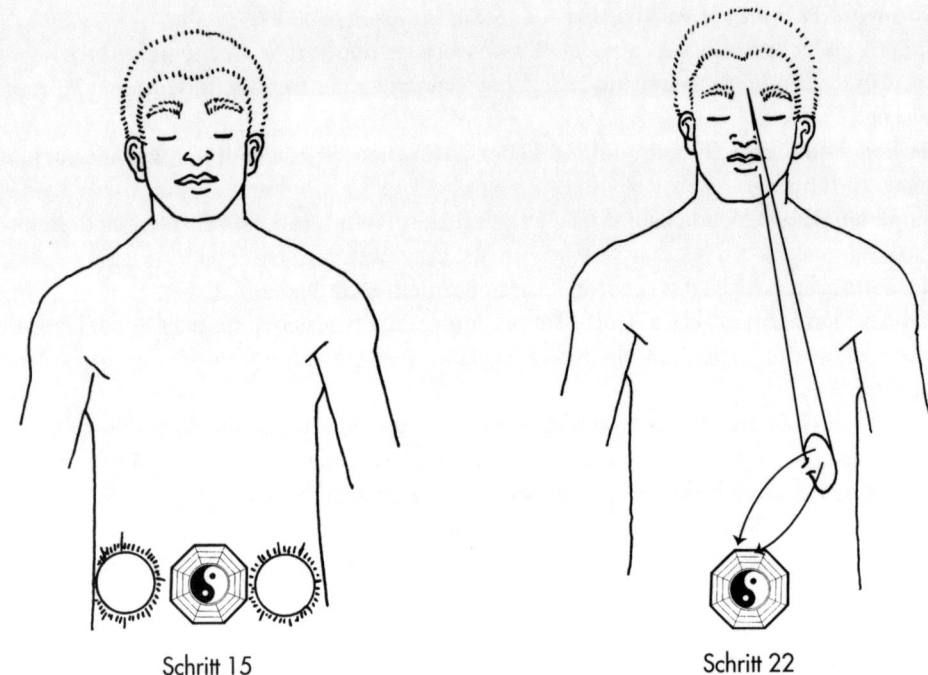

Schritt 15   Schritt 22

14. Ziehen Sie die kühl-trockene, silberweiße Energie des Metallelements in den Lungen-/Metall-Sammelpunkt. Spüren Sie, wie der Sammelpunkt sich mit Metallenergie füllt und silberweiß leuchtet.

15. Nun teilen Sie die Aufmerksamkeit zwischen dem Leber- und dem Lungen-Sammelpunkt.

16. Bringen Sie die Energien aus den beiden Sammelpunkten spiralig in das vordere Pa Kua.

17. Lassen Sie die warm-feuchte Holzenergie und die kühl-trockene Metallenergie dort spiralig kreisen und sich mit der Energiemischung des heißen Feuer- und des kalten Wasserelements vermengen.

18. Jetzt wird die Konzentration auf die Milz gelenkt. Die Erdenergie der Milz hat eine neutrale Temperatur, nicht zu heiß, nicht zu kalt, nicht zu warm-feucht, nicht zu kühl-trocken.

19. Praktizieren Sie den Heilenden Laut der Milz, Ghr-o-o-o, und zwar mindestens dreimal.

20. Sie visualisieren um die Milz herum ein gelbes bzw. goldgelbes Licht.

21. Dann wird der Milz-/Erd-Sammelpunkt gebildet, ein sieben bis acht Zentimeter großes Feld im vorderen Pa Kua.

22. Ziehen Sie die neutrale gelbe Erdenergie hinunter zum Milz-Sammelpunkt. Er füllt sich mit dieser Energie und leuchtet goldgelb (Einfacher ist es, die Erdenergie direkt ins vordere Pa Kua zu ziehen).

23. Mischen Sie nun die Energie der Fünf Elemente zusammen.

24. 80 Prozent Ihrer Konzentration liegen jetzt auf dem vorderen Pa Kua, fünf Prozent auf den Sammelpunkten der vier Elemente Feuer, Wasser, Holz und Metall (nicht auf dem Erd-Sam-

melpunkt). Ziehen Sie die Elementenergie, so wie es für eine ausgewogene Mischung nötig ist, in das vordere Pa Kua.

25. Nun visualisieren Sie das hintere Pa Kua (bzw. den hinteren Stern im Kreis).

26. Lassen Sie die Energiemischung aus dem vorderen Pa Kua (Stern) und das Tai-Chi-Symbol bzw. die Sternmitte des hinteren Pa Kua spiralig in den Kessel im Unteren Tan Tien kreisen.

27. Dann wird das linke und rechte Pa Kua (Stern) gebildet und die Energie spiralig in den Kessel gebracht.

28. Dasselbe geschieht mit dem oberen und unteren Pa Kua (Stern).

29. Die spiralig kreisende Energie wird im Kessel zu einer Perle verdichtet.

30. Diese Perle bringen Sie in den Kleinen Energiekreislauf und zirkulieren sie ein paarmal. Rollen Sie dabei zur Unterstützung mit den Augen (wie beim Drehen der Yin-Yang-Wasserräder), als ob Sie sie um 360 Grad drehen könnten.

31. Dann wird die Perle vom Ming-Men-Punkt zurück zum Kessel gebracht und die Energie im Nabel gesammelt.

11. WOCHE

Quadratische Atmung: Teil 5

Im fünften Teil der Quadratischen Atmung geht es hoch zum Nacken. Die Technik birgt an sich nichts Neues, deshalb dürfte diese Übung nicht schwierig sein.

Sie atmen dazu mit einer vollen Bauchatmung ein und bringen die Perineum-Kraft zu der V-förmigen Einbuchtung am vorderen Nackenansatz. Dann wird kurz eingeatmet und die Perineum-Kraft zu dem großen Wirbel am hinteren Nackenansatz (C-7) gebracht. Mit einem weiteren kurzen Atemzug geht die Perineum-Kraft zur linken Seite des Nackens und dann – nach nochmaligem kurzem Luftholen – zur rechten Seite. Mit einem letzten Atemzug wird die Perineum-Kraft dann zu beiden Seiten des Nackens gelenkt. Nun zielen Sie zum Nackenansatz, wo Schultern und Nacken zusammenkommen und lassen die Energie an den Nackenseiten hochsteigen und sich nach außen ausdehnen.

Für Menschen, die unter Nackenschmerzen leiden, ist dies eine der besten Übungen der Welt. Der Nacken wird mit Energie (Chi) gefüllt, sodass die Blockaden, die Hals und Nacken steif machen, aufgebrochen werden. Dabei kann es zu allen möglichen Geräuschen – Einschnappen, Krachen – in Nacken und Schädel kommen.

Eine Warnung sei allerdings ausgesprochen: Gehen Sie mit dem Nacken sehr vorsichtig um. Sie sollten alle vorherigen Schritte der Quadratischen Atmung wirklich gut beherrschen. Der Hals darf nicht gedrückt werden. Wie schon in der letzten Woche sollten Sie auch bei dieser Übung die Halsvorderseite nicht zur Nackenrückseite ziehen, da dies zu Verletzungen führen kann. Lenken Sie die Perineum-Kraft einfach zuerst zum Halsansatz, dann zu dem großen Wirbel am hinteren Nackenansatz. Sie sollten spüren, wie sich der Hals nach allen vier Seiten ausdehnt.

Sie können in dieser Woche entweder nur diese eine Übung durchführen oder auch alle Teile der Quadratischen Atmung, die Sie bisher gelernt haben, praktizieren. Wahrscheinlich werden Sie feststellen, dass Sie die Energie praktisch an jeden Punkt lenken können, nur indem Sie sich darauf konzentrieren. Ein winziger Atemzug, ein minimaler Zug am Perineum reicht bereits.

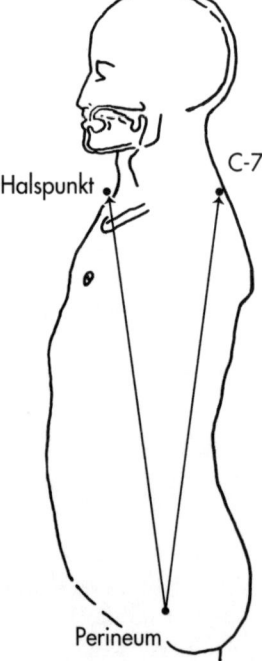

Halspunkt

C-7

Perineum

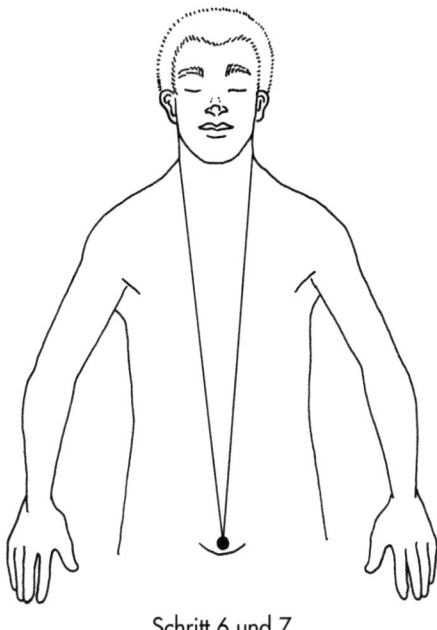

Schritt 6 und 7

1. Sie atmen langsam mit einer Bauchatmung ein und dehnen dabei den Unterbauch.
2. Nun holen Sie kurz Luft und lenken die Perineum-Kraft (Perineum und Anus) zu der V-förmigen Einkerbung am vorderen Nackenansatz.
3. Sie holen noch einmal kurz Luft und lenken die Perineum-Kraft und die Konzentration zu dem großen Wirbel am hinteren Nackenansatz (C-7).
4. Noch einmal wird kurz eingeatmet und die Perineum-Kraft diesmal zur linken Seite des Nackenansatzes gelenkt. Spüren Sie, wie die linke Seite sich nach außen dehnt.
5. Mit der nächsten kurzen Einatmung wird die Perineum-Kraft zu rechten Seite des Nackenansatzes gelenkt. Spüren Sie, wie die rechte Seite sich nach außen dehnt.
6. Mit einem letzten Atemzug drücken Sie jetzt die Perineum-Kraft gleichzeitig zu beiden Seiten des Nackens hoch und spüren, wie die Energie bis dorthin hochsteigt und beide Seiten des Körpers sich nach außen weiten.
7. Sie runden nun die Schultern, als ob Sie unter den Achseln ein Ei halten würden. Die Ellbogen gehen nach außen. Die Schultern gehen nach unten und fallen zur Seite.
8. Jetzt wird ausgeatmet, der Zug wird dabei aufrechterhalten.
9. Dann entspannen Sie sich und führen die Übung noch einmal, insgesamt mindestens dreimal pro Sitzung durch.

Knochenmarksatmung: Teil 4

Haben Sie regelmäßig geübt? Dann sollte die Knochenmarksatmung eigentlich immer einfacher für Sie werden. In diesen letzten vier Wochen unseres Kurses lernen wir, in das ganze Skelett zu atmen. In dieser Übungswoche sind die Schulterblätter und Schlüsselbeine an der Reihe.

Wie wir letzte Woche gelernt haben, ist die Beherrschung der Knochenmarksatmung in Händen und Armen der Schlüssel zum Erfolg. Auch die Sexual-Kung-Fu-Übungen fördern gute Ergebnisse. Die Knochen können überschüssige Sexualenergie speichern. In der Sexual-Kung-Fu-Übung dieser Woche ist eigentlich ein Teil der Knochenmarksatmung integriert: Bei der Sexualmassage wird die Produktion von Sexualenergie (Jing Chi) für die Speicherung in den Knochen stimuliert.

Im Teil 4 der Knochenmarksatmung atmen wir in die Schulterblätter und ins Schlüsselbein. Dabei wird in beide Arme gleichzeitig geatmet: zunächst die Arme hoch und in beide Schulterblätter, hinten oben am Oberkörper, dann die Arme hoch und in beide Schlüsselbeine, vorne am Oberkörper; sie verlaufen von jeder Schulter zum Halsansatz. Abschließend wird in beide Schulterblätter und Schlüsselbeine gleichzeitig geatmet.

Damit die Übung einfacher wird, hier ein kleiner Tipp: Die Drachenhöhle und die Tigerhöhle (Lao Kung) liegen etwa in der Mitte der beiden Handflächen. Beugen Sie einmal den Mittelfinger jeder Hand in die Handfläche. Wo die Fingerspitze die Handfläche berührt, ist auf der rechten Hand die Drachenhöhle, auf der linken Hand die Tigerhöhle (vgl. Abbildungen Seite 66).

Am Anfang der dieswöchigen Knochenmarksatmung wird in diese beiden Punkte geatmet. Sie dürften die beiden Punkte im Körper sein, an denen die Energie am besten in den Körper hinein- und wieder hinausgeleitet werden kann. Wenn man sich darauf konzentriert, spürt man sie wahrscheinlich auf der Stelle. Danach wird nacheinander, in der gelernten Reihenfolge, in die Finger geatmet, also zuerst in den Zeigefinger. Inzwischen sind Sie ja mit dem Atmen in die Arme vertraut, weshalb der Anfang der Knochenmarksatmung viel schneller gehen dürfte.

Bis man die Schulterblätter so gut spürt wie die Finger- und Armknochen, dauert es wahrscheinlich eine Weile. Die Schulterblätter sind große, flache, dreieckige Knochen; sie sitzen neben den Schultern hinten am oberen Teil des Oberkörpers. Bei manchen Menschen ist dieser Bereich ständig verspannt und schmerzt. Um die Energie in den Schulterblättern wieder in Bewegung zu bringen, kann man die in der letzten Woche gelernte Technik des Visualisierens und mentalen Lenkens anwenden. Die Schulterblätter sind flache Knochen, weshalb das Atmen in diese Knochen die Produktion der weißen Blutkörperchen anregt.

In die Schlüsselbeine kann man relativ leicht hineinatmen. Sie befinden sich direkt unterhalb des Nackens und führen zu den beiden Schultern. Auch hier kann man wieder die Energie visualisieren und mental lenken.

Wenn erst einmal beide Schulterblätter und Schlüsselbeine atmen, fühlt sich der gesamte Oberkörper anders an: einerseits entspannter, andererseits gleichzeitig lebendiger.

1. Sie heben die Arme und gehen in die Position »Den Baum umarmen«.
2. Dann atmen Sie zunächst in die Tigerhöhle in der linken Handfläche und die Drachenhöhle in der rechten Handfläche. Nehmen Sie sich mindestens 30 Sekunden lang Zeit, um zu spüren, wie die Energie ein- und ausströmt.
3. Danach gehen Sie mit der Konzentration weg von der Handmitte hin zu den beiden Zeigefingerspitzen. Atmen Sie in beide Zeigefinger und dann schnell auch in die Mittelfinger, Daumen, Ringfinger und kleinen Finger.

4. Sie atmen nun hoch durch beide Hände, Elle und Speiche der beiden Unterarme und die beiden Oberarmknochen bis zu den Schultern. Atmen Sie mindestens 30 Sekunden lang durch die Arme ein und aus.

5. Noch einmal atmen Sie die Arme hoch und lenken die Energie in die beiden Schulterblätter. Spüren Sie mental die Schulterblätter, und führen Sie die Energie dorthin. Sie atmen hoch in die Schulterblätter und dann die Arme wieder hinunter und über die Fingerspitzen aus, und zwar mindestens 30 Sekunden lang.

6. Wieder atmen Sie die Arme hoch und lenken die Energie diesmal in die beiden Schlüsselbeine. Dazu lenken Sie die Energie von den Schultern quer über den Oberkörper, zu der V-förmigen Vertiefung unterhalb des Halses. Sie atmen in die Schlüsselbeine und dann die Arme wieder hinunter und über die Fingerspitzen aus, und zwar mindestens 30 Sekunden lang.

7. Dann atmen Sie über beide Arme hoch und die Energie gleichzeitig in die Schulterblätter und Schlüsselbeine hinein. Beim Ausatmen wird die Energie wieder über die Arme nach unten und über die Fingerspitzen hinausgeschickt. Praktizieren Sie dies mindestens 30 Sekunden lang.

Eventuell spüren Sie, wie die Energie von den Schulterblättern in die Schlüsselbeine zirkuliert und umgekehrt. Oder sie fließt in den C-7, den großen Wirbel am hinteren Nackenansatz. Das ist in Ordnung. Sie sollten die Energie allerdings nicht in den Kopf steigen lassen. Das lernen wir nächste Woche.

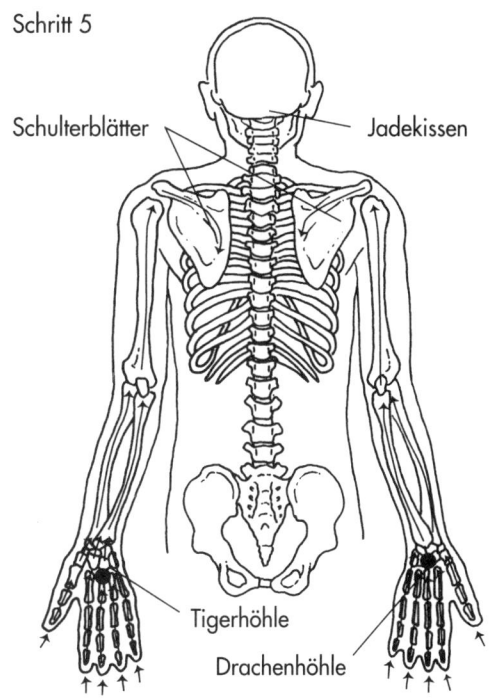

Schritt 5

Schulterblätter — Jadekissen

Tigerhöhle

Drachenhöhle

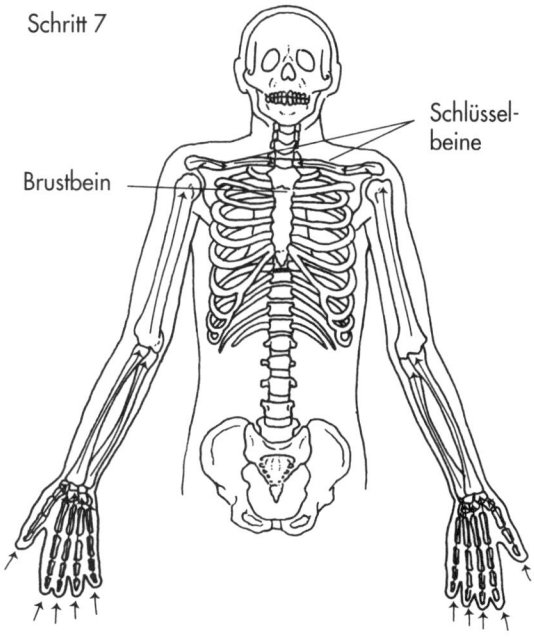

Schritt 7

Schlüsselbeine

Brustbein

Jing Körper

Liegende Formen: Teil 1

Es hört sich schon ein wenig seltsam an, dass manche »Standpositionen« des Chi Kung im Liegen praktiziert werden. Doch wir als Taoisten können über diesen sprachlichen Widerspruch hinwegblicken und uns ausschließlich auf die Praxis konzentrieren.

Diese Formen wurden wohl zunächst an Menschen weitergegeben, die sich von einer Krankheit erholten oder zu krank waren, um überhaupt aufzustehen. Sie helfen bei fast allen chronischen Krankheiten und sind auch für diejenigen unter uns gedacht, die einfach nicht aufstehen wollen. Es gibt also keine Ausreden mehr: Selbst wenn Sie im Bett bleiben müssen oder möchten, können Sie üben!

Die chinesische Literatur sagt, dass schwache Patienten besser sowohl sitzende als auch liegende Formen praktizieren sollten, nicht nur liegende. Noch besser ist eine Kombination aus stehenden, sitzenden und liegenden Formen.

Bei den liegenden Formen gibt es zwei Grundarten: auf dem Rücken liegen und auf der Seite liegen. Es gibt keine Übungen in Bauchlage. In dieser Woche sind die Rückenformen an der Reihe.

Diese Formen, die auf dem Rücken liegend praktiziert werden, sind genau das, was man sich dabei vorstellt. Sie liegen auf einem Bett, auf dem Boden oder einer anderen flachen Unterlage; unter den Kopf wird ein kleines oder normalgroßes Kissen geschoben. Es gibt vier Variationen. Alle sind an sich bereits sehr nützlich zum Meditieren oder für Atemübungen. Auch spezifische Anwendungen aus der chinesischen Literatur werden zusätzlich angeführt.

A. Liegen mit den Armen an den Seiten

1. Sie liegen flach auf dem Rücken, mit einem Kissen unter dem Kopf.
2. Die Beine sind gerade ausgestreckt, die Füße ruhen auf den Fersen.
3. Die Arme liegen an den Seiten.
4. Die Finger liegen ein wenig auseinander auf dem Bett; die Spitzen der beiden Daumen berühren die Hüften.
5. Schultern und Ellbogen sind entspannt.

Diese Form ist besonders empfehlenswert für die Meditation »Den Geist zur Ruhe bringen« (den Geist leer machen) der Dritten Kostbarkeit. Auch für nervöse Menschen und Menschen mit Herzklopfen ist diese Position geeignet.

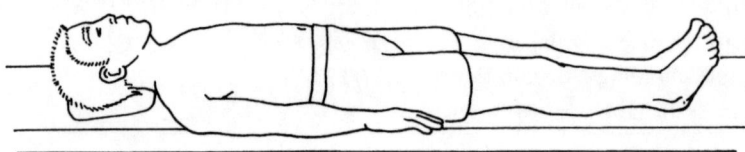

B. Liegen mit den Händen auf dem Bauch verschränkt

1. Sie liegen wie in der vorherigen Übung.
2. Oberarme und Ellbogen bleiben auf dem Bett.
3. Männer:
   Sie heben die Unterarme und legen die linke Hand über den Nabel und bedecken sie mit der rechten Hand.
   Frauen:
   Sie heben die Unterarme und legen die rechte Hand über den Nabel und bedecken sie mit der linken Hand.

Diese Form wird zur Bauchatmung empfohlen, aber auch bei Erschöpfung und Depressionen.

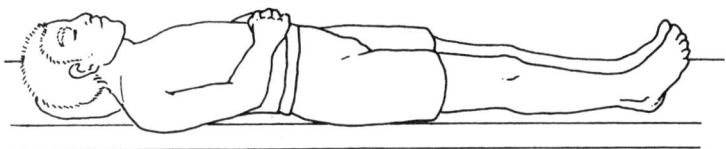

C. Liegen mit verschränkten Händen und gekreuzten Füßen

1. Sie liegen wie in der vorherigen Form, kreuzen jedoch zusätzlich die Fußknöchel (links über rechts).
2. Beim Üben wechseln Sie (rechter Knöchel über den linken Knöchel).
3. Sie senken die Augenlider und »schielen« direkt über den Zehen in die Ferne, die Augen haben dabei keinen Fokus.

Auch diese Form wird bei Erschöpfung und Depressionen empfohlen.

D. Liegen mit den Händen auf der Brust und aufgestellten Beinen

1. Sie liegen flach auf dem Rücken, der Kopf ruht auf einem Kissen.
2. Die Hände liegen leicht auf dem oberen Teil der Brust, jede Hand auf der entsprechenden Seite; die Handflächen gehen nach unten, die Finger sind auseinander.

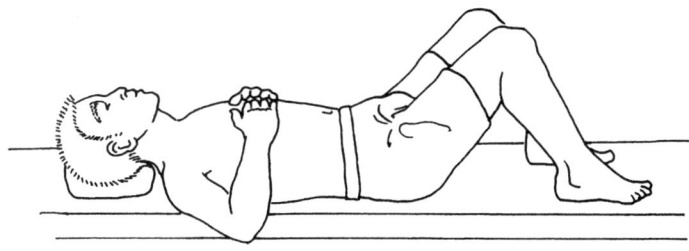

3. Beugen Sie die Knie und stellen Sie die Beine auf; die Füße bleiben dabei flach auf dem Bett. Bringen Sie die Füße – von der ausgestreckten Position aus gerechnet – etwa auf halbe Strecke zum Gesäß.
4. Entspannen Sie den ganzen Körper und stellen Sie sich dabei vor, Sie treiben auf dem Wasser.

Diese Form wird bei Störungen des autonomen Nervensystems empfohlen.

In der kommenden Woche werden Formen in seitlicher Lage vorgestellt.

Sexual-Kung-Fu

Knochenmarksatmung – Sexualenergiemassage: Teil 1

Die Taoisten fanden heraus, dass man mit Sexualenergie die Organe und Drüsen heilen, das Gehirn verjüngen und den Kleinen Energiekreislauf öffnen kann. Ihrer Überzeugung nach ist die Sexualenergie dieselbe Energie, wie sie im Gehirn zu finden ist. Des Weiteren entdeckten sie, dass Sexualenergie von den Knochen aufgenommen werden kann und deshalb bei der Reinigung des Marks in der Knochenmarksatmung eine entscheidende Rolle spielt.

Die Sexualenergiemassage ist ein integraler Bestandteil der Knochenmarksatmung. Sie stimuliert die Produktion von Sexualenergie (Jing Chi) und setzt diese mächtige Energie im Körper frei. Sie regt außerdem die Blutzirkulation im Genitalbereich an, kann bei Männern Prostatabeschwerden und bei Frauen Menstruationsbeschwerden lindern und verhindern.

Hinzu kommt, dass eine höhere Konzentration an Sexualhormonen vom Gehirn aufgenommen wird, was wiederum die höheren Gehirnfunktionen der Hirnanhangs- und der Zirbeldrüse stimuliert. Nach taoistischer Lehre wird durch die Stimulation der Hirnanhangsdrüse die Produktion eines Alterungshormons verhindert, sodass wir uns jünger fühlen.

Die Sexualmassagetechniken sind für Männer und Frauen total verschieden, sie werden also getrennt behandelt. Bei den Männern gehört dazu die Massage des Sexualorgans, bei den Frauen werden die Brüste massiert.

Sexualenergiemassage für Männer

Zunächst stellen wir die Sexualenergiemassage für Männer vor, und zwar Techniken für die Massage der Hoden und der Samenleiter. Vor jeder Massage sollte zunächst die Energie hinunter in die Hoden gelenkt werden, zum Beispiel mit der folgenden einfachen und effektiven Methode.

Hodensack-Kompression

1. Sie atmen eine volle Bauchatmung ein, dehnen dabei den Unterbauch und füllen die Lunge von unten nach oben, bis keine Luft mehr hineinpasst.
2. Dann füllen Sie den Mund mit Luft, schlucken diese mit einem Schluckgeräusch hinunter und drücken Chi in den Solarplexusbereich.
3. Nehmen Sie noch einen weiteren »Schluck« Luft und drücken Sie die Energie (Chi) in den Nabel.
4. Mit einem dritten Schluck Luft drücken Sie die Energie hinunter in die Hoden.

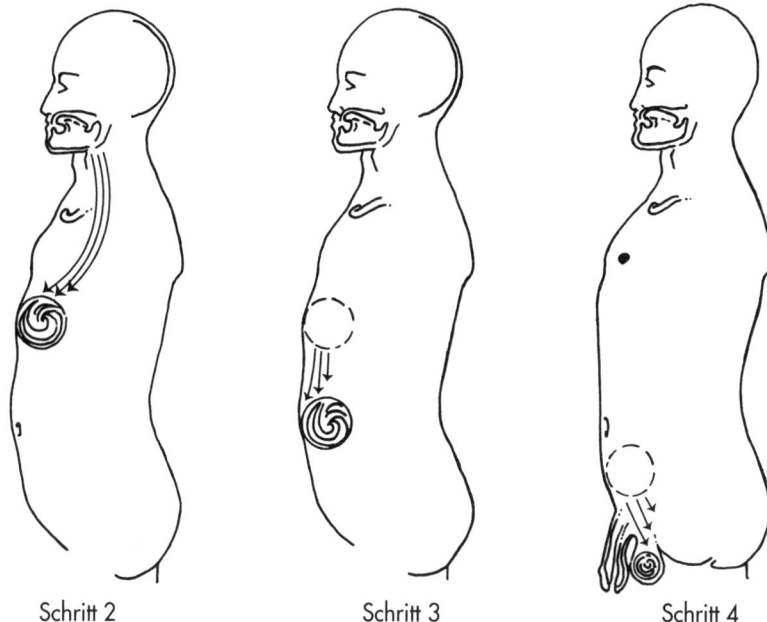

Schritt 2   Schritt 3   Schritt 4

5. Drücken Sie Perineum und Anus zusammen (aber nicht die Hoden), damit die Energie nicht verloren gehen kann. Halten Sie diesen Druck zehn Sekunden lang, dann entspannen Sie sich. Wiederholen Sie dies zwei- oder dreimal.

Wenn die Hoden mit Energie überflutet werden, steht für die Massage mehr Energie zur Verfügung. Die Grundidee bei dieser Übung ist es, mehr Sexualenergie (Jing Chi) zu produzieren.

Hodenmassage mit den Fingern
1. Sie halten den linken Hoden mit den Fingerspitzen der linken Hand. Der Daumen liegt oben, die anderen Finger unten.
2. Nun massieren Sie die Unterseite des linken Hodens mit dem Zeige-, Mittel- und Ringfinger mit kleinen kreisenden Bewegungen, und zwar sowohl im als auch gegen den Uhrzeigersinn.
3. Dann wird die Oberseite des linken Hodens mit kleinen kreisenden Bewegungen mit dem Daumen im und gegen den Uhrzeigersinn massiert.
4. Dasselbe machen Sie mit dem rechten Hoden oder mit beiden Hoden gleichzeitig.
5. Dann nehmen Sie mit den Fingerspitzen beider Hände je einen Hoden, ziehen die Hoden etwa zwei bis drei Zentimeter auseinander und rollen jeden Hoden in beide Richtungen mit den Fingerspitzen.

Hodenmassage mit den Handflächen

1. Sie praktizieren die Hodensack-Kompression, um Energie in die Hoden zu drücken, und reiben dann die Handflächen aneinander, bis sie heiß sind.
2. Dann umfassen Sie beide Hoden mit einer Hand (rechts oder links).
3. Kreisen Sie mit der Hand bzw. den Hoden neun-, 24- oder 36-mal im Uhrzeigersinn, ohne zu drücken.
4. Dann nehmen Sie die Hoden in die andere Hand und kreisen genauso oft gegen den Uhrzeigersinn.
5. Nehmen Sie nun beide Hoden zwischen beide Hände (wie bei einem Sandwich), schieben Sie den Penis zur Seite.
6. Massieren Sie beide Hoden sanft zwischen den Händen.
7. Ziehen Sie die Hoden aus dieser Sandwich-Stellung zur Seite weg, sodass sie aus den Händen herausschlüpfen können.

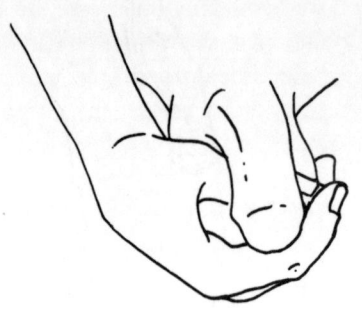

Massage und Dehnung der Samenleiter

Das Wichtige bei dieser Übung ist, die Samenleiter überhaupt erst einmal zu finden. Es gibt zwei davon, einen am linken, einen am rechten Hoden. Sie transportieren das Sperma aus den Hoden und können an beiden Seiten des Hodensacks zu finden sein. Fühlen Sie mit dem Daumen und dem Zeige- oder Mittelfinger. Die Samenleiter sind dünn und schlüpfrig, fühlen sich ein bisschen an wie Würmer. Mit den nun vorgestellten Techniken werden die Samenleiter von Hindernissen und Blockaden befreit und ganz allgemein gestärkt. Gehen Sie sanft mit ihnen um, dann sollten sie leicht zu finden sein. Es gibt zwei Grundtechniken:

1. Sie gehen beim Massieren (zwischen Daumen und Zeige- oder Daumen und Mittelfinger) ganz sanft die Samenleiter hinauf und hinunter.
2. Sie ziehen sanft jeden Samenleiter nach unten, um ihn zu dehnen. Der Samenleiter wird dabei nur oben am Hoden gehalten.

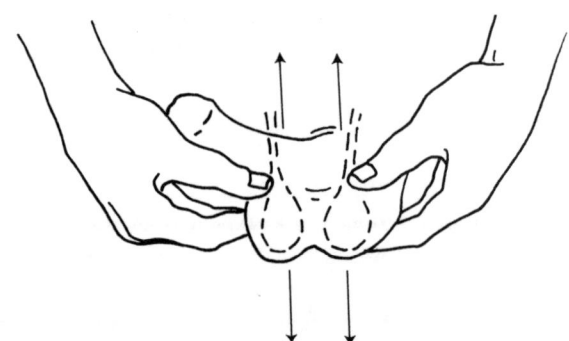

Sexualenergiemassage für Frauen

Die wichtigste Sexualenergiemassage für Frauen ist die Brustmassage, bei der die Sexualenergie in den Eierstöcken aktiviert wird. Jede Eizelle in den Eierstöcken ist mit Tausenden von feinen, haarartigen »Wimpern« bedeckt. Die sexuelle Erregung einer Frau wird teilweise dadurch ausgelöst, dass diese Wimpern ganz schnell zu vibrieren beginnen und die Frau das Gefühl hat, dass die Sexualenergie aus den Eierstöcken strömt. Das stimuliert den ganzen Sexualbereich, unter anderem die Klitoris. Wenn das »Meer von 10000 Faden«, also die ansteigende Sexual-

174

energie, den Körper überflutet, wird wiederum die Energie in anderen Drüsen und Organen aktiviert.

In dieser Woche lernen wir, die Hormondrüsen zu massieren, wodurch diese Drüsen stimuliert und die Produktion der Sexualenergie im Körper angeregt wird. Dies stärkt den Körper im Allgemeinen und unterstützt auch die Knochenmarksatmung. Die in den Hormondrüsen produzierten Hormone gehen direkt in den Blutkreislauf und sind für die Regulierung der Körperfunktionen, des Wachstums und des Stoffwechsels zuständig.

Die Zirbeldrüse produziert Melatonin, was die biologischen Zyklen reguliert und als die Uhr des Körpers fungiert. Die Zirbeldrüse kontrolliert das Innere Auge und die Fähigkeit, Auren zu sehen. Nach taoistischer Lehre ist die Zirbeldrüse das Organ der Erleuchtung, welches den unsterblichen Körper produziert, die Wohnstatt des Geistes (Spirit). Sie ist die wichtigste Yang-Drüse; der Hypothalamus, der direkt über der Zirbeldrüse sitzt, ist die wichtigste Yin-Drüse. Beide befinden sich im so genannten Kristallpalast, der außerdem noch den Thalamus und die Hirnanhangsdrüse beherbergt. Wird die »männliche« Zirbeldrüse mit dem »weiblichen« Hypothalamus verbunden, entsteht eine äußerst kraftvolle balancierende Kraft im Körper. Es wird empfohlen, auch die Sexual-Kung-Fu-Übung der 10. Woche (die Yin-Yang-Wasserräder drehen) im Lichte dieser Informationen noch einmal zu betrachten. Wenn Sie das nächste Mal den Liebesakt im Oberen Kessel (Kristallpalast) visualisieren, stellen Sie sich die Zirbeldrüse als das männliche Sexualorgan, den Hypothalamus als Vagina vor. Die »Frau« ist oben, der »Mann« unten.

Die Hirnanhangsdrüse bzw. das »Dritte Auge« dient der Kontrolle der anderen Hormondrüsen und der Wachstumskontrolle. Für die Taoisten sitzt hier der Geist (Spirit). Wird diese Drüse stimuliert, können wir besser mit unserer Ur-Natur (oder anders ausgedrückt, der Fähigkeit, uns mit unserem Höheren Selbst bzw. dem Höheren Wissen zu verbinden und zu kommunizieren) in Kontakt kommen.

Die Schilddrüse reguliert die Stoffwechselrate; die Nebenschilddrüsen sind für das Gleichgewicht von Kalzium und Phosphor im Körper zuständig. Werden diese beiden Drüsen stimuliert, verbessert sich die Sprach- und Kommunikationsfähigkeit.

Die Thymusdrüse schrumpft mit dem Älterwerden. Diese Drüse ist nach taoistischer Überlieferung der Schlüssel für ein gut funktionierendes Immunsystem sowie die Drüse der Verjüngung. Wird sie stimuliert, weitet sie sich – so die Empfindung – und arbeitet besser. Sie hat eine ganz enge Verbindung zum Herzzentrum, dem körperlichen Sitz der Liebe und des Mitgefühls.

Die Bauchspeicheldrüse produziert die Hormone, die den Blutzuckerspiegel im Körper regulieren. In der traditionellen chinesischen Medizin wurden die Bauchspeicheldrüse und die Milz als ein Organ betrachtet, das als Milz bezeichnet wurde. Die Milz/Bauchspeicheldrüse ist für die Regulierung des Erdelements im Körper zuständig. Das Erdelement steigert die Wirksamkeit der anderen vier Elemente (diese vier Elemente sind in der Erde zu Hause).

Die wichtigste Aufgabe der Nebennieren ist die Regulierung des Herzschlags und die Kontrolle über den »Flucht-oder-Kampf«-Reflex. Bei Stimulierung unterstützen sie das Hochsteigen der Sexualenergie über die Wirbelsäule ins Gehirn. Dadurch verstärkt sich auch das Lust- und Erregungsgefühl.

Auch die Eierstöcke zählen zu den Hormondrüsen.

Massage der Drüsen mit Sexualenergie

1. Sie beginnen die Übung im Sitzen. Bringen Sie die Zungenspitze an den Gaumen.

2. Dann atmen Sie mit einer Bauchatmung ein. Schließen Sie die Schamlippen leicht, ziehen Sie die linke und rechte Anusseite hoch und lenken Sie die Energie zur linken und rechten Brustwarze.

3. Beim Einatmen reiben Sie die Hände zum Aufwärmen aneinander.

4. Nun legen Sie den Zeige-, Mittel- und Ringfinger der beiden Hände über die Brustwarzen – rechte Hand rechte Brustwarze, linke Hand linke Brustwarze. Das zweite Gelenk des Mittelfingers sollte direkt über dem Nippel liegen. Umfassen Sie beide Brüste mit den Handflächen.

5. Nun werden beide Brüste über der Brustwarze und um sie herum mit krei-

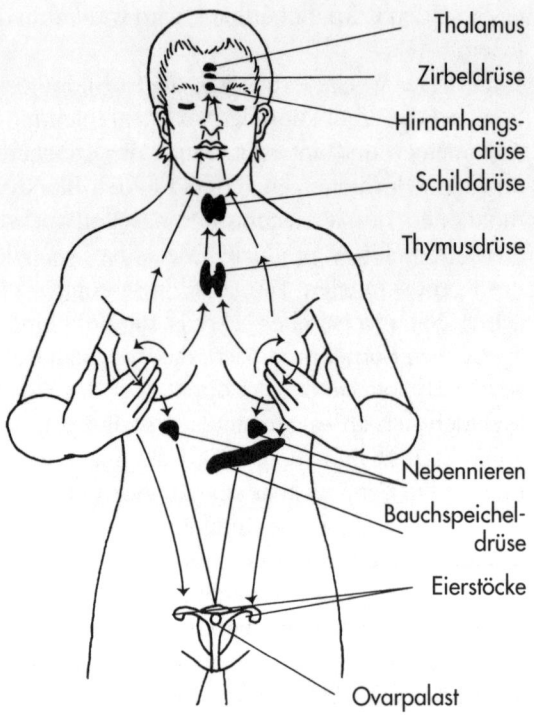

Thalamus
Zirbeldrüse
Hirnanhangsdrüse
Schilddrüse
Thymusdrüse
Nebennieren
Bauchspeicheldrüse
Eierstöcke
Ovarpalast

senden Bewegungen massiert, zunächst nach außen, dann umgekehrt nach innen gerichtet.

6. Jetzt müssten Sie in der Klitoris ein Erregungsgefühl verspüren. Die Klitoris entspricht der Zirbeldrüse. Spüren Sie, wie die Sexualenergie (sexuelle Empfindungen) hoch zum Kopf (dem Scheitel- bzw. Kronenpunkt) steigt, wo die Zirbeldrüse, aber auch der Hypyothalamus und der Thalamus sitzen.

7. Nun konzentrieren Sie sich wieder auf die Brüste. Sie massieren weiter die Brustwarzen und lenken die Aufmerksamkeit auf die Hirnanhangsdrüse im Dritten Auge, direkt hinter und etwas oberhalb des Nasenrückens. Dabei kann es zu einem Druckgefühl im Stirnbereich kommen.

8 Sie lenken die Konzentration wieder auf die Brüste und ebenso die kombinierte Energie aus der Zirbel- und der Hirnanhangsdrüse. Fahren Sie mit der Massage der Brustwarzen fort und bringen Sie die Aufmerksamkeit und die Sexualenergie zur Schild- und zu den Nebenschildrüsen im Hals. Spüren Sie, wie diese Drüsen sich weiten und aufblühen.

9. Sie gehen mit der Konzentration und mit der kombinierten Energie aus der Zirbeldrüse, der Hirnanhangsdrüse, der Schilddrüse und den Nebenschilddrüsen zurück zu den Brüsten. Sie fahren mit dem Massieren der Brustwarzen fort und lenken die Aufmerksamkeit und die Sexualenergie zur Thymusdrüse unterhalb des oberen Teils des Brustbeins. Spüren Sie, wie die Thymusdrüse sich weitet und aufblüht.

10. Erneut konzentrieren Sie sich auf die Brüste und bringen auch die kombinierte Sexualenergie aller Drüsen dorthin. Sie machen mit der Massage der Brustwarzen weiter und lenken

die Aufmerksamkeit und die Sexualenergie zur Bauchspeicheldrüse, etwa in der Mitte des Oberkörpers, direkt unter dem Solarplexus.

11. Wieder konzentrieren Sie sich auf die Brüste und bringen auch die kombinierte Sexualenergie aller Drüsen dorthin. Sie machen mit der Massage der Brustwarzen weiter und lenken die Aufmerksamkeit (Yi-Geist) zu den Nebennieren; sie sitzen auf den beiden Nieren, hinten am unteren Rippenbogen. Spüren Sie, wie auch diese beiden Drüsen aktiviert werden, und bringen Sie deren Energie hoch in die Brüste.

12. Nun wird die Energie aller Drüsen in den Brüsten kombiniert und dann zurück zu den Eierstöcken gebracht. Mit Hilfe der Yin-Yang-Wasserräder lassen Sie die Energie kreisen (Sie können selbst entscheiden, wie viele Teile dieser Übung Sie an dieser Stelle praktizieren wollen).

13. Wer mag, kann auch die Klitoris stimulieren.

Männer, die das Gefühl haben, dass sie vielleicht etwas verpassen, können statt der Brüste die Penisspitze massieren und die Energie zu den Hoden anstatt zu den Eierstöcken schicken. Dabei konzentriert man sich darauf, die Energie vom Peniskopf zu den Drüsen zu lenken, die Energie der Drüsen zu stimulieren und dann zu kombinieren und sie schließlich zum Kopf des »Jadestengels« (so ein poetischer Name für den Penis) zurückzuleiten.

Fusion der Fünf Elemente: Teil 6

Verbindung zwischen Sinnesorganen und inneren Organen

Dieser Teil, nämlich das Verbinden der Sinnesorgane mit den inneren Organen, ist eine meiner liebsten Fusions-Praktiken. In dieser Woche gehen wir zu dem in der letzten Woche Gelernten noch einen Schritt weiter. Das, was wir dazu wissen müssen, ist uns ei-

gentlich schon vertraut. Wir verbinden ein inneres Organ mit dem entsprechenden äußeren Organ und ziehen die Energie in den Sammelpunkt – eine Praktik, deren Grundzüge wir bereits in den Übungen der Dritten Kostbarkeit der ersten bis fünften Woche gelernt haben.

Jedem der fünf Hauptorgane im Innern des Körpers entspricht ein äußeres Sinnesorgan: Die Nieren entsprechen den Ohren, das Herz der Zunge, die Leber den Augen, die Lunge der Nase und die Milz dem Mund (Lippen).

Bei dieser Formel der Fusion werden das äußere Sinnesorgan und das innere Organ mental miteinander verbunden. Wenn die Ohren zu den Nieren zurückkehren können, fühlen sie sich ruhig und zu Hause, sagen die Taoisten. Um das zu erreichen, müssen Sie zu den Nieren hinab hören, bis Sie die Verbindung spüren; dann bringen Sie diese Energie in den Nieren-Sammelpunkt am Perineum.

Bringen Sie mental das Herz und die Zunge zusammen, und die Zunge fühlt sich zu Hause und kommt zur Ruhe. Auch die Sprachfähigkeit dürfte sich verbessern. Man kann lernen, die Zunge zu kontrollieren, indem man die Energie des Herzens harmonisiert, um so mit mehr Vernunft und mehr Sensibilität zu reden. Man sollte daran arbeiten, andere Menschen durch sein Reden aufzubauen und sie nicht niederzumachen. Wenn die Verbindung zwischen Zunge und Herz spürbar ist (eventuell fühlt sich das an wie wenn ein paar Kabel von der Zunge zum Herzen verlaufen), wird die Energie zum Herz-Sammelpunkt gebracht.

Danach wird die Wasserenergie vom Nieren-Sammelpunkt und die Feuerenergie vom Herz-Sammelpunkt in das vordere Pa Kua gezogen.

Die Leber hat eine Verbindung zu den Augen. Sie bringen mental die Augen in die Leber, und die Augen werden ruhig und fühlen sich zu Hause. Die Leber ist der Speicher für das Holzelement. Das Holzelement entspricht dem Frühling, was bedeutet, dass im Frühjahr Leber und Augen am schwächsten sind. Dasselbe gilt für die anderen Organe. In der ihnen zugeordneten Jahreszeit sind sie am anfälligsten und sollten dann durch zusätzliche innere Übungen für das jeweilige Organ geschützt und gestärkt werden, zum Beispiel die Heilenden Laute, das Innere Lächeln, die Haaratmung, die Elementübungen, aber auch die Fusion der Fünf Elemente.

Wenn die Verbindung zwischen Augen und Leber spürbar ist, wird die Energie in den Leber-Sammelpunkt rechts vom vorderen Pa Kua gezogen.

Der Ruheplatz und das Zuhause der Nase ist die Lunge. Wenn die Verbindung zu spüren ist, wird die Metallenergie in den Lungen-Sammelpunkt links vom vorderen Pa Kua gezogen. Diese Energie, die hier produziert und gesammelt wird, ist echt, nicht nur eine bloße Vorstellung.

Als nächstes werden die Holz- und die Metallenergie aus den jeweiligen Sammelpunkten in das vordere Pa Kua gezogen, wo sie mit der Feuer- und Wasserenergie vermischt und harmonisiert werden.

Der Mund wird zur Milz gebracht. Dort fühlen sich die Lippen ruhig und zu Hause. Die Aufgaben der Milz werden im Westen noch nicht umfassend verstanden; nach taoistischem Glauben spielt die Milz eine wichtige Rolle bei der Widerstandsfähigkeit gegen Krankheiten, für die Aufrechterhaltung eines gesunden Appetits und zur Bereitstellung von Aura-Energie. Das Erdelement stärkt und nährt alle anderen Elemente. Deshalb befindet sich der Erd-Sammelpunkt im vorderen Pa Kua. Alle anderen Elemente fühlen sich im Erdelement zu Hause.

Wenn die Verbindung zwischen Milz und Mund zu spüren ist, wird das Erdelement direkt in das vordere Pa Kua gezogen und die Energie aller fünf Elemente miteinander vermischt.

1. Sie sitzen aufrecht auf einem Stuhl, die Hände sind gefaltet, die Zungenspitze wird an den oberen Gaumen gebracht. Sie visualisieren um den Körper herum nacheinander die Fünf Farben der Elemente, zunächst Rot, dann Gelb, Weiß, Blau und Grün.
2. Lächeln Sie in die Augen und praktizieren Sie das Innere Lächeln entlang der Vorder-, Mittel- und Rückenlinie, wenn Sie wollen.
3. Nun wird das vordere Pa Kua bzw. der vordere Stern im Kreis gebildet.
4. Lauschen Sie zu den Nieren hinunter. Spüren Sie die Verbindung zwischen Ohren und Nieren.
5. Visualisieren Sie die Nieren in einem saphirblauen (oder glänzend schwarzen) Licht und ziehen Sie die Wasserenergie der Nieren hinunter in den Nieren-/Wasser-Sammelpunkt am Perineum.
6. Spüren Sie die Verbindung zwischen Zunge und Herz.

178

7. Visualisieren Sie das Herz in einem roten Licht und ziehen Sie die Feuerenergie zum Herz-/Feuer-Sammelpunkt in der Brustmitte.

8. Teilen Sie nun die Aufmerksamkeit und zirkulieren Sie die Energie aus dem Nieren-/Wasser-Sammelpunkt und dem Herz-/Feuer-Sammelpunkt spiralig in das vordere Pa Kua (den vorderen Stern im Kreis), um sie dort zu vermischen.

9. Nun schauen Sie innerlich auf die Leber. Spüren Sie die Verbindung zwischen Augen und Leber.

10. Sie visualisieren, dass die Leber in smaragdgrünem Licht badet. Ziehen Sie die Holzenergie in den Leber-/Holz-Sammelpunkt, rechts vom vorderen Pa Kua (Stern).

11. Spüren Sie die Verbindung zwischen Nase und Lunge.

12. Sie visualisieren, dass die Lunge in silberweißem Licht badet. Ziehen Sie die Metallenergie in den Lungen-/Metall-Sammelpunkt, links vom vorderen Pa Kua (Stern).

13. Teilen Sie nun die Aufmerksamkeit und zirkulieren Sie die Energie aus dem Leber-/Holz-Sammelpunkt und dem Lungen-/Metall-Sammelpunkt spiralig in das vordere Pa Kua (den vorderen Stern im Kreis), um sie dort mit der bereits vermengten Energie von Feuer und Wasser zu vermischen.

14. Spüren Sie nun die Verbindung zwischen Lippen und Milz.

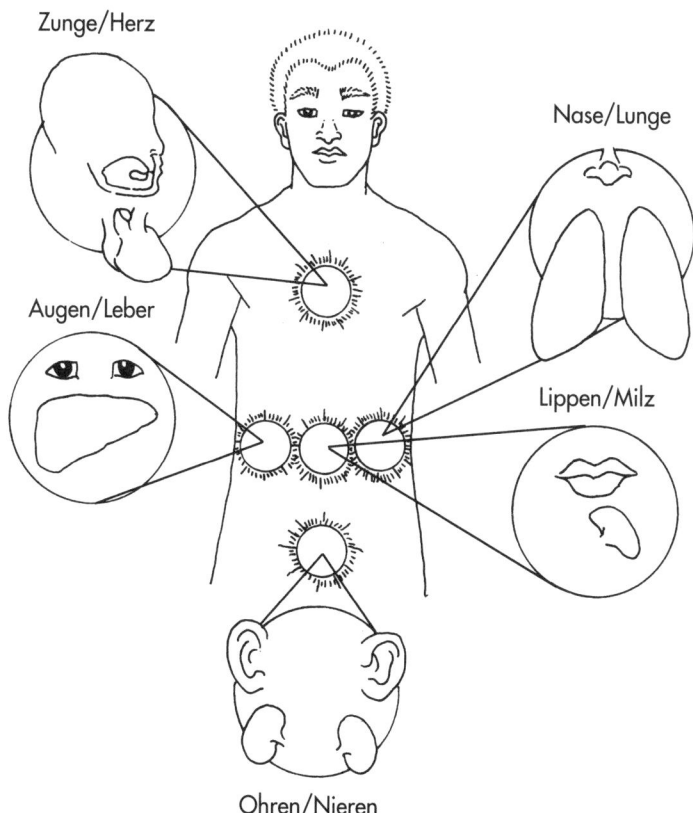

Zunge/Herz

Nase/Lunge

Augen/Leber

Lippen/Milz

Ohren/Nieren

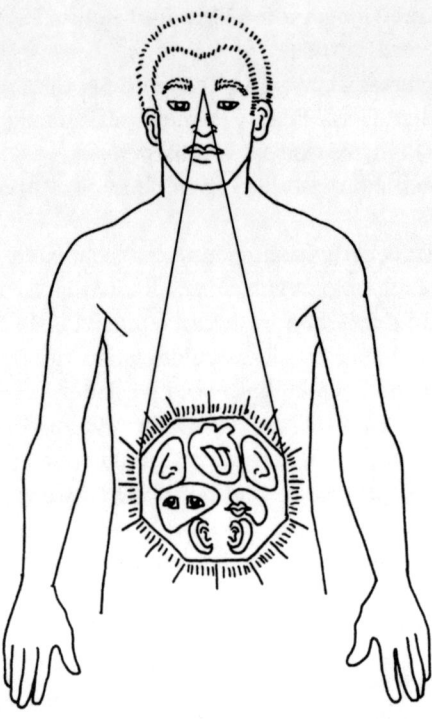

15. Sie visualisieren, dass die Milz in goldgelbem Licht badet. Ziehen Sie die Erdenergie direkt ins vordere Pa Kua (Stern) und vermischen Sie sie dort mit der Energiemischung der anderen vier Elemente.

16. Visualisieren Sie nun das hintere Pa Kua (bzw. den hinteren Stern im Kreis).

17. Lassen Sie die Energiemischung der Fünf Elemente aus dem vorderen Pa Kua spiralig in den Kessel am Unteren Tan Tien kreisen; gleichzeitig wird auch aus dem hinteren Pa Kua Energie spiralig in den Kessel gebracht.

18. Nun bringen Sie die Energie aus dem linken und rechten Pa Kua (bzw. Stern im Kreis) spiralig in den Kessel.

19. Dann bringen Sie die Energie aus dem oberen und unteren Pa Kua (bzw. Stern im Kreis) spiralig in den Kessel.

20. Die spiralig kreisende Energie wird im Kessel zu einer Perle verdichtet.

21. Diese Perle bringen Sie in den Kleinen Energiekreislauf und zirkulieren sie ein paarmal. Rollen Sie dabei zur Unterstützung mit den Augen (wie beim Antreiben der Yin-Yang-Wasserräder), als ob Sie sie um 360 Grad drehen könnten.

22. Dann wird die Perle vom Ming-Men-Punkt zurück zum Kessel gebracht und die Energie im Nabel gesammelt.

12. WOCHE

Quadratische Atmung: Teil 6

Mit der Quadratischen Atmung in die Arme betreten wir eine neue Dimension der taoistischen Atemtechnik, auf die bisher nur am Rande eingegangen wurde.

Bis zu einem bestimmten Punkt ist die Lektion dieser Woche im Grunde bereits besprochen. Wenn dann aber die Energie in die Arme geschickt wird, wird nicht wie sonst kurz eingeatmet, sondern der Atem angehalten und die Energie die Arme hinunter in die Fingerspitzen geleitet, rein mit der mentalen Kraft. Diese Technik kam zum ersten Mal bei der Knochenmarksatmung, Teil 3 (10. Übungswoche) vor, um die Energie durch taube Bereiche der Knochen zu schicken. Allerdings wurde dort nicht auf Einzelheiten eingegangen.

Für die Taoisten war dies die höchste Form des Atmens. Sie nannten sie Vorgeburtliche oder Embryo-Atmung in Bezug auf die Zirkulation der Energie eines Fötus im Mutterleib. Ein Fötus treibt im Fruchtwasser, kann also nicht Luft holen, dennoch fließt in seinem Körper die Energie frei und ungehindert. Nach der Geburt fangen wir an zu atmen, und die Fähigkeit, Energie frei im Körper fließen zu lassen, geht nach und nach verloren; irgendwann können die meisten Menschen dies überhaupt nicht mehr. In einem Teil dieses Trainings geht es genau darum: diese verlorene Fähigkeit zurückzugewinnen.

Manchmal passiert es, dass Schüler beim Erlernen dieser neuen Techniken auf einmal Erinnerungen überkommen oder sie das Gefühl haben, dass sie die Technik bereits einmal beherrschten, aber nicht wissen, wie. Die Antwort ist ganz einfach. Als junger, ganz junger Mensch wusste der Körper, wie es geht. Jeder konnte im Mutterleib diese Vorgeburtliche Atmung durchführen. Bei kleinen Kindern zirkuliert die Energie noch frei in den Energiemeridianen. Doch mit dem Älterwerden geht diese Fähigkeit verloren und gerät in Vergessenheit. Wir wissen nicht mehr, wie es sich anfühlt. Manche Menschen können sich an die Zeiten erinnern, wo sie noch nicht reden konnten, wo es im Kopf noch keine Wörter gab, um diese Gefühle zu beschreiben. Wenn diese Art innerer Kontakt wieder hergestellt wird, scheinen die hochkommenden emotionalen Eindrücke zunächst fast zu viel zu sein. Machen Sie sich deswegen keine Sorgen, es ist gut so. Machen Sie mit dem Üben einfach weiter, dann kommen Sie darüber hinweg. Die Fusion der Fünf Elemente ist dafür gut geeignet.

Für die Übung dieser Woche wird zunächst ins Herzzentrum, den T-11 und in die Achseln geatmet, wie in der 10. Woche beschrieben. Danach folgt die Lektion der letzten Woche, das Atmen in den vorderen, hinteren und die seitlichen Teile des Nackens. Mit einem kurzen Atemzug wird die Perineum-Kraft hoch auf den höchsten Punkt der linken Schulter und mit einem weiteren Luftholen zur rechten Schulter gelenkt. Dort wird die Luft angehalten, und mit dem Willen bzw. dem Yi-Geist die Energie über die Arme hinunter in die Hände und Fingerspitzen geleitet.

1. Sie atmen langsam mit einer Bauchatmung ein und dehnen dabei den Unterbauch.
2. Nun holen Sie kurz Luft und lenken die Perineum-Kraft (Perineum und Anus) zur Mitte des Brustbeins.
3. Sie holen noch einmal kurz Luft und lenken die Perineum-Kraft zum Gia-Pe-Punkt (gegenüber vom Herzpunkt) auf der Wirbelsäule.
4. Noch einmal wird kurz eingeatmet und die Perineum-Kraft diesmal zur linken Achsel gelenkt.
5. Mit der nächsten kurzen Einatmung wird die Perineum-Kraft zur rechten Achsel gelenkt.
6. Mit einem weiteren kurzen Einatmen geht die Perineum-Kraft zu der V-förmigen Einbuchtung am vorderen Nackenansatz.
7. Noch einmal holen Sie kurz Luft und lenken die Perineum-Kraft zum großen Wirbel am hinteren Nackenansatz (C-7).

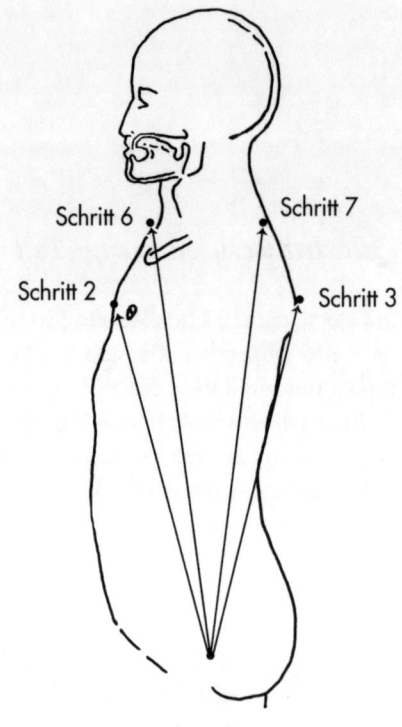

Perineum

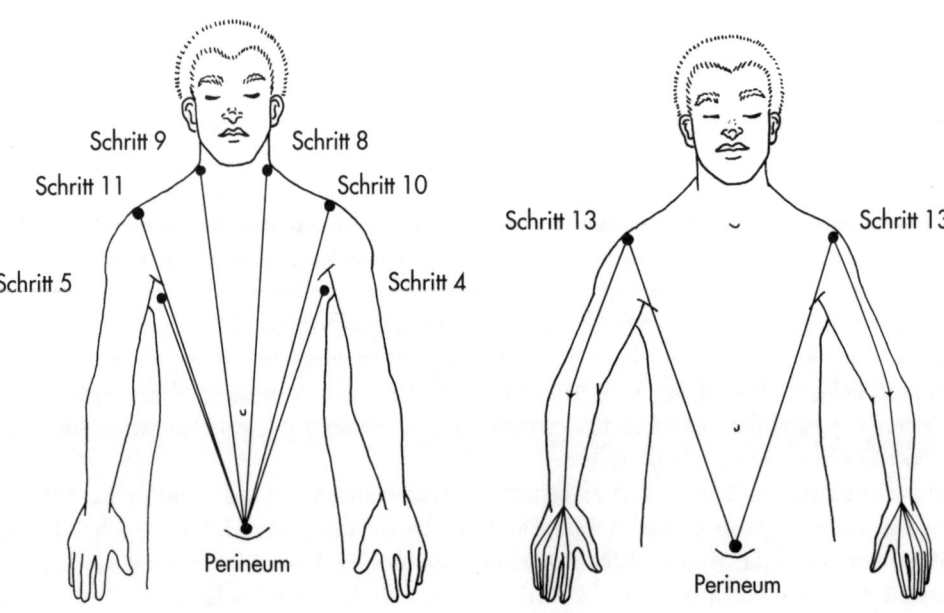

Perineum

Perineum

182

8. Beim nächsten kurzen Einatmen geht die Perineum-Kraft zur unteren linken Nackenseite.
9. Beim nächsten kurzen Einatmen geht die Perineum-Kraft zur unteren rechten Nackenseite.
10. Mit einem weiteren kurzen Einatmen geht die Perineum-Kraft auf die Oberseite der linken Schulter.
11. Mit einem weiteren kurzen Einatmen geht die Perineum-Kraft auf die Oberseite der rechten Schulter.
12. Sie runden nun die Schultern, als ob Sie unter den Achseln ein Ei halten würden.
13. Jetzt wird der Atem angehalten, das Perineum hochgezogen und die Energie mental gleichzeitig beide Arme hinunter gelenkt, bis in die Fingerspitzen.
14. Danach bringen Sie die Energie mental wieder die Arme hoch zu den Schultern.
15. Beim Ausatmen halten Sie den Zug auf die Schulter und entspannen sich dann.
16. Beginnen Sie mit nur einem oder zwei Durchgängen und steigern Sie dann die Anzahl, so oft Sie es vermögen.

Knochenmarksatmung: Teil 5

In dieser Woche gehen wir viel schneller als bisher voran. Wir lernen, in den Schädel, die Wirbelsäule hinab, in die Hüften, Beine, Füße und Zehen zu atmen. Wenn Sie fleißig geübt haben, sollte das alles kein Problem sein. Denn je mehr Sie die Knochenmarksatmung üben, desto einfacher wird es.

In dieser Woche wird in einer ganzen Reihe Knochen die Energie in Bewegung versetzt. Anfangs spüren Sie in manchen Knochen vielleicht überhaupt nichts. Erfolg kündigt sich an, wenn plötzlich ein sehr deutliches Gefühl in Knochen zu spüren ist, das vorher überhaupt nie spürbar war.

Ich selbst hatte jahrelang Probleme mit der rechten Hüfte. Ich versuchte, die Hüfte zu spüren, was mir aber nicht gelang, obwohl ich natürlich wusste, dass sie da war und ich sie berühren konnte. Ich war nicht in der Lage, ihre Umrisse mental zu erfassen, sie fühlte sich nur taub und verspannt an. Eines Nachts praktizierte ich die Knochenmarksatmung, und plötzlich war mir, als könnte ich in mich hineinblicken, und dort war auch meine rechte Hüfte. Ich konnte auf einmal den ganzen Knochen spüren, es war, als ob er Energie in sich hineinsaugte und sich die Knochenqualität veränderte. Er fühlte sich dichter und weniger brüchig an. Zunächst fühlte er sich an wie leichtes Balsaholz, doch bald schon eher wie Mahagoni, als ob ein Teil von mir wieder zum Leben erwacht wäre. Ich erinnerte mich, dass ich als Kind alle meine Knochen spüren konnte, doch niemand nannte mir einen guten Grund dafür, warum ich das eigentlich können wollte, zumindest nicht, bis ich mich mit dem Tao beschäftigte.

Solcherart sind die Veränderungen, die die Knochenmarksatmung mit sich bringen kann. Dies ist eine der besten Übungen zur allgemeinen Gesundheitsvorsorge.

1. Sie beginnen mit der Knochenmarksatmung, wie wir sie bereits gelernt haben: die Finger hoch in die Hände, Arme und bis in die Schulterblätter und Schlüsselbeine.
2. Mit dem Einatmen bringen Sie die Energie durch die Schulterblätter und Schlüsselbeine beidseitig hoch zum Nacken.
3. Dann leiten Sie die Energie vorne am Hals hoch in den Kiefer, über das Gesicht bis hoch in den Schädel.

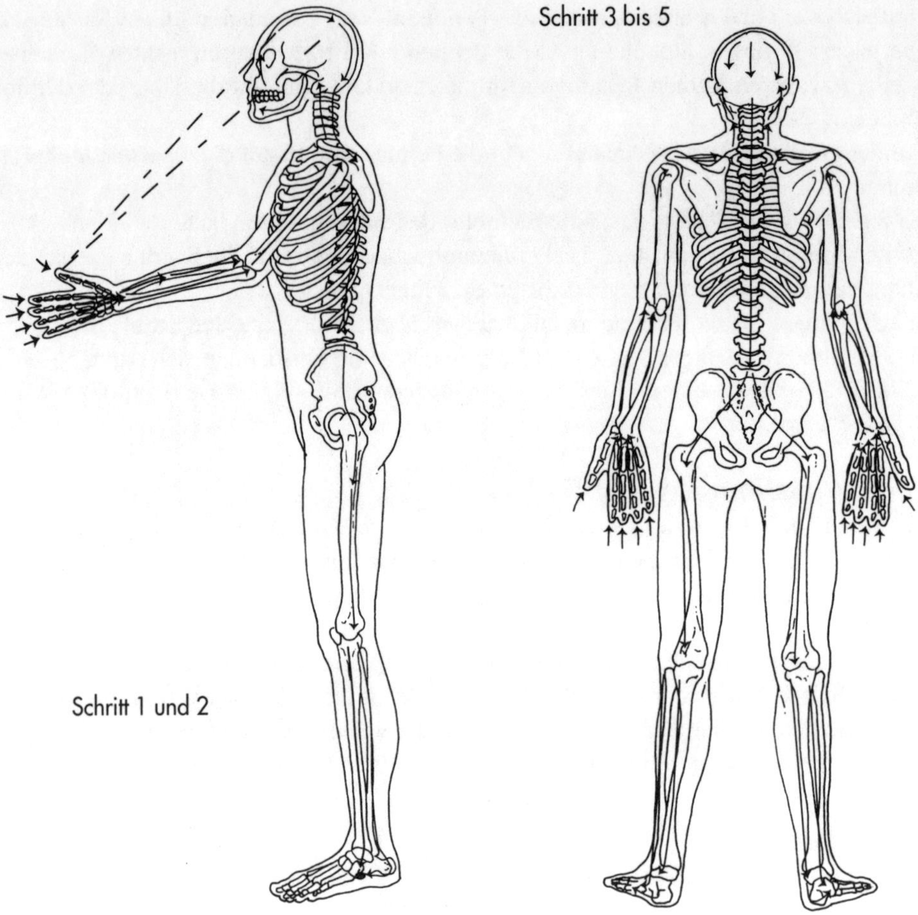

Schritt 3 bis 5

Schritt 1 und 2

4. Beim Ausatmen läuft die Energie um den Hinterkopf herum und hinunter, in den hinteren Nacken und ganz die Wirbelsäule hinab.

5. Die Energie gelangt zum Kreuzbein, teilt sich dort und verläuft in zwei Strömen in beide Hüften und weiter in die Beine hinunter bis zur »Sprudelnden Quelle«, dem Punkt hinter den Fußballen auf der Fußunterseite.

6. Atmen Sie etwa eine halbe Minute lang durch diese beiden Punkte an den Füßen ein und aus.

7. Jetzt atmen Sie durch die Zehen ein und aus. Sie beginnen mit dem großen Zeh des linken Fußes. Atmen Sie über den großen Zeh ein und aus, gehen Sie dann weiter zum zweiten, dritten, vierten und kleinen Zeh, einem nach dem anderen.

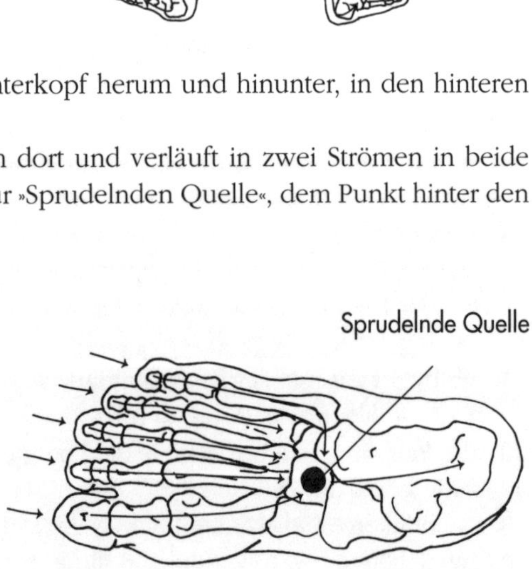

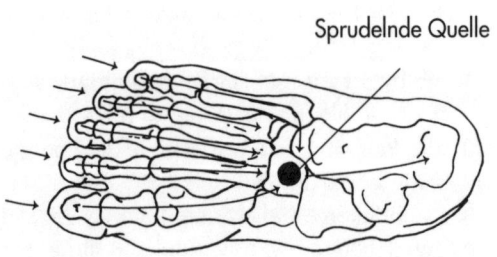

Sprudelnde Quelle

184

8. Das Gleiche machen Sie mit den Zehen des rechten Fußes.

9. Dann wird durch alle Zehen gleichzeitig ein- und ausgeatmet. Bringen Sie die Energie über die Füße zu den Fußknöcheln, atmen Sie erst dann aus. Praktizieren Sie dies 15 bis 30 Sekunden lang.

10. Jetzt atmen Sie mit dem Schien- und dem Wadenbein des Unterschenkels, bis hoch zu den Knien, und zwar wieder 15 bis 30 Sekunden lang.

11. Atmen Sie jetzt durch die Zehen bis hoch ins Bein und den Oberschenkelknochen im Oberschenkel. Dann wird über die Beine und Zehen ausgeatmet, wiederum insgesamt 15 bis 30 Sekunden.

12. Nun atmen Sie durch die Zehen ein, bis hoch ins Bein und weiter in den linken und rechten Hüftknochen, dann wieder aus, die Beine hinunter bis in die Zehen, wiederum für 15 bis 30 Sekunden.

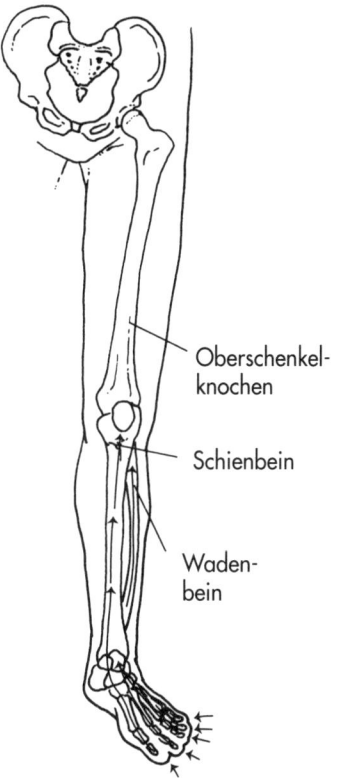

Oberschenkel-knochen

Schienbein

Waden-bein

Beim Üben kann es passieren, dass die Energie sich sozusagen selbstständig macht und an irgendwelche Stellen wandert, um alle Knochen aufzufüllen – hoch zur Wirbelsäule, in die Rippen und in das Brustbein. Damit ist das ganze Skelett beteiligt. In der nächsten Woche lernen, wir, die Energie dort zu lenken.

Stehendes Chi Kung

Liegende Formen: Teil 2

Als letzte liegende Form ist nun das seitliche Liegen an der Reihe. Sie kann historisch etwa tausend Jahre, bis zur Nördlichen Song-Dynastie (960–1127 n.Chr.) zurückverfolgt werden und wurde von einem tao-istischen Eingeweihten namens Chen Huashan be-

gründet. Er meditierte angeblich jahrelang auf dem Berg Huashan, einem berühmten taoistischen Platz, der ihm auch seinen Namen gab. Die Legende erzählt, er sei schließlich in die Unsterblichkeit eingegangen.

Chen Huashan schrieb seine *Zwölf Formen der Liegeübung* nieder und versah sie auch mit Abbildungen. Zu unserem Glück waren diese zwölf Formen identisch, zumindest was die Körperposition angeht. Sie bestanden eigentlich aus zwölf verschiedenen taoistischen Meditationen und Übungen der Inneren Alchemie.

Die Form selbst ist ziemlich einfach. Chen Huashans zwölf Formen wurden alle auf der rechten Seite praktiziert. Diese rechte Lage wird im Allgemeinen empfohlen, um das Herz zu entlasten, welches sich auf der linken Seite befindet (Sie können aber auch auf der linken Seite liegen, wie auch in der folgenden Abbildung gezeigt).

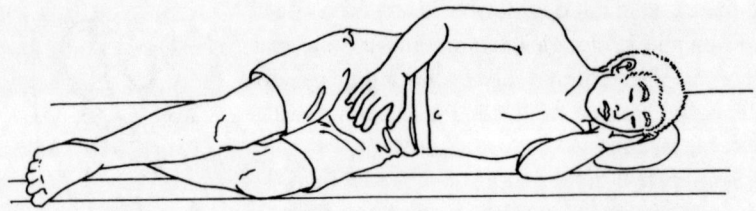

1. Sie liegen auf der rechten Seite.
2. Arbeiten Sie mit einem Kissen. Legen Sie die rechte Hand unter den Kopf, und lassen Sie den Kopf auf der Hand ruhen.
3. Der linke Arm liegt entlang der oberen, linken Seite ausgestreckt, die linke Hand ruht auf dem linken Schenkel oder im Lendenbereich.
4. Das rechte Knie ist angewinkelt, der rechte Fuß wird unter den linken Oberschenkel gesteckt.
5. Das linke (obere) Bein ist gerade gestreckt.

In der chinesischen Literatur wird diese Form allen Menschen empfohlen, die unter einer Neurose oder unter Depressionen leiden. Sie kann für alle Übungen der Dritten Kostbarkeit verwendet werden.

Die Tao-Meister konnten ihre Übungen auch im Bett liegend praktizieren, sogar im Traumzustand. Genau darum ging es bei den zwölf Formen von Chen Huashan, die nun aufgeführt werden sollen. Vieles davon dürfte Ihnen bereits vertraut sein:

1 – den Drachen und den Tiger bändigen (sexuelles Begehren)
2 – die Seele mäßigen
3 – die Lebensenergie (Chi) harmonisieren
4 – Yin und Yang übertragen
5 – Yin und Yang im Gleichgewicht halten
6 – das Feuer kultivieren
7 – den Schmelzofen beobachten, um den Kessel zu heizen
8 – die Essenz (Jing) im Körper bewahren
9 – ruhig bleiben, mit angebundenen Pferden und Affen (Emotionen)
10 – das Elixier suchen
11 – wach werden für die Wahrheit
12 – Unsterblichkeit erringen

Versuchen Sie, einige der inneren Übungen im Bett liegend zu praktizieren. Ich selbst begann damit vor vielen Jahren, als ich unter Schlaflosigkeit litt. Ich konzentrierte mich einfach auf ein Energiezentrum, zum Beispiel das Untere Tan Tien, den Solarplexus, das Herzzentrum oder die Sprudelnde Quelle. Innerhalb kürzester Zeit merkte ich, dass dies die effektivste Methode war, um die Energie an jegliche, von mir gewünschte Stelle im Körper zu lenken. In einer Art Halbschlaf war der mentale Widerstand gegen die Energiekontrolle nicht mehr so hoch.

Ich fand heraus, dass diese Übungen am besten frühmorgens praktiziert werden. Ich kann eigentlich nicht genau sagen, ob ich schon wach war oder mich noch im Schlaf befand. Tatsache war, dass ich mein Unbewusstes programmierte; wenn ich im Wachzustand die Energie im Körper lenkte, strömte sie dort fast automatisch hin.

Dies ist der Anfang des taoistischen Traum-Yogas. Versuchen Sie, eine Stunde früher aufzuwachen, und konzentrieren Sie sich einfach auf eines der Energiezentren im Körper, während Sie in den Schlaf zurückgleiten. Nach ein paar Tagen treiben Sie in den Schlaf hinein und wieder hinaus und denken daran, sich auf ein Energiezentrum zu fokussieren. Wer das zustande bringt, kann bald viele Übungen des Tao-Yoga im Traumzustand praktizieren. Wenn es bei Ihnen nicht klappt, ist das allerdings auch kein Grund zur Sorge. Traum-Yoga ist nicht jedermanns Sache.

Sie können es auch einmal vor dem Schlafengehen ausprobieren. Konzentrieren Sie sich auf die Sprudelnde Quelle, und es kann passieren, dass Sie direkt in den Traumzustand wechseln und wahrscheinlich sehr interessante Träume haben. Vielleicht erhalten Sie sogar Besuch von einem Unsterblichen, wer weiß!

Sexual-Kung-Fu

Knochenmarksatmung – Sexualenergiemassage: Teil 2

Die durch die Sexualenergiemassage angeregte Sexualenergie kann direkt von den Knochen aufgenommen werden. Führen Sie einmal eine Kochenmarksatmung nach einer Sexualenergiemassage durch, und Sie werden wahrscheinlich merken, wie viel stärker die Übung wirkt. Die Sexualenergie kann in den Knochen gespeichert werden. Nach der taoistischen Lehre werden die Knochen mit dem Älterwerden unter anderem deshalb brüchiger, weil der Körper nicht mehr so viel Sexualenergie (Jing Chi) zur Verfügung hat – einer der wichtigsten Gründe, warum das Bewahren der Essenz (Jing) – und die Sexualenergie ist im Körper die mächtigste Form dieser Essenz – bei den taoistischen Praktiken eine so große Rolle spielt.

Die Technik der Sexualenergiemassage baut den Vorrat an Sexualenergie im Körper auf. Der wichtigste Speicher für diesen Vorrat im Körper sind die Nieren; aber auch im Gehirn und in den Knochen wird Sexualenergie gelagert. Das Drehen der Yin-Yang-Wasserräder ist eine effektive Methode, um die Sexualenergie hoch ins Gehirn zu bringen. Die Knochenmarksatmung unterstützt das Speichern in den Knochen. Bis zu einem gewissen Grad können alle Organe durch die Sexualenergiemassage Sexualenergie aufnehmen und davon profitieren. Die Sexualenergie ist die Energie des Lebens. Die Taoisten wussten um dieses Geheimnis und nutzten sie auf eine Art und Weise, die man sich im Westen nicht einmal träumen ließ.

Stellen Sie sich einfach vor, Sie nutzen die Sexualenergie, um die Knochen zu stärken, das Knochenmark zu regenerieren, das Fett aus dem Mark herauszubrennen und die Produktion der weißen und roten Blutkörperchen anzuregen. Sie könnten tausend Jahre lang auf jenem Felsen sitzen und dennoch nicht auf so etwas kommen. Man kann sich das alles nicht einfach ausdenken!

Sexualenergiemassage für Männer: Teil 2

Im Folgenden werden drei weitere Techniken der Sexualenergiemassage vorgestellt.

Abklopfen der Hoden

Durch diese Übung werden die Hoden stimuliert, der Blutkreislauf verbessert und die Samen-produktion angeregt.

1. Sie gehen in eine der Standpositionen, der Unterkörper ist unbekleidet.
2. Mit dem Einatmen wird Energie (Chi) di-rekt in beide Hoden gelenkt.
3. Dann wird die Luft angehalten; Sie beißen die Zähne zusammen und kontrahieren Perineum und Anus. Gleichzeitig ziehen Sie sanft die Hoden hoch.
4. Der Penis wird zur Seite geschoben, und Sie klopfen mit dem Mittelfinger sanft den linken Hoden, etwa 10 bis 15 Sekunden lang.
5. Dann atmen Sie aus und entspannen sich, bevor Sie dies mit dem rechten Hoden wiederholen.

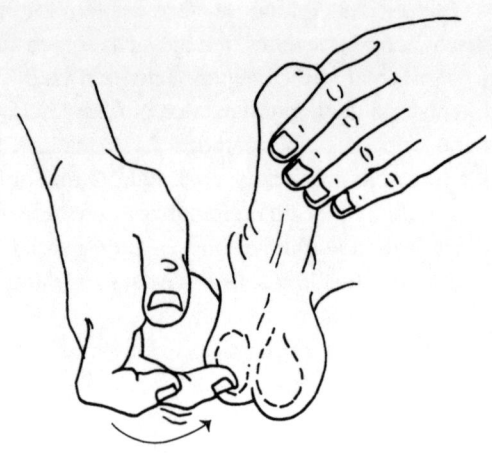

Penismassage

Mit dieser Übung können Energieblockaden im Penis aufgelöst werden. Außerdem wird die Blutzirkulation verbessert und der Muskeltonus gestärkt.

1. Sie reiben die Hände gegeneinander, bis sie warm werden.
2. Nehmen Sie den Penis in beide Hände; die Daumen liegen an der Oberseite des Schafts.
3. Jetzt wird der Penis mit beiden Daumen massiert: an der linken Penisseite hinun-ter, von der Peniswurzel wieder hoch zur Spitze und zurück.
4. Massieren Sie dann den Penis mit beiden Daumen: die rechte Seite hinunter, von der Peniswurzel hoch zur Spitze und zurück.
5. Dann wird der Penis mit beiden Daumen die Mittellinie entlang massiert: nach un-ten zur Peniswurzel, hoch zur Spitze und wieder zurück.

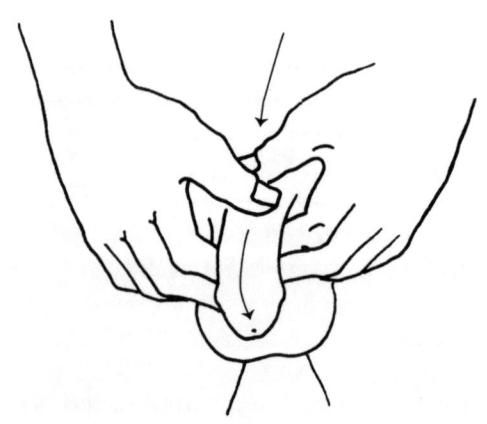

Dehnen der Sehnen an Penis und Hoden

Gemäß der Lehre der Taoisten haben alle Sehnen im Körper eine Verbindung zu den Sexualorganen. Durch Dehnen des Penis und des Hodensacks werden eigentlich alle Sehnen im Körper gedehnt. Diese Übung ist äußerst wirksam, aber Sie müssen behutsam vorgehen und dürfen nicht zu fest ziehen.

1. Sie reiben die Hände gegeneinander, bis sie warm sind.
2. Der Daumen einer Hand wird über die Peniswurzel gelegt, die anderen Finger liegen hinter dem Hodensack; Sie halten also Penis und Hodensack zwischen Daumen und Zeigefinger.
3. Nun lenken Sie die Perineum-Kraft hoch in die fünf Hauptorgane und ziehen dabei den Penis und den Hodensack nach unten. Der Daumen bleibt am unteren Penisansatz, die Finger hinter dem Hodensack. Sie dürfen nicht zum Schaft oder zu den Hoden rutschen.
4. Ziehen Sie nicht zu fest. Der Zug nach unten kann mit einer kreisförmigen Bewegung erfolgen, zuerst nach links und dann nach rechts. Wiederholen Sie dies ein paarmal.

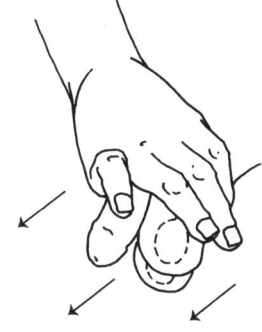

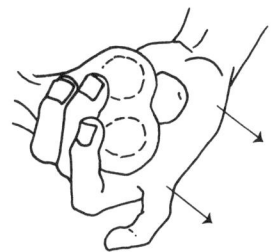

Versuchen Sie, nach der Sexualenergiemassage die Knochenmarksatmung zu praktizieren. Die Übungen dieser und der vorigen Woche dauern nur ein paar Minuten.

Sexualenergiemassage für Frauen: Teil 2

Diese Massage kann in Verbindung mit der Massagetechnik der vorigen Woche (Massage der Drüsen), aber auch alleine für sich ausgeführt werden.

Massage der Organe mit Sexualenergie

1. Sie reiben die Hände zum Aufwärmen gegeneinander, legen sie dann über die Brüste und führen eine Brustmassage durch (siehe letzte Woche).
2. Wenn die Sexualenergie aktiviert ist, wird sie zur Lunge gelenkt.
3. Stimulieren Sie mit der Sexualenergie die Lunge und lenken Sie sie dann zurück zu den Brüsten.
4. Dann wird die Sexualenergie zur Thymusdrüse und zum Herzen geleitet.
5. Stimulieren Sie mit der Sexualenergie die Thymusdrüse und das Herz und lenken Sie sie dann zurück zu den Brüsten.
6. Nun geht die Sexualenergie zur Milz.
7. Auch sie wird stimuliert, danach lassen Sie die Sexualenergie wieder zurück zu den Brüsten fließen.
8. Jetzt sind die Nieren an der Reihe. Die Sexualenergie fließt zu den Nieren, stimuliert dieses Organ und fließt dann zurück zu den Brüsten.

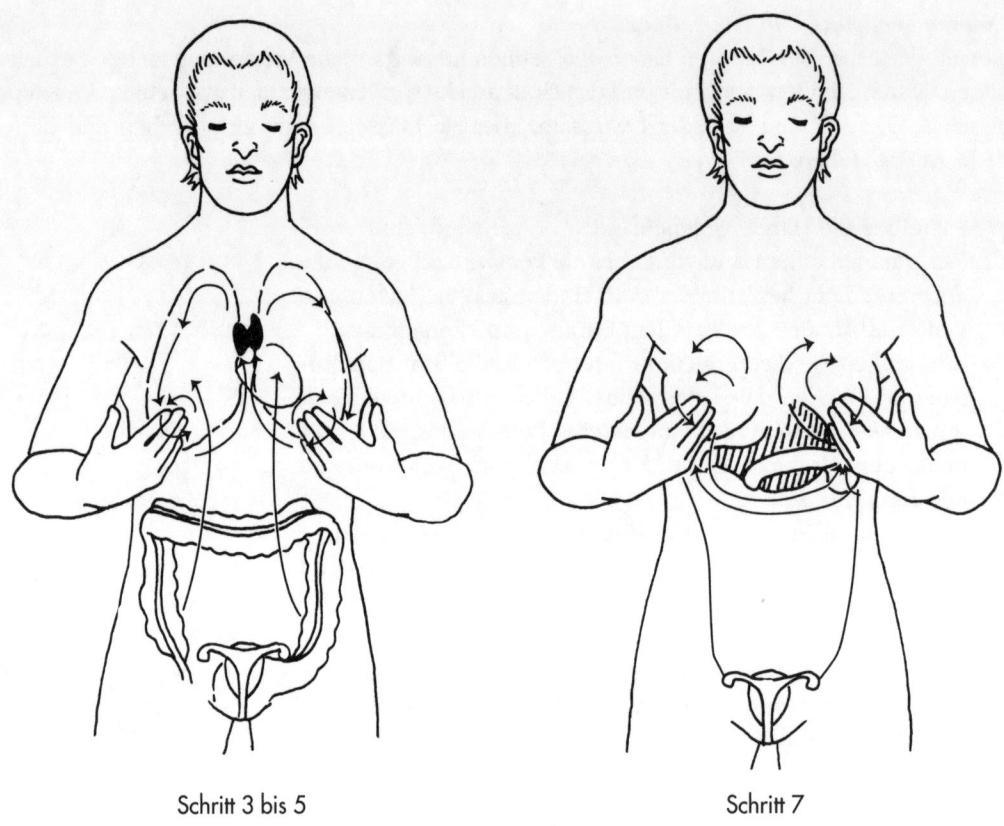

Schritt 3 bis 5   Schritt 7

9. Auch die Leber wird nun von der Sexualenergie stimuliert; danach fließt sie zu den Brüsten zurück.
10. Nun werden die Hände in den Schoß und auf die Knie gelegt, die Konzentration liegt auf den Brüsten und Brustwarzen.
11. Die kribbelnde Sexualenergie fließt hinunter zu den Eierstöcken.
12. Konzentrieren Sie sich nun voll auf die Eierstöcke und atmen Sie in die beiden Eierstöcke hinein.
13. Ziehen Sie die Schamlippen hoch und die Sexualenergie zum Ovarpalast, direkt über der Vagina.
14. Zum Abschluss der Übung legen Sie jeweils eine Hand auf die beiden Eierstöcke und massieren sie 36-mal in jede Richtung.

Für Männer kann diese Übung abgewandelt praktiziert werden. Anstelle der Brust massieren sie den Schaft (nicht den Kopf) ihres »Jadestengels«, statt der Eierstöcke die Hoden.

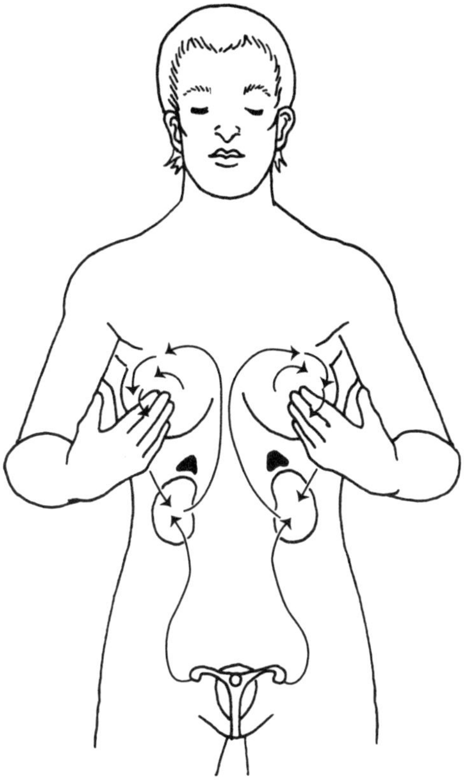

Schritt 8

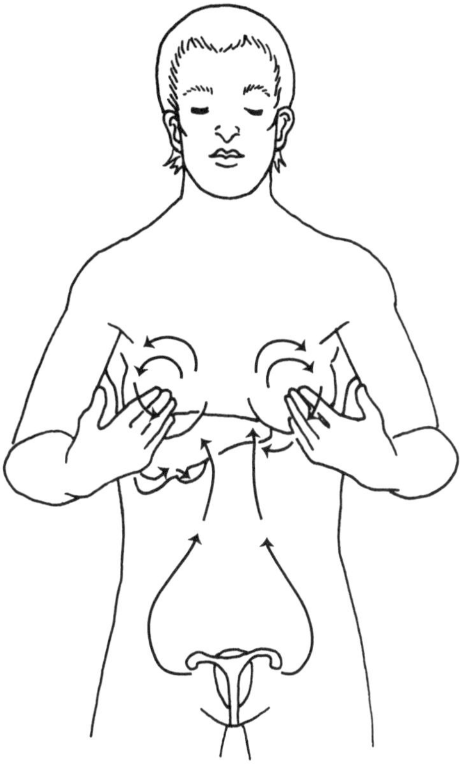

Schritt 9

Fusion der Fünf Elemente: Teil 7

Negative Emotionen transformieren

Eines der Grundziele des Tao-Yoga ist die Rückge-
winnung unserer Ur-Natur. Die Innere Alchemie ist
ein System, mit dessen Hilfe die Taoisten zu ihrer Ur-
Natur zurückfanden. Diese Ur-Natur, die wir alle bei
der Empfängnis mitbekommen haben, geht bei und
nach der Geburt allmählich verloren. Zum Zeitpunkt,

an dem wir unsere Ausbildung abgeschlossen haben, ist sie meist schon lange verloren.

Diese Ur-Natur ist mit Worten schwer zu erklären. Sie ist etwas Stilles, in Harmonie mit dem
Tao. Sie braucht, um sich selbst zu erkennen, keine Gedanken. Die Ur-Natur ist das wahre Ich
unter der Oberfläche der intellektuellen Geistesprozesse. Wer zu ihr durchdringen will, muss
sich von allem befreien, was er je gelernt hat, muss Bereiche betreten, in denen nicht mehr die
Gedanken die Kontrolle haben. Der Gedankenprozess wird zum großen Teil vom emotionalen

Zustand kontrolliert. Ein glücklicher Mensch hat glückliche Gedanken, ein trauriger Mensch traurige. Der emotionale Zustand, der Geisteszustand, spiegelt die Gedanken wider.

Leider haben allzu oft negative Emotionen die Kontrolle über uns. Für die Taoisten sind negative Gedanken Diebe, die die positive Energie stehlen. Durch negative Emotionen erleben wir Sorge und Wut, Furcht und Niedergeschlagenheit. Negative Gedanken machen uns ängstlich und verspannt.

Um sich von negativen Emotionen oder Gedanken zu befreien, muss eine Möglichkeit gefunden werden, sie in positive Emotionen und Gedanken zu transformieren – ein uraltes Problem der Menschheit. Im Westen ging man daran, dazu den Denkprozess zu transformieren. Mit Hilfe der Psychologie werden negative Gedankenprozesse in positive verwandelt, und man hofft darauf, dass sich positive Gedanken einstellen, wenn alle negativen Gedanken erst mal »entsorgt« worden sind.

Die Taoisten gingen anders heran. Sie wollten die Emotionen transformieren. Das hört sich vielleicht wie ein- und dasselbe an, ist es aber nicht. Für einen Taoisten sind die Gedanken im Gehirn angesiedelt, die Emotionen dagegen sitzen in den inneren Organen. Während also die westliche Psychologie das Gehirn als den Schaltsitz für die Kontrolle der Gedanken und des emotionalen Zustandes betrachtet, wird in der taoistischen Lehre den fünf inneren Hauptorganen die Kontrolle über die Emotionen zugeschrieben, die wiederum die Gedanken kontrollieren. Die fünf Organe sind sozusagen die Software, das Gehirn der Computer. Welche Programme auf diesem Computer laufen, hängt davon ab, was man eingibt.

Im nächsten Schritt der Fusion der Fünf Elemente geht es darum, negative Emotionen aus den Nieren, dem Herzen, der Leber, der Lunge und der Milz im Pa Kua (bzw. dem Stern im Kreis) zu sammeln. In diesen fünf Organen werden negative Emotionen vor allem gespeichert.

Jedem dieser fünf Hauptorgane ist, wie wir bereits wissen, ein Element zugeordnet. Die Ausgewogenheit der Elemente bestimmt den emotionalen Zustand. Wenn man also die Fünf Elemente in der Fusion zusammenbringt, wirkt sich auch dies auf den emotionalen Zustand aus. So kann es beispielsweise auch passieren, dass seit den Fusionsübungen der letzten Woche bestimmte, unter Umständen sehr starke Emotionen emporkommen, wenn die Verbindung zwischen äußerem Sinnesorgan und innerem Organ hergestellt wird. Bei den Taoisten dürfen diese Emotionen ruhig an die Oberfläche kommen, werden aber kontrolliert. Durch das Zusammenbringen der fünf Emotionen im Fusionsprozess werden sie miteinander vermischt und harmonisiert, was wiederum mit der Zeit auch den emotionalen Zustand in Harmonie bringt. Keine ungebärdige Emotion kann Sie dann kontrollieren. Die Gedanken kommen zur Ruhe, die Emotionen sind weniger extrem. In dieser Woche lernen wir eine Lektion in taoistischer Psychologie.

Unser Alltag wird von unterdrückten Emotionen beherrscht. Wenn man wütend ist, lädt man diese negative Emotion auf einen anderen Menschen ab, um sich dann zwar eine Weile besser zu fühlen, ohne dass jedoch die Wut wirklich weggeht. So funktioniert das meistens. Irgendwie werden negative Emotionen auf jemand anderen abgeladen. In einer Psychotherapie ist der Psychotherapeut derjenige, der sie »abbekommt«, in der Hoffnung, dass man sich danach besser fühlt. Soweit mir bekannt ist, ist die Selbstmordrate bei Psychiatern und Psychologen eine der höchsten weltweit. Sie wissen oft einfach nicht, wo sie den ganzen »Müll«, der bei ihnen abgeladen wird, »entsorgen« können.

192

Bei der Fusion der Fünf Elemente werden die Emotionen nicht einfach abgeladen, sondern vielmehr in positive Emotionen umgewandelt. Der erste Schritt besteht darin, sie zu sammeln und zu harmonisieren. In der folgenden Tabelle sind die fünf Hauptorgane sowie die ihnen zugeordneten negativen Emotionen aufgeführt:

ELEMENT	Feuer	Wasser	Holz	Metall	Erde
ORGAN	Herz	Nieren	Leber	Lunge	Milz
NEGATIVE EMOTION	Hass Grausamkeit Arroganz Ungeduld	Furcht Stress	Wut	Traurigkeit Depression Kummer	Sorge Angst

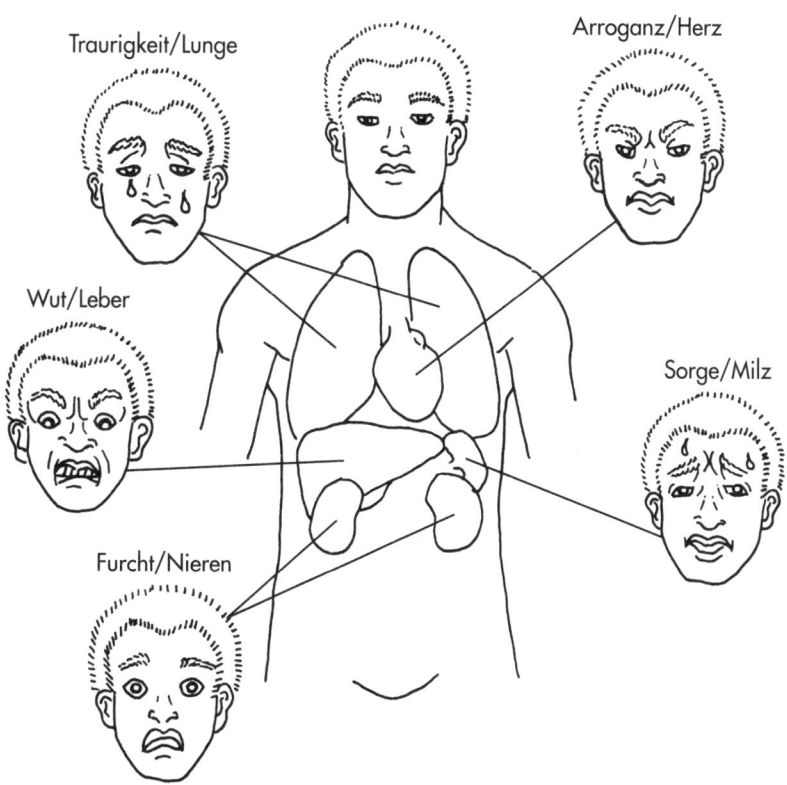

Traurigkeit/Lunge

Arroganz/Herz

Wut/Leber

Sorge/Milz

Furcht/Nieren

All dies führt uns zu unserer Ur-Natur zurück, die durch negative Emotionen verschleiert wird. Solange wir von negativen Emotionen beherrscht werden, werden wir nie einen Blick auf unsere Ur-Natur erhaschen. Doch wir wollen zu dieser Ur-Natur zurück. Wer möchte nicht wissen, wer er wirklich ist?

1. Sie sitzen aufrecht auf einem Stuhl, die Hände sind gefaltet, die Zungenspitze liegt am oberen Gaumen. Stellen Sie sich vor, dass Ihr Körper nacheinander von den Fünf Farben der Elemente umgeben ist, zunächst Rot, dann Gelb, Weiß, Blau und Grün.
2. Lächeln Sie in die Augen (Sie können auch das gesamte Innere Lächeln praktizieren, entlang der Vorder-, Mittel- und Rückenlinie).
3. Dann wird das vordere Pa Kua (bzw. der vordere Stern im Kreis) gebildet.
4. Mit den Ohren (dem Inneren Ohr) lauschen Sie nach unten zu den Nieren oder konzentrieren sich einfach auf die Nieren.
5. Stellen Sie sich ein auf die Emotion der Furcht oder auf andere Empfindungen in den Nieren, die Sie nicht mögen oder die sich unangenehm anfühlen. Sie können als Farbe, als Form, als Gefühl, Klang oder Geschmack empfunden werden. Die Farbe ist wahrscheinlich ein trübes Blau, Grau oder Schwarz.
6. Leiten Sie diese Furcht (bzw. die anderen Gefühle) von den Nieren spiralig in den Nieren-Sammelpunkt.
7. Spüren Sie nun die Verbindung zwischen Zunge und Herz. Nehmen Sie wahr, was sich als Gefühl der Ungeduld, des Hasses, der Arroganz oder Grausamkeit im Herzen befindet. Dies kann als Farbe, als Form, als Gefühl, Klang oder Geschmack empfunden werden. Die Farbe ist wahrscheinlich ein schlammiges Rot, Orange oder Grau.
8. Leiten Sie diese Ungeduld, Grausamkeit bzw. die anderen Gefühle vom Herzen spiralig in den Herz-Sammelpunkt.
9. Die Aufmerksamkeit wird nun geteilt und die Energie aus den beiden Sammelpunkten spiralig ins vordere Pa Kua (bzw. den vorderen Stern im Kreis) gebracht.
10. Spüren Sie nun die Verbindung zwischen den Augen und der Leber. Nehmen Sie wahr, was sich an Wut oder anderen negativen Empfindungen in der Leber befindet. Dies kann als Farbe, als Form, als Gefühl, Klang oder Geschmack empfunden werden; es kann sich zum Beispiel scharfkantig und schmerzhaft anfühlen, heiß, von schlammig-grüner, trüber oder grauer Farbe sein.
11. Leiten Sie diese Wut oder andere unangenehme Gefühle von der Leber spiralig in den Leber-Sammelpunkt.
12. Mit dem nächsten Einatmen spüren Sie die Verbindung zwischen Nase und Lunge, nehmen Gefühle wie Traurigkeit, Kummer, Depression oder andere unangenehme Empfindungen in der Lunge wahr; dies kann sich kalt, grau, trüb oder bedrückend anfühlen.
13. Leiten Sie diese Traurigkeit oder andere unangenehme Gefühle von der Lunge spiralig in den Lungen-Sammelpunkt.
14. Die Aufmerksamkeit wird nun geteilt und die Energie aus dem Leber- und dem Lungen-Sammelpunkt spiralig ins vordere Pa Kua (bzw. den vorderen Stern im Kreis) gebracht.
15. Spüren Sie nun die Verbindung zwischen Mund und Milz, nehmen Gefühle wie Sorge, Ängst-

lichkeit oder andere unangenehme Empfindungen in der Milz wahr; dies kann sich grau, trüb, klebrig oder wackelig anfühlen.

16. Leiten Sie diese Sorge, Angst oder andere unangenehme Gefühle von der Milz spiralig in das vordere Pa Kua (bzw. den Stern im Kreis).

17. Alle Emotionen, Empfindungen, Farben etc. werden jetzt im vorderen Pa Kua (bzw. Stern im Kreis) miteinander spiralig kreisend vermengt, bis sie alle miteinander vermischt sind.

18. Visualisieren Sie nun das hintere Pa Kua (den hinteren Stern im Kreis).

19. Lassen Sie die Emotions-»Mischung« vom vorderen Pa Kua sowie die Energie aus dem hinteren Pa Kua spiralig in den Kessel am Unteren Tan Tien kreisen.

20. Dann bilden Sie das linke und rechte Pa Kua und lassen auch deren Energie spiralig in den Kessel laufen.

21. Dann bilden Sie das obere und untere Pa Kua und lenken deren Energie spiralig in den Kessel.

22. Die spiralig kreisende Energie wird im Kessel zu einer Perle verdichtet. Sie stellen sich vor, dass die Perle alle negativen Emotionen in positive Emotionen transformiert.

23. Diese Perle bringen Sie in den Kleinen Energiekreislauf und zirkulieren sie ein paarmal. Rollen Sie dabei zur Unterstützung mit den Augen (wie beim Antreiben der Yin-Yang-Wasserräder), als ob Sie sie um 360 Grad drehen könnten.

24. Dann wird die Perle zurück in den Kessel geleitet und die Energie am Nabel gesammelt.

Wenn die negativen Emotionen miteinander vermischt werden, kann die Perle sie in positive Emotionen transformieren. Die folgende Tabelle listet die positiven Emotionen und die entsprechenden Organe auf.

ELEMENT	Feuer	Wasser	Holz	Metall	Erde
ORGAN	Herz	Nieren	Leber	Lunge	Milz
NEGATIVE EMOTION	Liebe Achtung Respekt	Sanftheit Weisheit	Freundlich- keit Vergebung	Mut Recht- schaffenheit	Fairness Offenheit

Durch das Verbinden der strahlenden Elementfarbe und des Organs mit diesen positiven Emotionen können diese sich entwickeln und stärker werden.

13. WOCHE

Quadratische Atmung: Teil 7

So langsam nähern wir uns dem Ende unseres Kurses. Ich hoffe von Herzen, dass viele meiner Leser aus diesen Lektionen Nutzen ziehen konnten. Selbst wenn Sie nicht üben, das Buch aber gelesen haben, dürfte sich Ihr Verständnis der Wirklichkeit im Licht der einzigartigen taoistischen Weltsicht doch geändert haben.

Die Quadratische Atmung gehört in die Kategorie des »Nei Dan« bzw. »Inneren Übens«. Vieles der taoistischen Sicht von Gesundheit und Fitness steht der westlichen Sicht diametral entgegen. Im Westen fangen wir außen an und arbeiten uns nach innen vor. Das ist das so genannte »Wei Dan« bzw. »Äußere Üben«. Auch bei den Taoisten gibt es viele solcher äußeren Übungen. Das Bewegungs-Chi-Kung und Tai Chi Chuan sind im Grunde genommen Wei Dan. Doch der Kern des Tao-Yoga ist Nei Dan, die Arbeit von innen nach außen. Bei der Quadratischen Atmung ist dieser Ansatz deutlich zu erkennen: Der Druck im Inneren des Körpers wird erhöht, um so den ganzen Körper mit Energie zu füllen; das stärkt auch den äußeren Körper. Die Taoisten bezeichnen dies als die »Innere Kraft«.

In dieser Übungswoche wird nun auch der Kopf mit einbezogen. Die Technik ist etwas anders als bisher. Sie dürfen, um Verletzungen zu vermeiden, nicht zu viel Druck ausüben. Sie atmen mit einer Bauchatmung ein und lenken dann die Perineum-Kraft hoch zum Dritten Auge. Dann wird das Kinn eingezogen, der hintere Nacken gestreckt, einmal kurz Luft geholt und die Perineum-Kraft zum Jadekissen geleitet, dem Punkt am hinteren Nackenansatz. Das Dritte Auge und das Jadekissen liegen in etwa auf einer Linie.

Die nächsten beiden Schritte unterscheiden sich nun ein wenig von der bereits bekannten Technik. Sie atmen in den linken und rechten Schläfenknochen, zwischen den Augenwinkeln und den Ohren. Hier sollte nicht zu viel Druck ausgeübt werden. Sie ziehen hoch, aber nicht mit der ganzen Perineum-Kraft, also Anus und Perineum, sondern nur sanft mit den Hoden bzw. Eierstöcken, und lenken diese Energie zu den Schläfen.

Bei den Männern wird der linke Hoden also zur linken Schläfe, der rechte Hoden zur rechten Schläfe gelenkt; bei den Frauen entsprechend der linke Eierstock zur linken Schläfe und der rechte Eierstock zur rechten Schläfe.

Mit fortschreitender Praxis des Tao-Yoga öffnen sich oft auch die Schädelknochen, ein wünschenswertes Resultat, welches auf den freieren Energiefluss im Kopf zurückzuführen ist. Diese Erfahrung kann allerdings im ersten Moment ein wenig erschreckend wirken. Die Quadratische Atmung, die ja die Innere Kraft aufbaut, kann diesen Effekt haben, nicht nur bei den

Schädelknochen, sondern bei allen Knochen im Körper, die verspannt oder nicht gut ausgerichtet sind. Wenn es passiert, brauchen Sie also keine Angst zu haben, sondern sollten dies vielmehr als Zeichen des Fortschritts interpretieren.

Die Quadratische Atmung ist eine sehr starke Technik. Deshalb warne ich hier noch einmal vor Übertreibungen. Selbst wenn man sie ganz sanft ausführt, ist die Wirkung sehr stark. Letztendlich waren solche Übungen das Herzstück der taoistischen Kampfkünste; wer diese beherrschte, konnte Schläge auf jedwede Körperteile aushalten oder wundersame Taten vollbringen, zum Beispiel einen Pfeil an seiner Kehle durchbiegen, ohne dass auch nur die Haut geritzt wurde. Die Innere Kraft ist im Westen nahezu unbekannt – ein neues Grenzland der Gesundheit und Stärke, des Wohlbefindens und der Selbstverteidigung, das es im 21. Jahrhundert zu erobern gilt.

1. Sie atmen mit einer Bauchatmung ein.
2. Dann holen Sie noch einmal kurz Luft und lenken die Perineum-Kraft zum Dritten Auge, zwischen und leicht oberhalb der Augen.
3. Nun ziehen Sie das Kinn ein, richten den Nacken auf, sodass das Dritte Auge und die Schädelbasis (Jadekissen) in etwa auf einer Höhe sind.

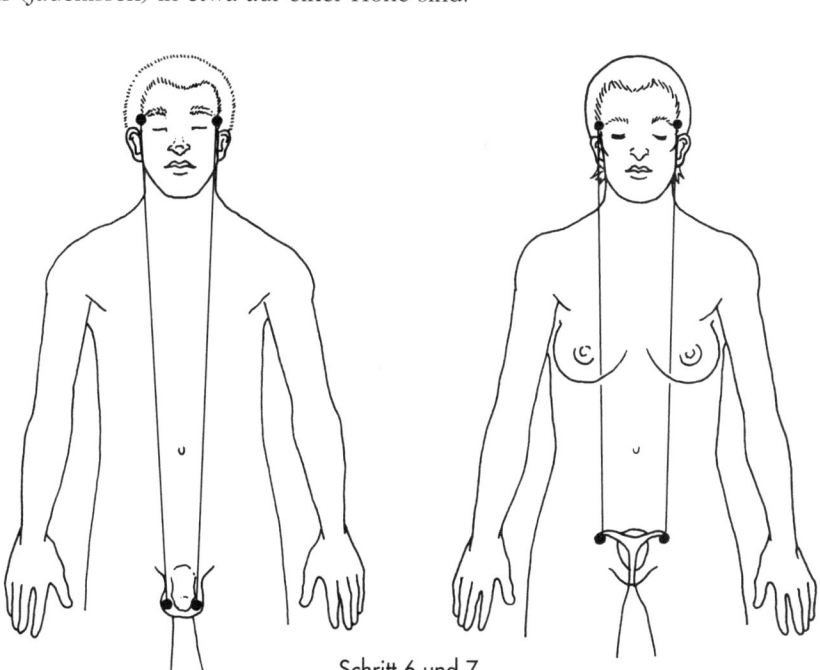

Schritt 6 und 7

197

4. Mit einem weiteren kurzen Atemzug wird die Perineum-Kraft zur Schädelbasis (Jadekissen) gelenkt.
5. Noch einmal ziehen Sie kurz die Luft ein und ziehen sanft den linken Hoden/Eierstock hoch, Richtung linke Schläfe.
6. Wieder ziehen Sie kurz die Luft ein und ziehen sanft den rechten Hoden/Eierstock hoch, Richtung rechte Schläfe.
7. Mit dem nächsten Einatmen ziehen Sie beide Hoden/Eierstöcke gleichzeitig hoch, zur linken bzw. rechten Schläfe.
8. Sie halten diesen Zug und atmen aus.
9. Das Ganze wird zwei- bis dreimal wiederholt.

Als Meditation nach der Quadratischen Atmung können Sie sich vorstellen bzw. spüren, dass der linke Hoden/Eierstock sich mit der linken Gehirnhälfte verbindet und mit dieser verschmilzt, der rechte Hoden/Eierstock verschmilzt mit der rechten Gehirnhälfte.

Die Quadratische Atmung in die Schläfen kann auch zusammen mit den vorher gezeigten Schritten praktiziert werden. Mit kleinen Atemzügen arbeiten Sie sich schnell hoch bis zum Schädel. Der letzte Schritt dieser Atemtechnik wird im nächsten Kapitel vorgestellt.

Knochenmarksatmung: Teil 6

Diese Woche wird auch der Rest des Skeletts in die Knochenmarksatmung einbezogen: Wir lernen, in den Brustkorb und in das Brustbein zu atmen.

Diese Knochen sind am schwierigsten. Es erfordert Übung und Konzentration. Doch da Sie ja schon seit fünf Wochen die Knochenmarksatmung praktizieren, dürfte es ein wenig einfacher sein. Wenn man es erst einmal heraus hat, bietet diese Technik keinerlei Schwierigkeiten mehr. Allerdings ist tägliches Üben die Voraussetzung. Wer immer wieder einmal einen Tag auslässt, verliert diese Fähigkeit schnell wieder.

Auch der Aufbau von Sexualenergie im Körper trägt mit dazu bei, dass die Knochenmarksatmung schnell und einfach vonstatten geht. Die bisher gelernten Sexual-Kung-Fu-Übungen, insbesondere die Yin-Yang-Wasserräder und die Sexualenergiemassage bauen einen Vorrat an Essenz bzw. Jing (Ching) in seiner wirkungsvollsten Form, der Sexualenergie (Jing Chi) auf. Diese so außergewöhnliche Fusion von Sexualenergie und Heilung macht die taoistische Praktik zu etwas Einzigartigem. Ich habe versucht, all die Übungen dieses Buches so gut ich vermochte miteinander zu verweben, sodass Sie nicht nur die Beschreibung lesen, sondern sie auch praktizieren können. Denken Sie immer an die taoistische Maxime: Wer es nicht macht, der versteht es auch nicht. Oder anders ausgedrückt: Übung macht den Meister.

Ich werde mein Möglichstes tun, Ihnen das Atmen in Rippen und Brustbein zu erklären, doch Sie werden ein bisschen experimentieren müssen, um herauszufinden, was für Sie am besten ist. Diese Woche wird auch zum ersten Mal in Beine und Arme gleichzeitig geatmet.

Sie atmen von den Zehen beide Beine hoch, in die Hüftknochen und dann ins Kreuzbein und weiter in die Wirbelsäule. Von den Fingern aus wird in die Arme und Schulterblätter geatmet. Die Energie aus Armen und Beinen kommt im Nackenansatz zusammen und fließt in so- wie über den Schädel hoch. Über die Gesichts- und Kieferknochen fließt die Energie dann nach unten, weiter durch den Nacken in die Schlüsselbeine und zum Brustbein. An diesem Punkt spüren Sie dann die Energie durch die Rippen strömen, von der Wirbelsäule zum Brustbein (also von hinten nach vorne). Sie breitet sich außerdem vom Brustbein in und um die Rippen hin zur Wirbelsäule aus (von vorne nach hinten), fließt aus dem Rückgrat und füllt die freien Rippen im unteren Brustkorb, die nicht mit dem Brustbein verbunden sind. Damit atmen alle Knochen im Körper.

Ich hoffe, dies ist verständlich; es ist sehr schwer in Worte zu fassen. Schließlich versuchen wir hier, Energie in Bewegung zu beschreiben. Wenn Sie mit den Rippen atmen können, werden Sie auch verstehen, wie die Energie von hinten nach vorne und von vorne nach hinten fließen kann.

Auch sämtliche Knochen im Schädel, Gesicht und Kiefer müssen mit Energie gefüllt werden. Wenn Sie den Dreh erst einmal heraushaben, fühlt sich das an, als ob alle Knochen beim Einatmen Energie einsaugen und sie beim Ausatmen wieder ausstoßen. Und wie schon so oft gesagt: Je mehr Sie üben, desto einfacher wird es.

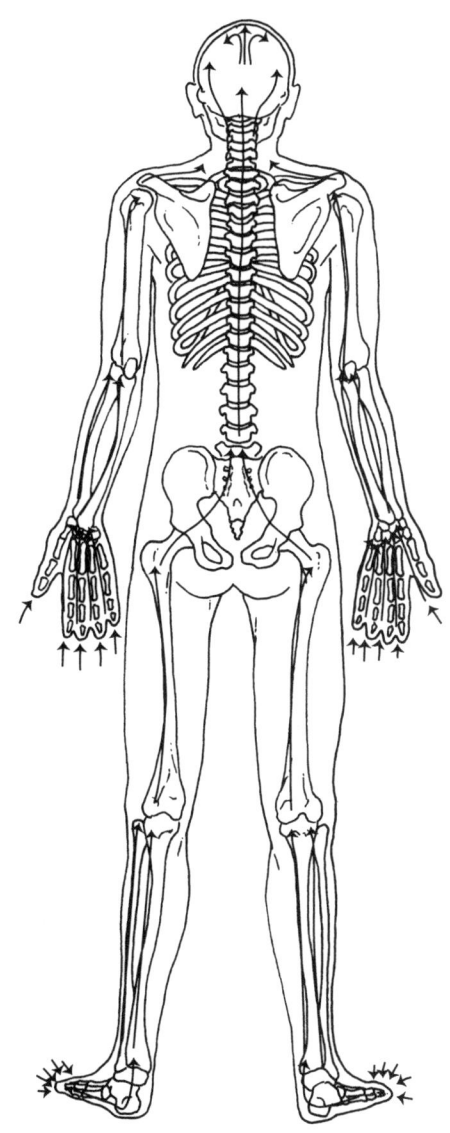

1. Sie atmen gleichzeitig in Arme und Beine, von den Fingerspitzen und Zehen aus.
2. Die Energie steigt die Beine hoch, zu den Hüften und läuft am Kreuzbein zusammen; von dort aus geht sie weiter die Wirbelsäule hoch bis zum Nackenansatz.
3. Auch über die Arme läuft die Energie hoch bis in die Schulterblätter und weiter in die Wirbelsäule bis zum Nackenansatz.
4. Hier, am Nacken, kommt die Energie aus Armen und Beinen zusammen.
5. Mit dem Ausatmen fließt die Energie über den Schädel in die Gesichtsknochen und dann in die Kieferknochen.
6. Die Energie fließt vorne am Nacken hinunter, in die Schlüsselbeine und weiter zum Brustbein in der Brustmitte.
7. Noch einmal atmen Sie ein, wie oben beschrieben. Wenn die Energie hoch in die Wirbelsäule steigt, fließt sie diesmal nicht nur zum Kopf, sondern strömt auch in die Rippen, kreist um den Torso und vereinigt sich im Brustbein.

8. Beim Ausatmen fließt die Energie in Arme und Beine, aber auch um den Brustkorb herum in die Rippen und kreist um die Wirbelsäule.

9. Mit dem nächsten Atemzug steigt die Energie wieder in die Wirbelsäule und zusätzlich zu den bereits genannten Bereichen auch in die freien Rippen am unteren Brustkorb.

10. Beim nächsten Einatmen fließt die Energie in die Arme und Beine und weiter in alle Knochen im Körper.

11. Beim Ausatmen verlässt die Energie über die Fingerspitzen und Zehen den Körper. Praktizieren Sie diese Übung ein paar Minuten lang.

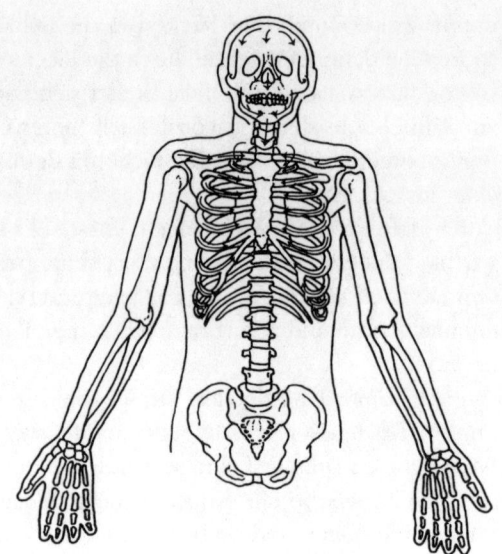

Mit regelmäßigem Üben werden Sie feststellen, dass die großen Gelenke im Körper, die Handgelenke, Fußknöchel, Ellbogen, Knie, Schultern und Hüften sehr gut direkt Energie aufnehmen können. Sie fungieren als verstärkte Transformatoren. Doch bevor das geschehen kann, muss die Energie erst einmal gleichmäßig durch alle Knochen strömen. Und Sie wissen ja, wie Sie das erreichen: durch tägliches Üben. Es ist die Mühe wert, denn es wird dann mühelos gehen.

Stehendes Chi Kung

Die Inneren Feuer aktivieren

Die Standübung dieser Woche ist etwas anders aufgebaut als die bisherigen Chi-Kung-Übungen. Die Standmeditation ist eine Kombination aus verschiedenen, teils bereits bekannten Positionen; alle sind einfach auszuführen.

Beim »Aktivieren der Inneren Feuer« wird Energie aus der Erde von unten (Erdkraft) und vom unendlichen Raum um uns (Himmelskraft) in den Körper aufgenommen, um die Feuerenergie im Unterbauch – im Unteren Tan Tien und auch am Ming-Men-Punkt gegenüber vom Nabel – und im Herzzentrum zum aktivieren. Wenn diese Zentren mit Chi gefüllt sind, wird der ganze Körper mit mehr Energie und Lebenskraft versorgt.

Insgesamt arbeiten wir bei dieser Übung mit sieben Standpositionen, alles beidseitige Formen (Füße parallel und Gewicht gleichmäßig auf beide Füße verteilt). Bei der ersten Position nehmen wir den Grundstand ein mit den Händen an den Seiten. In der zweiten Position werden einfach die Handflächen gehoben, sodass die Hände parallel zum Boden zeigen. In der dritten Position drückt man die Hände leicht nach vorne, und in der vierten werden die Arme vor dem Körper auf Nabelhöhe gebracht, als ob man einen großen Wasserball (Chiball) vor das Untere Tan Tien hält. In der fünften Position gehen die Arme nach hinten und halten einen sehr großen Chiball am Ming-Men-Punkt. In der sechsten Position werden die Hände mit den Handflächen an den Seiten nach oben gehalten, sodass die Hände sich unter der jeweiligen Achsel befinden und die Fingerspitzen nach innen zum Herzen zeigen. In der siebten Position werden die Hände zum Sammeln der Energie über den Nabel gelegt. Um von einer Position in die andere zu gelangen, werden nur die Handstellungen, nicht aber die Körperposition verändert.

Sie versuchen, sich mit der Erdkraft und der Himmelskraft zu verbinden. Um das zu bewerkstelligen, muss sich der Geist erweitern: Sie müssen aktiv Ihre Phantasie einsetzen und daran glauben, dass Sie in der Lage sind, die Gedanken auszudehnen, sodass sie auch die Erde und den unendlichen Raum umfassen. Das hat mit Loslassen zu tun. Sie können sich beispielsweise einmal des Nachts einen Stern anschauen und sich vorstellen, dass Sie ihn eben nicht nur betrachten, sondern mit dem Geist zu diesem winzigen Punkt im Weltraum hinausreichen und ihn umfassen. Mit ein wenig Übung kann man das Gleiche mit der Erde und dem Weltraum machen. Solche Übungen helfen Ihnen, das »Einssein« von Allem zu verstehen und zu erfahren.

1. Die Füße stehen parallel nahe beieinander und zeigen nach vorne; die Arme sind an den Seiten.
2. Spüren Sie von den beiden »Sprudelnden Quellen« an den Fußsohlen die Verbindung zur Erde. Sie können über diese Punkte ein- und ausatmen, bis die Verbindung mit der Erdkraft spürbar wird.
3. Nun erweitern Sie Ihren Geist und dehnen Ihre Energie (Chi) in die Erde aus, so lange, bis Sie das Gefühl haben, dass Ihr Geist die Erde ganz durchdringt und sich über die Erde hinaus auf der anderen Seite in den Raum ausdehnt.
4. Die Arme bleiben an den Seiten, doch nun werden die Handgelenke gebeugt und die Handflächen so hochgehoben, dass sie parallel zum Boden und die Finger nach vorne zeigen. Heben Sie die Finger ein wenig, und spüren oder visualisieren Sie die Verbindung zur Erdkraft durch die Tiger- und die Drachenhöhle (die beiden Lao-Gung-Punkte) in der Mitte der linken bzw. rechten Handfläche.
5. Die Handflächen zeigen weiterhin nach unten und werden nun leicht vor dem Körper bewegt. Spüren Sie, wie Sie durch die Tiger- und die Drachenhöhle Verbindung aufnehmen, durch die Erde hindurch und hinaus in den unendlichen Raum.
6. Nun bringen Sie die Hände vor dem Körper hoch in eine Stellung, ähnlich wie in der Übung »Den Baum umarmen«, allerdings nur bis auf Nabelhöhe. Bilden bzw. visualisieren Sie einen großen Chiball, den Sie vor dem Unteren Tan Tien halten.
7. Dieser Chiball verbindet sich nun mit der Feuerenergie im Universum. Ziehen Sie diese Feuerenergie ins Untere Tan Tien. Spüren Sie, wie sich die Wärme im ganzen Körper ausbreitet.
8. Jetzt werden die Arme seitwärts langsam nach hinten gebracht, und Sie stellen sich vor, dass Sie am Ming-Men-Punkt (dem Punkt gegenüber

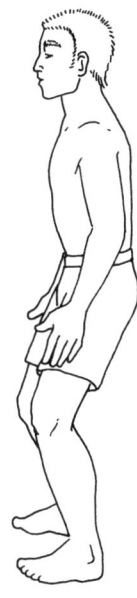

Schritt 2

Schritt 4

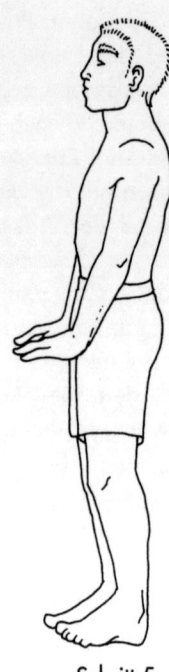

Schritt 5

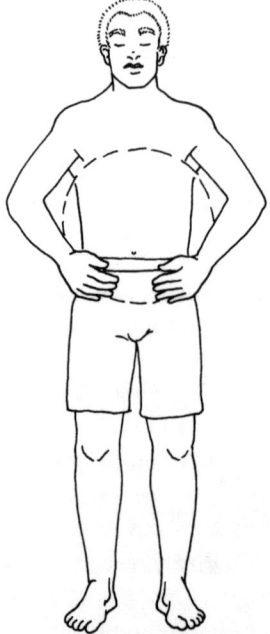

Schritt 7

Schritt 8

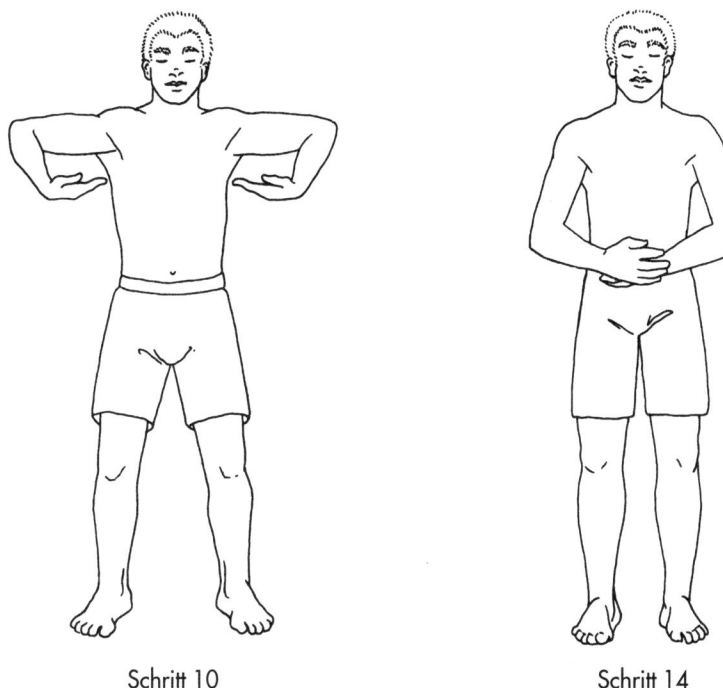

Schritt 10   Schritt 14

vom Nabel, auch »Tor des Lebens« genannt) vor der Wirbelsäule am Rücken, einen riesigen Chiball halten.

9. Sie spüren bzw. visualisieren, wie sich dieser riesig große Chiball am unteren Rücken in einen Feuerball verwandelt; er pulsiert und atmet und zieht dabei Energie aus dem unendlichen Raum hinter Sie.

10. Nun heben Sie die Arme so, dass die Handflächen direkt unter den Achseln nach oben zeigen. Die Ellbogen sind seitlich nach außen gebeugt. Die Fingerspitzen zeigen zum Herzzentrum in der Brustmitte.

11. Projizieren Sie Energie (Chi) von den Fingerspitzen über die Achseln ins Herzzentrum. Spüren Sie, wie das Feuer im Herzen gezündet wird.

12. Das Herzzentrum dehnt sich aus und öffnet sich wie eine Blüte, die pulsierend Energie einatmet.

13. Spüren Sie das Feuer im Unteren Tan Tien, im Ming-Men-Punkt und im Herzzentrum.

14. Zum Abschluss legen Sie die Hände über den Nabel und sammeln die Energie.

Nach der taoistischen Lehre wird durch das Aktivieren des Ming Men eigentlich das Feuer in den Hormondrüsen sowie das so genannte »Wahre Feuer« in der linken Niere aktiviert. Das Wahre Feuer wird in der fortgeschrittenen Inneren Alchemie zu einer wichtigen Quelle der Lebenskraft.

Sexual-Kung-Fu

Die Energie lenken

Diese Woche beschäftigen wir uns zur Abwechslung wieder einmal mit der Zweifachen Kultivierung, also der Arbeit mit einem Partner, und lernen, die Sexualenergie im Rücken des Partners hochzuleiten. Das Jing Chi wird mit den Händen und der Kraft des Geistes die Wirbelsäule des Partners hochgeführt; dann kann man diese Energie gemeinsam nutzen.

Wenn man sich beim Liebesakt das Gesicht zuwendet, stehen die beiden Dienergefäße an der Körpervorderseite in direktem Kontakt. Bei sexueller Erregung, wenn die Sexualenergie in die Sexualorgane gelenkt wird, ist es viel einfacher, diese Verbindung zu spüren. Wenn der Mann nicht in der Lage ist, die Energie über das Lenkergefäß – vom Perineum die Wirbelsäule hoch zum Kopf – hochzuziehen, geht diese Energie normalerweise durch die Ejakulation kurz vor dem Orgasmus des Mannes verloren. Die Frau verliert dagegen durch den Orgasmus keine Energie. Doch die Fähigkeit, das Jing Chi die Wirbelsäule hochzuziehen, ist für den Mann wie auch für die Frau eine sehr lustvolle Erfahrung. Hinzu kommt die heilende körperliche Wirkung sowie der Verjüngungseffekt für das Gehirn.

Beide Partner können einander helfen, das Jing Chi im Lenkergefäß über die Wirbelsäule hochsteigen zu lassen, indem sie die Hände und den Yi-Geist (bzw. den bewussten Geist) einsetzen und so die Sexualenergie zu verschiedenen Punkten im Lenkergefäß führen, entweder gegenseitig oder beide führen es gleichzeitig durch. Die Energie wird durch die Fingerspitzen sowie die Drachen- und Tigerhöhle in der Mitte der beiden Handflächen weitergegeben.

Es ist offensichtlich, dass es beim Lenken der Sexualenergie wichtig ist, ruhig und entspannt zu bleiben und sich nicht im Sexualakt zu verlieren. Genau dies ist auch für einen verlängerten Liebesakt von Bedeutung. Taoistischer Sex legt Wert auf langen, lustvollen Verkehr, nicht auf eine schnelle, kurze orgasmische Erleichterung. Entweder Sie lernen, die Sexualenergie zu kontrollieren, oder die Sexualenergie kontrolliert Sie!

1. Sie beginnen mit dem Vorspiel und gehen dann zum Liebesakt über, wenn beide Partner erregt sind, und zwar in einer Position mit einander zugewandtem Gesicht: Mann oder Frau oben oder Seitenposition. Wichtig ist nur, dass Sie einander zugewandt und die Oberkörper in Kontakt sind (bitte zum Erlernen dieser Praktik keine Sitzposition einnehmen. Wenn Sie erst einmal mit der Übung vertraut sind, können Sie es in jeder gewünschten Position ausprobieren).

2. Sie fahren fort, bis beide Partner sehr erregt sind. Kurz vor dem Orgasmus hören Sie mit dem Stoßen auf und entspannen sich körperlich.

3. Sie legen nun die rechte Hand auf das Kreuzbein Ihres Partners/Ihrer Partnerin, der Mittelfinger berührt die Spitze des Steißbeins. Die linke Hand wird über die rechte gelegt

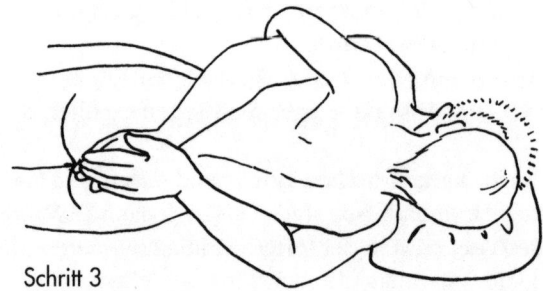

Schritt 3

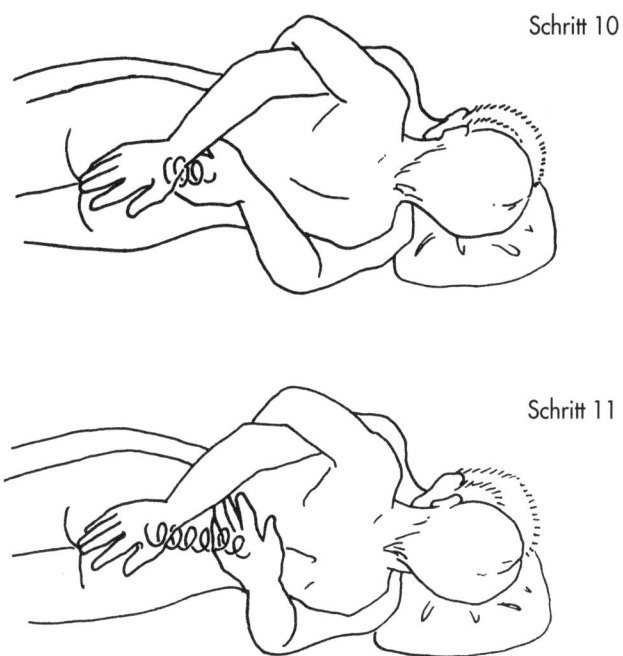

Schritt 10

Schritt 11

und die Tigerhöhle der linken Handfläche mit der Drachenhöhle der rechten Handfläche ausgerichtet.

4. Konzentrieren Sie sich mit dem Yi-Geist auf den Sexualbereich des Partners. Spüren oder visualisieren Sie, dass Sie mit seiner/ihrer Sexualenergie in geistigem Kontakt stehen.

5. Mit Hilfe des Geistes führen Sie nun die Sexualenergie des Partners hoch zum Steißbein, in die Kreuzbeinspalte (die kleine Öffnung etwa zweieinhalb Zentimeter oberhalb des Steißbeins, die ins Kreuzbein geht).

6. Leiten Sie Energie aus der aufeinander ausgerichteten Drachen- und Tigerhöhle spiralig in das Kreuzbein des Partners.

7. Dann bringen Sie die eigene Sexualenergie hoch zum Kreuzbein.

8. Die Energie zwischen Ihrem und dem Kreuzbein des Partners läuft spiralig hin und her. Sie läuft hoch vom Kreuzbein zur Drachenhöhle und zu den Fingerspitzen, die auf dem Rücken des Partners liegen, und dann zurück ins eigene Kreuzbein. Praktizieren Sie diesen Schritt ein paarmal.

9. Dann setzen Sie den Liebesakt fort. Sie können dabei zum Beispiel die taoistische Technik der multiplen flachen Stöße anwenden: drei, sechs oder neun flache Stöße, danach einmal tief eindringen, bis beide Partner wieder voll erregt sind. An diesem Punkt unterbrechen Sie das Stoßen.

10. Die rechte Hand bleibt auf dem Kreuzbein, die linke wandert hoch zum Ming-Men-Punkt des Partners (auf der Wirbelsäule, gegenüber vom Nabel).

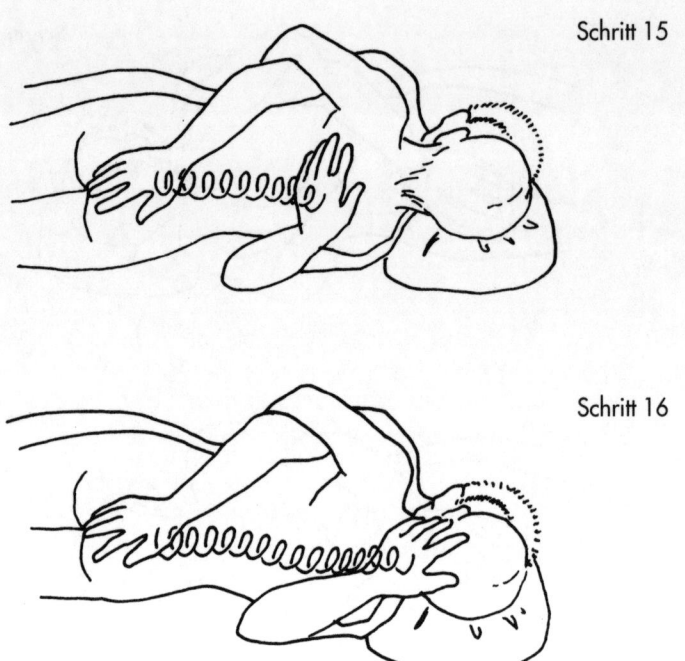

Schritt 15

Schritt 16

11. Konzentrieren Sie sich wieder auf den Sexualbereich des Partners und bringen Sie dann die Sexualenergie hoch zum Ming-Men-Punkt des Partners.

12. Leiten Sie Energie aus der aufeinander ausgerichteten Drachen- und Tigerhöhle spiralig in den Ming-Men-Punkt des Partners.

13. Dann bringen Sie die Sexualenergie hoch zum eigenen Ming-Men-Punkt.

14. Die Energie zwischen Ihrem und dem Ming-Men-Punkt des Partners läuft spiralig hin und her. Sie läuft von Ihrem Ming-Men zur Tigerhöhle und zu den Fingerspitzen, die auf dem Rücken des Partners liegen, und dann durch den Partner zurück in den eigenen Ming-Men-Punkt. Die Energie bzw. Hitze breitet sich aus in die Nieren des Partners, die links und rechts direkt über dem Tor des Lebens sitzen.

15. Dann lieben Sie sich weiter, um sich und den Partner wieder zu erregen, und wiederholen diesen Prozess, diesmal am T-11 (Chi Chung) auf der Wirbelsäule, gegenüber vom Solarplexus.

16. Im nächsten Durchgang, wenn Sie mit dem Stoßen aufhören, legen Sie die linke Hand auf den Punkt gegenüber vom Herzzentrum (T-5, Gia Pe). Führen Sie die Sexualenergie des Partners die Wirbelsäule hoch zum T-5; die rechte Hand lassen Sie am Kreuzbein des Partners liegen. Lassen Sie die Energie wieder, wie oben beschrieben, spiralig zwischen sich hin und her laufen.

17. Beim nächsten Mal bringen Sie die Sexualenergie zum Jadekissen an der Schädelbasis: Sie legen die linke Handfläche auf das Jadekissen und schicken aus der Tigerhöhle die

206

Energie zum Partner. Auch die eigene Sexualenergie wird zum Jadekissen gebracht. Dann lassen Sie die Energie zwischen sich hin- und herfließen.

18. Danach führen Sie wieder den Liebesakt fort, bis beide Partner sehr erregt sind, hören auf zu stoßen und bringen die linke Hand hoch zum Scheitelpunkt, ganz oben auf dem

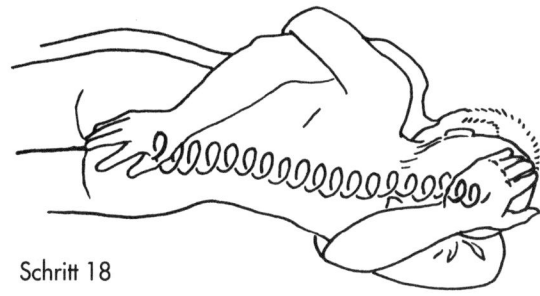

Schritt 18

Kopf des Partners. Lassen Sie die Sexualenergie über die Wirbelsäule des Partners ganz hoch steigen, über den Nacken bis zum Scheitel. Dann bringen Sie die Energie aus der Tigerhöhle spiralig in den Kronenpunkt des Partners und bringen auch die eigene Sexualenergie in Ihren Scheitelpunkt. Lassen Sie die Energie spiralig zwischen den beiden Scheitelpunkten hin- und herfließen.

19. Nun wird die Energie mental über das Dienergefäß des Partners (an der Körpervorderseite) bis hinunter zu den Genitalien geleitet. Gleichzeitig führen Sie die Energie mit der linken Hand: Sie geht am Rücken des Partners nach unten bis zum Gesäß.

20. Blicken Sie starr in die Augen des Partners und senden Sie zwischen sich Energie hin und her, und zwar so lange Sie mögen. Sie können dabei auch langsam wieder mit dem Stoßen anfangen.

21. Dann küssen Sie sich und spüren die Energie zwischen Ihrer und der Zunge des Partners hin- und herfließen.

22. Machen Sie so lange Liebe, wie Sie wollen. Beachten Sie dabei die Grundprinzipien der Zweifachen Kultivierung, wie sie in früheren Kapiteln dargestellt worden sind.

Durch dieses spiralige Lenken der Energie zusammen mit dem Partner erreichen Sie beide eine ganz neue Ebene der Liebe und der Gemeinsamkeit. Wenn Sie erst einmal ein wenig Erfahrung haben, können Sie ekstatische Energiewellen fühlen, die zwischen Ihnen und Ihrem/Ihrer Geliebten hin- und herströmen. Mit Worten ist dieses Erlebnis eigentlich nicht zu beschreiben. Die Praxis der Zweifachen Kultivierung schafft eine unglaublich starke Verbindung zwischen zwei Menschen. In Zukunft werden Sie sich mit neuem Interesse auf die Liebe freuen, das durch die Zeit nicht weniger wird.

Das Wissen um die taoistischen Geheimnisse der Zweifachen Kultivierung könnte die Promiskuität der modernen Welt, durch die sich so viele Paare entzweien, zumindest zum Teil kurieren. Es entsteht ein zusätzlicher Funke, der zuvor vielleicht gar nicht da war. Wie kann Ihnen jemand anders gut genug sein, wenn Sie einige der tiefsten Mysterien und die Magie des Sex miteinander teilen?

Mit der Übung wird es einfacher, sich zu bewegen und gleichzeitig die Energie über das Lenkergefäß des Partners hochzuführen. Dann müssen Sie mit dem Liebesakt nicht jedes Mal innehalten und wieder zu stoßen anfangen. Probieren Sie verschiedene Positionen aus und lassen Sie die Sexualenergie auch einmal an anderen Punkten des Körpers hin- und herfließen.

Diese erste Woche sollten Sie sich allerdings besser an die obigen Anleitungen halten. Danach dienen die Instruktionen mehr als Führer dazu, wie man die Praktik ausführen kann, nicht als strikte Anweisung, die es Wort für Wort zu befolgen gilt. Neben der Sexualität und Sinnlichkeit muss immer auch Raum bleiben für Spontaneität und Flexibilität.

Fusion der Fünf Elemente: Teil 8

Die Fünf Geschmacksrichtungen transformieren

Bis jetzt war noch nicht von den Fünf Geschmacksrichtungen die Rede: salzig, bitter, sauer, scharf und süß. Es ist also höchste Zeit. Die Fünf Geschmäcker bilden die Basis der taoistischen Ernährungsregeln. Bei modernen Taoisten ist die Fünf-Geschmäcker- oder Fünf-Elemente-Küche beliebt. Denn jeder Geschmack entspricht wiederum einem Element und damit auch einem der fünf Hauptorgane.

ELEMENT	Feuer	Wasser	Holz	Metall	Erde
ORGAN	Herz	Nieren	Leber	Lunge	Milz
GESCHMACK	bitter	salzig	sauer	scharf	süß

Der Weg zu innerer Harmonie besteht in der Balance der Fünf Geschmacksrichtungen. Jeder Mensch hat wohl eine bevorzugte Geschmacksrichtung. Manches schmeckt einem richtig gut, manches ist okay, manche Geschmacksempfindungen sind weniger angenehm, und einige sind nicht zu ertragen.

Nur wenige Menschen bringen die Fünf Geschmacksrichtungen in eine ausgewogene Balance. Doch viele möchten vielleicht ihre Ernährungsweise ändern. Ich möchte Ihnen jetzt keine radikale neue Ernährung predigen, sondern Ihnen vielmehr zeigen, wie man die Fünf Geschmäcker durch die Fusion der Fünf Elemente harmonisieren und ausbalancieren kann. Inzwischen dürfte diese Übung ein Leichtes für Sie sein. Sie fühlen die jeweiligen Geschmäcker in den fünf Hauptorganen, bringen sie in die entsprechenden Sammelpunkte und harmonisieren sie miteinander im vorderen Pa Kua bzw. Stern im Kreis.

Nach einer Weile des Übens kann es sein, dass sich Ihre Gelüste und Ihr Appetit verändern. Der Körper weiß langsam, was er braucht – ein Teil des Prozesses, der zurück zu Ihrer Ur-Natur führt. Das taoistische System, das ich vertrete und praktiziere, beruht grundsätzlich darauf, dass man das Leben genießt, sich mit schönen Dingen umgibt und ein gutes Familienleben führt. Auch Essen sollte genussvoll sein. Dabei wird Fleisch im großen Zusammenhang als Yang, alles andere prinzipiell als Yin angesehen. Doch auch bei rein vegetarischer Ernährung gibt es Yin-Yang-Relationen zwischen den verschiedenen Nahrungsmittelgruppen. Darauf einzugehen, würde den Rahmen dieses Buches sprengen. Die Grundidee ist, die Fünf Geschmäcker in Balance zu bringen. Und das vollbringt ein Taoist durch die Fusion der Fünf Elemente.

1. Sie sitzen aufrecht auf einem Stuhl, die Hände sind gefaltet, die Zungenspitze liegt am oberen Gaumen. Stellen Sie sich vor, dass Ihr Körper nacheinander von den Fünf Farben der Elemente umgeben ist, zunächst Rot, dann Gelb, Weiß, Blau und Grün.
2. Lächeln Sie in die Augen (Sie können auch das gesamte Innere Lächeln praktizieren, entlang der Vorder-, Mittel- und Rückenlinie).
3. Dann wird das vordere Pa Kua (bzw. der vordere Stern im Kreis) gebildet.
4. Mit den Ohren (dem Inneren Ohr) lauschen Sie nach unten zu den Nieren oder konzentrieren sich einfach auf die Nieren.
5. Stellen Sie sich in den Nieren einen salzigen Geschmack vor. Denken Sie an Salz oder etwas Salziges und projizieren Sie diesen Geschmack in die Nieren.
6. Leiten Sie diesen Salzgeschmack von den Nieren spiralig in den Nieren-Sammelpunkt.
7. Spüren Sie nun die Verbindung zwischen Zunge und Herz. Nehmen Sie einen bitteren Geschmack wahr, den Sie sich als Bitterfrucht, bitteres Getränk oder irgendetwas anderes vorstellen können, das für Sie einen bitteren Geschmack heraufbeschwört. Schmecken Sie diesen bitteren Geschmack im und um das Herz herum.
8. Leiten Sie diesen bitteren Geschmack vom Herzen spiralig in den Herz-Sammelpunkt.
9. Die Aufmerksamkeit wird nun geteilt und der salzige Geschmack aus dem Nieren-Sammelpunkt und der bittere Geschmack aus dem Herz-Sammelpunkt spiralig ins vordere Pa Kua (bzw. den vorderen Stern im Kreis) gebracht.
10. Spüren Sie nun die Verbindung zwischen den Augen und der Leber. Nehmen Sie einen sauren Geschmack wahr. Oder stellen Sie sich eine saure Frucht, sauer Eingelegtes oder etwas anderes vor, das Sie mit »sauer« assoziieren. Schmecken Sie diesen Geschmack in und um die Leber.
11. Leiten Sie diesen sauren Geschmack von der Leber spiralig in den Leber-Sammelpunkt.
12. Sie atmen ein und aus und spüren die Verbindung zwischen Nase und Lunge; diesmal stellen Sie sich etwas sehr Scharfes vor; die Taoisten beschreiben diesen Geschmack auch als beißend. Dies kann zum Beispiel scharfer Pfeffer, eine scharfe Soße oder etwas Ähnliches sein, was Sie mit scharf assoziieren. Schmecken Sie diesen Geschmack in der Lunge.
13. Leiten Sie den scharfen Geschmack von der Lunge spiralig in den Lungen-Sammelpunkt.
14. Die Aufmerksamkeit wird nun geteilt und der saure Geschmack aus der Leber sowie der scharfe Geschmack aus der Lunge spiralig ins vordere Pa Kua (bzw. den vorderen Stern im Kreis) gebracht.
15. Spüren Sie nun die Verbindung zwischen Mund und Milz, schmecken Sie einen süßen Geschmack im Mund und auf den Lippen: Honig, Zuckerwatte oder irgendetwas anderes Süßes. Schmecken Sie diesen süßen Geschmack auch in der Milz.
16. Leiten Sie diese Süße von der Milz spiralig in den Milz-Sammelpunkt, das vordere Pa Kua (bzw. den Stern im Kreis).
17. Alle Geschmacksrichtungen werden jetzt im vorderen Pa Kua (bzw. Stern im Kreis) miteinander spiralig kreisend vermischt. Stellen Sie sich einen Mixer vor, der die verschiedenen

Speisen und Geschmäcker, die Sie bis jetzt geschmeckt haben, so lange miteinander verrührt, bis sie so zermahlen und vermengt sind, dass kein Geschmack mehr hervorsticht, sondern sich eher eine Art neutraler und harmloser/unschädlicher Geschmack einstellt.

18. Visualisieren Sie nun das hintere Pa Kua (den hinteren Stern im Kreis).
19. Lassen Sie die Geschmacksmischung vom vorderen Pa Kua sowie die Energie aus dem hinteren Pa Kua spiralig in den Kessel am Unteren Tan Tien kreisen.
20. Dann bilden Sie das linke und rechte Pa Kua und lassen auch deren Energie spiralig in den Kessel laufen.
21. Dann bilden Sie das obere und untere Pa Kua und lenken deren Energie spiralig in den Kessel.
22. Die spiralig kreisende Energie wird im Kessel zu einer Perle verdichtet.
23. Diese Perle bringen Sie in den Kleinen Energiekreislauf und zirkulieren sie ein paarmal. Rollen Sie dabei zur Unterstützung mit den Augen (wie beim Antreiben der Yin-Yang-Wasserräder), als ob Sie sie um 360 Grad drehen könnten.
24. Dann wird die Perle zurück in den Kessel geleitet und die Energie am Nabel gesammelt.

14. WOCHE

Quadratische Atmung: Teil 8

Dieser letzte Teil der Quadratischen Atmung ist eine meiner Lieblingsübungen. Damit wird das Füllen und Packen des Körpers mit Chi (Energie) vervollständigt. Ein schneller Durchlauf der Energie durch alle Schritte der Quadratischen Atmung ist für mich die beste Möglichkeit, mich schnell mit Energie aufzuladen. Möchte man alle Schritte praktizieren,

muss man schnell sein, sonst gerät man außer Atem. Manchmal reicht es für mich auch, wenn ich mich einfach auf die verschiedenen Punkte konzentriere. Der Geist gibt die Richtung an, und die Energie folgt dem Geist.

In die Übung dieser Woche ist eine Sexual-Kung-Fu-Technik integriert, die wir bereits früher gelernt haben. Wieder einmal wird hier deutlich, wie einzigartig die taoistische Nutzung der Sexualenergie ist. Mehr verrate ich hier nicht. Lesen Sie einfach die nachfolgende Übung. Sie ist unglaublich stark, deshalb sollten Sie es nicht übertreiben. Man kann sie im Stehen, Sitzen oder Liegen ausführen.

1. Sie atmen mit einer Bauchatmung ein, drücken dabei das Zwerchfell nach unten und füllen den unteren, mittleren und oberen Teil der Lunge mit Luft.
2. Dann atmen Sie kurz ein, schauen mit dem Inneren Auge nach oben zum Scheitelpunkt, ziehen Perineum und Anus hoch und lenken die Perineum-Kraft hoch zum Scheitelpunkt.
3. Mit einem weiteren kurzen Atemzug wird die Luft mit einem Schluckgeräusch eingeatmet und auf das Perineum gedrückt; der Perineum-Bereich scheint sich nach unten, zum Boden, auszudehnen.
4. Nun versiegeln Sie die Penisspitze bzw. die Schamlippen.
5. Halten Sie die Luft an und lenken Sie die Energie von der Penisspitze bzw. der Klitorisspitze – innerhalb der versiegelten Schamlippen – über beide Beine hinunter zur Sprudelnden Quelle (oder zu den Zehen) und dann wieder zurück zur Pe-

Schritt 2

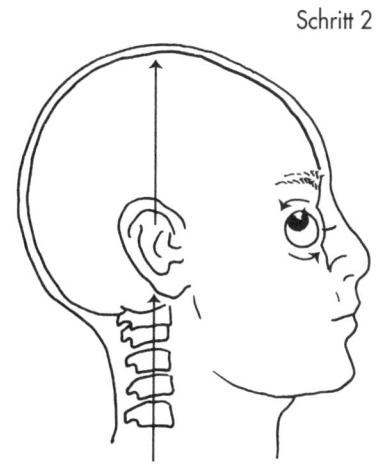

nisspitze bzw. zur Klitoris. Wenn Sie noch nicht außer Atem sind, können Sie dies ein paarmal wiederholen.

6. Dann wird ausgeatmet und der Zug an der Penisspitze bzw. den Schamlippen und der Klitoris dabei aufrechterhalten.
7. Dann entspannen Sie sich und gehen ein wenig herum.

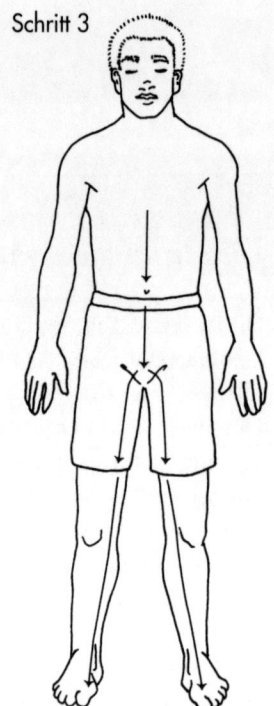

Schritt 3

Mit entsprechender Übung und in Kombination mit den anderen Schritten der Quadratischen Atmung können Sie sich im wahrsten Sinn des Wortes innerlich mit einer Chi-Massage verwöhnen, vom höchsten Punkt am Scheitel bis hinunter zu den Fußsohlen. Mir geht es oft so, dass sich mein ganzer Körper beim Ausatmen lockert.

Ich hoffe, die Quadratische Atmung hat Ihnen Spaß gemacht. Wenn man die taoistischen Übungen in Worte fassen will, muss man einen Weg finden, sie verständlich zu machen. Ich hoffe sehr, dass es mir gelungen ist, die Schritte einfach und klar darzustellen, sodass für Sie, am Ende dieses Kurses, die Innere Kraft nicht einfach nur ein intellektuelles Konzept ist, sondern eine große Kraft, die Ihren Körper mit Energie auflädt.

Knochenmarksatmung: Teil 7

Durch die Haut atmen und die Energie zusammenpressen

Inzwischen sind Sie mit den Grundlagen der Knochenmarksatmung vertraut und sollten in der Lage sein, Energie in jeden Knochen des Körpers zu ziehen.

Doch an der Knochenmarksatmung ist noch mehr dran. Das meiste ist für den Moment noch zu komplex. Sie müssen zunächst die Grundlagen verinnerlichen, bevor Sie zu den fortgeschrittenen Praktiken übergehen. Das, was Sie bis jetzt gelernt haben, ist bereits eine gute Sache, wie Sie hoffentlich selbst festgestellt haben. Ich werde Ihnen nun auch eine vereinfachte Version einiger Fortgeschrittenentechniken vorstellen, mit der das Üben für Sie noch um einiges effektiver werden sollte. Auch die Sexual-Kung-Fu-Übung dieser Woche wartet noch mit einer Überraschung auf.

Diesmal atmen wir durch die Haut und drücken die Energie direkt in die Knochen.

Vieles, was in diesem Buch vorgestellt wurde, hatte damit zu tun, dass Energie direkt in den Körper aufgenommen/gezogen wird. Wir haben dies als »Atmen« bezeichnet, obgleich dies nicht das Atmen im eigentlichen Sinn ist, wie wir es im Westen verstehen: Haaratmung, das Atmen in verschiedene Körperteile, Embryoatmung und Knochenmarksatmung. Dabei wird nicht Luft, sondern Energie in den Körper aufgenommen und abgegeben.

Im nun folgenden letzten Schritt wird die Energie direkt durch die Haut aufgenommen, die so genannte Hautatmung oder Ganzkörperatmung. Nach dreizehn Wochen fleißigen Übens wird das für Sie ein Leichtes sein. Beim Einatmen spüren oder visualisieren Sie einfach, dass die Energie direkt durch die Haut in den Körper tritt.

Doch die Energie wird in der Übung dieser Woche nicht nur über die Haut aufgenommen, sondern in die Knochen gepackt, und zwar dadurch, dass man die Muskeln nach dem Einatmen der Energie über die Haut in die Knochen drückt: die Muskeln werden angespannt und zusammengepresst.

Durch dieses Pressen wird der Druck auf die äußere Oberfläche der Knochen verstärkt. Bei Teil 2 der Knochenmarksatmung (Woche 9) war bereits vom piezoelektrischen Effekt, also einer höheren elektrischen Ladung in den Knochen, die Rede, der durch den höheren Druck in den Knochen auftritt. Auch die Lebenskraft des Körpers steigt dadurch an. Das Pressen ist ein sehr wichtiger Teil dieser Praktik.

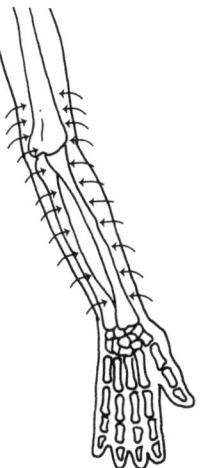

1. Sie praktizieren die Knochenmarksatmung und atmen mit allen Knochen ein und aus.
2. Wenn die Energie stetig durch die Knochen fließt, atmen Sie ein und ziehen dabei die Energie direkt durch die Haut in den Körper. Anfangs geht das nur mit kleineren Bereichen des Körpers, doch mit der Zeit können Sie spüren, wie die gesamte Körperoberfläche Energie aufnimmt und abgibt.
3. Beim Einatmen fühlen oder visualisieren Sie, dass die Energie durch die Haut eintritt; doch das Ausatmen geschieht nur über die Nase, nicht über die Haut. Die Energie bleibt vielmehr im Fleisch um die Knochen. Atmen Sie ein paarmal auf diese Weise. Um die Knochen herum baut sich dadurch eine Art Druck auf.
4. Dann halten Sie die Luft an und spannen jeden Muskel im Körper an, drücken ihn zusammen, während Sie mental die Energie in die Knochen leiten.
5. Dann wird ausgeatmet und der Körper entspannt. Atmen Sie wieder normal und praktizieren Sie dann die Übung noch ein paarmal.

Die Knochenmarksatmung ist eines der besten Übungssysteme der Welt für die Gesundheitsprophylaxe, aber in der Form, wie ich sie hier beschreibe, praktisch unbekannt. Ob sich dies im 21. Jahrhundert ändern wird?

Chi Kung

Die Seidenraupen-Übung

Als ich dieses Buch schrieb, hatte ich das Privileg, ein System des Chi Kung zu studieren, auf das ich vorher nie gestoßen war: die Er-Mei-Tradition, die in einem taoistischen Kloster auf dem Berg Er Mei entwickelt wurde und ohne Unterbrechung bis ins 13. Jahrhundert zurückverfolgt werden kann.

Das meiste von dem, was ich von dieser Tradition lernte, ist wohl viel zu komplex, um verständlich in schriftlicher Form niedergelegt zu werden. Doch eine einfache Übung möchte ich Ihnen dennoch vorstellen, bevor dieser Kurs zu Ende geht. Die Übung ist als die »Seidenraupen-Übung« bekannt. Sie ist sehr gut dazu geeignet, die Drachen- und die Tigerhöhle (Lao-Gung-Punkte) in der Mitte der beiden Handflächen zu öffnen und offen zu halten. Diese beiden Energiezentren sind die wichtigsten Punkte im Körper für das Aussenden und Empfangen von Energie. Und so geht es:

1. Sie bringen die Arme vor den Körper. Die Ellbogen sind leicht nach unten gebeugt. Die Hände werden etwas auf Höhe des Solarplexus gehalten (das ist allerdings nicht ganz so wichtig), die Handflächen zeigen nach unten. Die Finger und auch der Daumen liegen aneinander und zeigen nach vorne.
2. Sie bewegen nur die Hände und Finger und machen damit die Bewegung einer Seidenraupe nach, die über eine flache Oberfläche krabbelt: sanft, fließend und rhythmisch.
3. Das machen Sie solange Sie möchten, aber mindestens eine Minute lang.

Und das ist auch schon alles. Die Übung ist wunderbar bei steifen Händen und wirklich sehr hilfreich, um die Drachen- und Tigerhöhle zu öffnen und effizienter zu machen. Außerdem wird auch der Chi-Fluss in den Armen verstärkt.

Diese sanfte Übung macht Sie auch sensibler. Sogar von einer Seidenraupe können wir also lernen!

Stehendes Chi Kung

Die Bewegungsformen

Bis jetzt standen bei den Standübungen immer statische Formen ohne Bewegung im Mittelpunkt. Höchstens die Arme wurden bei manchen Formen bewegt.

Praktisch alle einseitigen Standpositionen können in Bewegungsformen verwandelt werden. Bei diesen Positionen zeigt der vordere Fuß nach vorne und das hintere Bein wird um 45 Grad nach hinten versetzt. Das Gewicht liegt zu 70 Prozent auf dem hinteren und zu 30 Prozent auf dem vorderen Fuß.

Um eine statische Form in eine dynamische Form zu verändern, muss man mit den Armen nach vorne drücken und dabei das Gewicht auf den vorderen Fuß verlagern. Dann gehen die Arme wieder nach hinten, und das Gewicht liegt wieder auf dem hinteren Fuß. Diese Bewegung sollte fließend und rhythmisch ausgeführt werden. Versuchen Sie, dabei die Armmuskulatur weich und geschmeidig zu halten, nicht schwer und angespannt. Die Arme sollten sich leicht, ja fast schwerelos anfühlen, wenn Sie das Gewicht vor- und zurückverlagern.

Dabei kann man einfach mental entspannen oder aber beim Vor- und Zurückschaukeln die Knochenmarksatmung praktizieren. Ziel dabei ist es, alle Körperteile koordiniert zu bewegen.

Als Beispiel wird nun eine leicht abgewandelte Form der Übung »Den Baum umarmen« im einseitigen Stand beschrieben (mit anderer Handstellung), doch wie bereits gesagt können die Bewegungen an alle einseitigen Standformen entsprechend angepasst werden.

1. Sie gehen in die Position »Den Baum umarmen« im einseitigen Stand.

2. Der rechte Fuß zeigt nach vorn, der linke ist etwa 30 bis 50 Zentimeter nach hinten versetzt. Die linke hintere Ferse sollte fast direkt in einer Linie hinter der rechten vorderen Ferse stehen. Der Oberkörper ist mit dem vorderen Fuß ausgerichtet.

3. Der hintere linke Fuß zeigt im 45-Grad-Winkel zur Seite.

4. Etwa 70 Prozent des Körpergewichts liegen auf dem hinteren linken Bein, 30 Prozent auf dem vorderen rechten Bein.

5. Die Arme sind abgerundet und etwa auf Schulterhöhe gehoben; die Ellbogen sind gebeugt.

6. Die Handflächen zeigen nach unten, die Finger nach vorne.

Schritt 2

7. Jetzt verlagern Sie fast das ganze Gewicht auf den vorderen rechten Fuß (die linke hintere Ferse kann dabei vom Boden gehoben werden, sodass man beim Verlagern des Gewichts auf dem Fußballen des hinteren Fußes und den Zehen ausbalanciert).

8. Drücken Sie nun sanft die Hände von den Schulterblättern aus nach vorne, bis die Arme fast ganz gestreckt sind. Die Armmuskeln bleiben entspannt.

9. Dann ziehen Sie die Schulterblätter und damit die Arme wieder zurück. Sie verlagern das Gewicht wieder auf den hinteren linken Fuß und senken dabei die Ellbogen (dabei können Sie die Zehen des vorderen rechten Fußes vom Boden bringen und beim Verlagern des Gewichtes nach hinten mit der vorderen rechten Ferse ausbalancieren).

10. Wiederholen Sie diese Übung in einem ununterbrochenen, konstanten Rhythmus mindestens ein paar Minuten lang.

11. Dann bringen Sie das linke Bein nach vorne und das rechte nach hinten und wiederholen die Übung.

Schritt 7

Man kann bei dieser Übung den Oberkörper auch mit dem hinteren Fuß ausrichten; der Kopf geht nach vorne, wie in der Übung »Das Wasser teilen« Auch die Handposition kann man nach Wunsch ändern. Im obigen Beispiel zeigen die Handflächen nach unten, man kann sie aber auch so halten, dass sie zueinander zeigen, nach oben oder voneinander weggehen, zur Brust oder von der Brust weg gerichtet sind. Man kann auch die Seidenraupen-Übung dabei ausführen, sodass die Hände vor- und zurückgehen.

Bei den Taoisten wird diese Übung mit dem Aufspulen von Rohseide verglichen. Der Körper bleibt so entspannt wie möglich. Die Bewegung der Arme wird vom Geist und nicht von Muskeln gelenkt. Beim Vor- und Zurückgehen sollten Sie eine Art Widerstand spüren, der in Worten schwer zu beschreiben ist. Wenn Sie das Gewicht auf das vordere Bein verlagern, sollte sich das anfühlen, als ob Sie im Wasser gegen den Strom gehen. Beim Zurückverlagern auf das hintere Bein stellen Sie sich vor, dass die aufgespulte Seide Sie sanft nach vorne zieht. Oder anders ausgedrückt: Bei der Bewegung nach vorne ist eine Art Zug nach hinten, bei der Bewegung nach hinten ein Ziehen nach vorne zu spüren. Mit ein wenig Übung dürften Sie kein Problem haben, dieses Gefühl wahrzunehmen.

Es gibt buchstäblich Aberdutzende Variationen dieser Übungsform. Man kann sich dabei verwurzeln, und auch für die Kombination mit der Knochenmarksatmung ist die Übung exzellent.

Probieren Sie einfach ein wenig herum und finden Sie heraus, welche Form Ihnen am meisten liegt. Sie können sich selbst welche ausdenken, wenn Sie möchten. Halten Sie sich einfach an die Grundregeln und üben Sie jeden Tag – mit Spaß!

Damit ist unsere Erforschung des Stehenden Chi Kung beendet; doch das Wissen, das ich Ihnen mitgegeben habe, sollte Sie Ihr Leben lang begleiten.

Fusion der Fünf Elemente: Teil 9

Die Perle über den Kopf projizieren

In dieser letzten Woche wollen wir eines der großen Geheimnisse der Fusion der Fünf Elemente miteinander teilen. Mit dem, was Sie bisher gelernt haben, werden Sie die Perle über den Kopf projizieren.

Acht Wochen lang haben Sie nun geübt, im Kessel im Unteren Tan Tien eine Perle zu formen. In allen vorhergehenden Fusionsübungen wurde die Perle auch in den Kleinen Energiekreislauf gebracht. Wie wir in der sechsten Woche erfahren haben, wird diese Perle auch die Innere Pille genannt – eine Medizin, die im Unteren Tan Tien bzw. im Medizinfeld zubereitet wird.

Je mehr Sie üben, desto einfacher wird es, die Perle zu formen, und desto stärker wird die Perle. Mit dem Stärkerwerden wird sie auch ein bisschen fester und stabiler. Die Perle ist eine kondensierte Form der Lebenskraft, die wir auch über den Kopf projizieren können. Dort kann sie viele Aufgaben erfüllen, zum Beispiel Energie absorbieren, die Aura schützen und den Energiekörper bilden (dieses Thema sprengt den Rahmen dieses Buches). Auch in der folgenden, abschließenden Sexual-Kung-Fu-Übung wird sie eingesetzt; aus diesem Grund wird die Fusionsübung der Dritten Kostbarkeit in diesem Kapitel vor der Sexual-Kung-Fu-Übung erklärt.

Um die Perle über den Kopf zu projizieren, muss sie zunächst einmal gebildet und im Kleinen Energiekreislauf zirkuliert werden; auch die Kreuzbein- und die Schädelpumpe müssen aktiviert werden. Dann bringen Sie die Perle zum Scheitelpunkt und »schießen« sie über den Kopf hinaus, wo sie leuchtend wie ein funkelnder Diamant hängt.

1. Sie sitzen aufrecht auf einem Stuhl, die Hände sind gefaltet, die Zungenspitze liegt am oberen Gaumen. Stellen Sie sich vor, dass Ihr Körper nacheinander von den Fünf Farben der Elemente umgeben ist, zunächst Rot, dann Gelb, Weiß, Blau und Grün.
2. Lächeln Sie in die Augen (Sie können auch das gesamte Innere Lächeln praktizieren, entlang der Vorder-, Mittel- und Rückenlinie).
3. Dann wird das vordere Pa Kua (bzw. der vordere Stern im Kreis) gebildet.
4. Lauschen Sie nach unten zu den Nieren und spüren Sie die Verbindung zwischen Ohren und Nieren.
5. Visualisieren Sie die Nieren in einem saphirblauen (oder glänzend schwarzen) Licht und ziehen Sie die Wasserenergie der Nieren hinunter in den Nieren-/Wasser-Sammelpunkt am Perineum.
6. Spüren Sie die Verbindung zwischen Zunge und Herz.
7. Visualisieren Sie das Herz in einem roten Licht und ziehen Sie die Feuerenergie zum Herz-/Feuer-Sammelpunkt in der Brustmitte.
8. Teilen Sie nun die Aufmerksamkeit und zirkulieren Sie die Energie aus dem Nieren-/Wasser-Sammelpunkt und dem Herz-/Feuer-Sammelpunkt spiralig in das vordere Pa Kua (den vorderen Stern im Kreis), um sie dort zu vermischen.
9. Nun schauen Sie innerlich auf die Leber. Spüren Sie die Verbindung zwischen Augen und Leber.
10. Sie visualisieren, dass die Leber in smaragdgrünem Licht badet. Ziehen Sie die Holzenergie in den Leber-/Holz-Sammelpunkt, rechts vom vorderen Pa Kua (Stern).
11. Spüren Sie die Verbindung zwischen Nase und Lunge.
12. Sie visualisieren, dass die Lunge in silberweißem Licht badet. Ziehen Sie die Metallenergie in den Lungen-/Metall-Sammelpunkt, links vom vorderen Pa Kua (Stern).
13. Teilen Sie nun die Aufmerksamkeit und zirkulieren Sie gleichzeitig die Energie aus dem Leber-/Holz-Sammelpunkt und dem Lungen-/Metall-Sammelpunkt spiralig in das vordere Pa Kua (den vorderen Stern im Kreis), um sie dort mit der bereits vermengten Energie von Feuer und Wasser zu vermischen.
14. Spüren Sie nun die Verbindung zwischen Lippen und Milz.
15. Sie visualisieren, dass die Milz in goldgelbem Licht badet. Ziehen Sie die Erdenergie direkt ins vordere Pa Kua (Stern) und vermischen Sie sie dort mit der Energiemischung der anderen vier Elemente.
16. Visualisieren Sie nun das hintere Pa Kua (bzw. den hinteren Stern im Kreis).
17. Lassen Sie die Energiemischung der Fünf Elemente aus dem vorderen Pa Kua und die Energie aus dem hinteren Pa Kua spiralig in den Kessel am Unteren Tan Tien kreisen; zirkulieren Sie das Tai-Chi-Symbol bzw. die Mitte des Sterns in den Kessel am Unteren Tien.

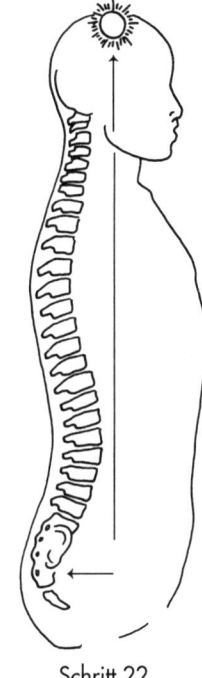

Schritt 22

18. Nun bringen Sie die Energie aus dem linken und rechten Pa Kua (bzw. Stern im Kreis) spiralig in den Kessel.

19. Dann bringen Sie die Energie aus dem oberen und unteren Pa Kua (bzw. Stern im Kreis) spiralig in den Kessel.

20. Die spiralig kreisende Energie wird im Kessel zu einer Perle verdichtet.

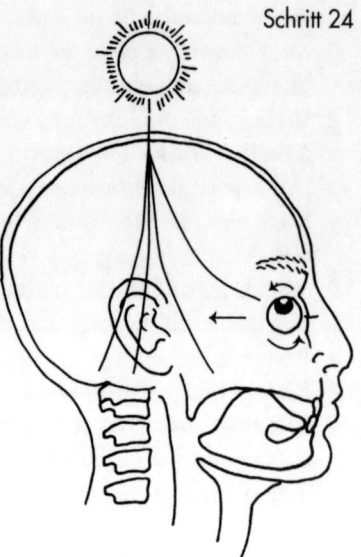

21. Diese Perle bringen Sie in den Kleinen Energiekreislauf und zirkulieren sie dort ein paarmal. Rollen Sie dabei zur Unterstützung mit den Augen (wie beim Antreiben der Yin-Yang-Wasserräder), als ob Sie sie um 360 Grad drehen könnten.

22 Nun wird die Kreuzbeinpumpe und die Schädelpumpe aktiviert und die Perle hoch zum Scheitelpunkt gebracht.

23. Ziehen Sie die Augen nach innen und schauen Sie hinauf zum Kronen- bzw. Scheitelpunkt.

24. Jetzt atmen Sie ein, atmen scharf durch die Nase aus und schießen die Perle mental etwa fünf bis fünfzehn Zentimeter über den Kopf hinaus.

25. Üben Sie nun ein paar Minuten lang, die Perle zu kontrollieren.

26. Dann wird die Perle aufgelöst und durch das Loslassen der Kreuzbein- und Schädelpumpe wieder in den Körper gezogen.

27. Zum Abschluss wird die Energie im Nabel gesammelt.

Wenn Sie dieses Projizieren der Perle erst einmal beherrschen, können Sie sich vorstellen, dass sie die fünf verschiedenen Farben der Regenbogen-Aura annimmt. Mit jeder Farbe spüren Sie, wie sich ein Schutzschild um Ihren Körper bildet. So können Sie sich und Ihre Aura schützen.

Sexual-Kung-Fu

Gott und Göttin

Seit ich mit diesem Buch angefangen habe, mache ich mir Gedanken darüber, wie ich diese letzte Übung beschreiben könnte. Sie bringt alles zusammen. Gott und Göttin sind in Harmonie mit dem Tao. Lesen Sie einfach weiter, dann sehen Sie, was ich meine. Diese Übung möchte ich in Erzählform beschreiben.

Sie bringen die Zunge zum oberen Gaumen.

Dann bilden Sie die fünffarbige Regenbogen-Aura um den Körper: rot, gelb, weiß, blau (oder schwarz) und grün.

Praktizieren Sie einmal schnell das Innere Lächeln für die Augen und die Organe.

Als nächstes führen Sie die Grundfusion der Fünf Elemente aus, bilden also das vordere Pa Kua bzw. den vorderen Stern im Kreis, verbinden die fünf äußeren (Sinnes-)Organe mit den fünf inneren Organen und ziehen deren Energie ins vordere Pa Kua (Stern), wie bereits beschrieben.

218

Nun bilden Sie das hintere Pa Kua bzw. den hinteren Stern und lassen die Energie spiralig vom vorderen und hinteren Pa Kua in den Kessel kreisen.

Jetzt werden das linke und das rechte Pa Kua (Stern) gebildet und deren Energie in den Kessel gebracht.

Auch aus dem oberen und dem unteren Pa Kua wird die Energie spiralig in den Kessel zirkuliert. Sie haben nun sechs Pa Kuas (bzw. Sterne) gebildet – vorne, hinten, links, rechts, oben und unten –, die alle ihre Energie in den Kessel zirkulieren.

Sie bilden im Kessel jetzt eine Perle.

Der nun folgende nächste Schritt bringt uns an die Schwelle der Dritten Form des taoistischen Sex.

Sie lassen die Perle hinunter zu den Hoden bzw. Eierstöcken sinken und treiben die Yin-Yang-Wasserräder an. Spüren Sie die Verbindung zwischen der Rollbewegung der Augen und der Rollbewegung der Hoden/Eierstöcke (Wasserräder).

Sie sehen den in Gold gekleideten Jungen und das in Silber gekleidete Mädchen im linken bzw. rechten Auge.

Visualisieren Sie den nach unten zeigenden Spiegel im Kopf, mit dem Sie den Jungen und das Mädchen hinunter zu den Hoden/Eierstöcken spiegeln.

Sehen Sie die Füße des Jungen und des Mädchens, die die Wasserräder antreiben. Spüren Sie das Drehen der Wasserräder und das Rollen der Augen. Visualisieren Sie die Perle in den Hoden/Eierstöcken.

Die Perle zirkuliert nun zunächst zum Kessel im Unteren Tan Tien. Doch sie bleibt nicht dort, sondern steigt über das Dienergefäß wieder nach unten in die Hoden/Eierstöcke. Wiederholen Sie diesen Schritt ein paarmal.

Als nächstes lassen Sie die Perle hoch in den Kessel am Solarplexus zirkulieren (das untere der beiden Mittleren Tan Tiens) und dann wieder zurück. Auch dies wird ein paarmal gemacht. Praktizieren Sie auch den Heilenden Laut des Herzens zwei- oder dreimal: H-h-a-a-a.

Nun bringen Sie die Perle hoch in den Kessel im Kopf, das Obere Tan Tien. Lassen Sie sie vollständig zirkulieren und bringen dabei die Perle über das Lenkergefäß hoch und das ganze Dienergefäß hinunter und schließlich zurück in den Kopf.

Jetzt wird die Perle nach oben, etwa fünf bis fünfzehn Zentimeter über den Kopf geschossen. Sie drehen die Augen nach oben und nach innen, schauen hoch zum Scheitelpunkt und aktivieren die Kreuzbein- und die Schädelpumpe. Sie atmen kräftig durch die Nase aus und schießen dabei die Perle aus dem Scheitelpunkt.

Visualisieren Sie die Perle, die etwa fünf bis fünfzehn Zentimeter über dem Kopf wie ein funkelnder Diamant leuchtet. Stellen Sie sich dazu einfach einen Diamanten vor und lassen Sie ihn eine Weile funkeln.

Jetzt visualisieren Sie einen Gott und eine Göttin innerhalb der Perle. Die Perle scheint sich einfach auszudehnen. Konzentrieren Sie sich auf diesen Gott und diese Göttin. Beide sind nackt und haben einen wundervollen Körper.

Bleiben Sie bei diesem Bild und stellen Sie sich dann vor, wie die Göttin sich um den nackten Gott windet, wie wenn das Yin und Yang des Tai-Chi-Symbols zum Leben erwachen. Spüren Sie die Wellenbewegung, wenn Gott und Göttin Liebe betreiben, in Harmonie mit dem Fluss des Universums, sich gegenseitig berühren, streicheln und erregen.

Sie können diese Erregung sehen und spüren. Die Brüste und Brustwarzen der Göttin schwellen an, der Penis des Gottes ist voll erigiert. Die Vagina der Göttin ist feucht und geschwollen. Sie sehen, wie in ihren Augen die Erregung hin- und herfließt.

Sie ist Mutter Yin, die Mutter aller Weiblichkeit. Sie ist unbeschreiblich schön, Ihre ultimative Vorstellung weiblicher Sexualität.

Er ist Vater Yang, der Vater aller Männlichkeit. Er ist unbeschreiblich männlich, Ihre ultimative Vorstellung männlicher Sexualität.

Sie ist die Mutter des Jadebrunnens. Er ist der Vater des Jadestengels. Die Göttin führt den Jadestengel des Gottes in ihren Jadebrunnen. Sie kommen in Ekstase zusammen. Sie spüren die Bewegung des Penis in ihrer Vagina, spüren, wie der Jadebrunnen an seinem Jadestengel auf- und abgleitet. Sie spüren, wie sie ihn umfängt und wieder loslässt. Nehmen Sie Ihre ganze Vorstellungskraft zu Hilfe, um es zur Wirklichkeit werden zu lassen.

Lassen Sie die Energie aufbauen. Spüren Sie die Verbindung zu Ihren eigenen Sexualorganen, spüren Sie Ihre eigene Erregung. Die orgasmische Energie über Ihnen und in Ihnen schwillt an; die Sexualenergie von oben und unten verschmilzt miteinander.

Die Gefühle werden so intensiv, dass Sie sich den Gott und die Göttin nicht mehr länger vorstellen können. Sie scheinen miteinander zu verschmelzen. Sie wissen nicht mehr, wo Sie selbst, der Gott oder die Göttin beginnen oder enden. Sie sind eins miteinander.

Sie spüren die sexuelle Einheit des Universums, die schöpferische Energie des Universums. Die Ur-Energie. Die Orgasmus-Energie. Die *beste* Energie. Die sexuelle Energie von Gott und Göttin überschwemmt die Perle wie eine Sexualflüssigkeit und tropft nach unten auf den Scheitel. Dies ist der so genannte Nektar.

Der Nektar ist die verdichtete Sexualenergie des Gottes (Himmel) und der Göttin (Erde), das Jing Chi aus der Vereinigung von Himmel und Erde – ein Geschenk des Tao.

Sobald der Nektar den Scheitel berührt, wird er sofort in den Schädel absorbiert. Vielleicht spüren bzw. schmecken Sie beim Heruntertropfen seine Süße, riechen seinen süßen Duft.

Der Nektar tropft herunter, und Sie nehmen etwas Neues wahr. Ihre Knochen beginnen aufzuleuchten. Die inneren Knochen scheinen wie elektrisches Licht, das eingeschaltet worden ist.

Es kann passieren, dass der Körper beim Herabtropfen des Nektars erschauert. Oder Sie hören vielleicht einen »Ping«-Klang (Flüssigkeit, die in einen Kessel tropft), spüren intensive sexuelle Empfindungen im ganzen Körper.

Oder vielleicht spüren Sie auch, wie der Nektar vom Oberen Kessel in den Kessel am Mittleren Tan Tien am Herzen und weiter in den Kessel am Solarplexus tropft, in den Kessel im Unteren Tan Tien und bis ganz nach unten zu den Wasserrädern an den Hoden/Eierstöcken.

Absorbieren Sie die Perle wieder in den Körper. Sie gleitet nach unten, in das Untere Tan Tien.

Wenn möglich, beginnen Sie jetzt mit der Knochenmarkatmung. Atmen Sie gleichzeitig in Arme und Beine und weiter, bis alle Knochen atmen.

Dann atmen Sie durch die Haut und drücken die Energie in die Knochen, wie vorher beschrieben.

Das Licht breitet sich im ganzen Knochengerüst aus. Jeder Knochen fängt an zu leuchten, vom Scheitel bis zu den Zehenspitzen. Sobald Sie sich darauf konzentrieren, können Sie in die Knochen blicken.

Sobald Sie dies machen können, beginnen die Knochen sich zu transformieren. Sie werden wissen, wann dies geschieht. Sie können auch in die Organe und alle anderen Körperpartien blicken.

Wohin dies alles führt, liegt an Ihnen. Jedes Mal, wenn Sie diese Übung lesen und praktizieren, werden Sie eine andere Erfahrung machen: Sie lösen sich in der Ekstase von Gott und Göttin auf, der Nektar tropft oder auch nicht, Knochen und Organe leuchten oder auch nicht. Manchmal reicht es, einfach die Perle über dem Kopf zu spüren. Manchmal sehen Sie ganz deutlich die Perle, die leuchtend über Ihnen hängt. Mit dieser Perle können Sie sich mit dem Universum verbinden. Sie ist verdichtete Lebenskraft, der Anfang des Prozesses der Unsterblichkeit.

Zum Abschluss wird die Energie im Unteren Tan Tien gesammelt.

Der Liebesakt zwischen Gott und Göttin verbindet Sie mit den sexuellen Urkräften, die der ganzen Schöpfung zu Grunde liegen. Er verbindet Himmel (Yang) und Erde (Yin). Dies ist die Dritte Form des taoistischen Sex. Der Nektar, der von Gott und Göttin heruntertropft, ist ein Agens der Äußeren Alchemie, das von außen in den Körper gezogen wird, um Sie zu transformieren. Betrachten Sie diesen Nektar als konzentrierte Lebenskraft.

Die Erste Form des taoistischen Sex ist körperlicher Sex, die Einfache und Zweifache Kultivierung. Die Zweite Form ist der Innere Sex, beispielsweise Samen- und Ovar-Kung-Fu oder das Drehen der Yin-Yang-Wasserräder. In der fortgeschrittenen Inneren Alchemie wird ein neues Konzept, der Liebesakt mit sich selbst, ganz wichtig; er dient dazu, den Unsterblichen Fötus zu empfangen. Diese Mysterien sind ein andermal an der Reihe.

Die Dritte Form des taoistischen Sex ist der Liebesakt mit Gott und Göttin. Genau das haben Sie gerade gelernt. Diese Übung lehrt das Einssein des Universums.

Darüber hinaus gibt es für mich nichts mehr zu schreiben.

Bibliographie

Burke, William R., *Chinese Healing Arts*. Burbank, CA, 1986.

Chia, Mantak, *Tao Yoga. Praktisches Lehrbuch zur Erweckung der heilenden Urkraft Chi*. München, 1985.

Chia, Mantak, und Winn, Michael, *Tao Yoga der heilenden Liebe. Der geheime Weg zur unvergänglichen Liebeskraft*. München, 2000.

–, *Chi-Self Massage*. New York, 1986.

Chia, Mantak, und Chia, Maneewan, *Tao Yoga der heilenden Liebe (Frau). Der geheime Weg zur weiblichen Liebesenergie*. München, 2000.

–, *Eisenhemd Chi Kung. Energieübungen des Heilenden Tao*. München, 1987.

–, *Knochenmark Nei Kung*. o.O., 1994.

–, *Fusion der Fünf Elemente*. München, 1994.

–, *Chi Nei Tsang Energiemassage*. München, 1993.

Chinese National Chi Kung Institute (Hrsg.), *Chi Kung Correspondence Program, Preliminary Instructions through Level Nine*. Moultan, 1986.

Cleary, Thomas, *Sexualität, Gesundheit und Lebensweisheit. Taoistische Lehren*. München, 1996.

Chu, Valentin, *The Yin-Yang Butterfly*. New York, 1993.

Den Ming-Dao, *Ming-Dao: Der Taoist von Huashan*. München, 1994.

Guori, Jiao, *Qigong – Essentials for Health Promotion*. Peking, 1990.

Huang, Jane, und Wurmbrand, Michael, *The Primordial Breath – Volume I*. Torrance, 1987.

Jou, Tsung Hwa, *The Tao of Meditation*. Warwick, 1983.

Johnson, Jerry Alan, *The Essence of Internal Martial Arts – Volume II*. Pacific Grove, 1994.

Luk, Charles (Lu K'uan Yu), *The Secrets of Chinese Meditation*. New York, 1964.

–, *Taoist Yoga*. New York, 1970.

Ming, Dr. Yang Jwing, *The Roots of Chinese Chi Kung*. Jamaica Plain, 1989.

–, *Muscle/Tendon Changing and Marrow/Brain Waching. Chi Kung*. Jamaica Plain, 1989.

Zhang Mingwu und Xingyuan, Sun, *Chinese Qigong Therapy*. Jinan, 1985.

New World Press (Hrsg.), *Traditional Chinese Fitness Exercises*. Peking, 1984.

Hua-Ching Ni, *Attune Your Body with Dao-In*. Santa Monica, 1994.

Reid, Daniel P., *The Tao of Health, Sex and Longevity*. New York, 1989.

Chen Yan-feng, *Prenatal Energy Mobilising Qigong – China Taoist Ancient Qigong*. Guangzou, 1992.

Chee Soo, *Taoist Yoga – The Chinese Art of Kai Men*. England, 1983.

Yudelove, Eric Steven, *The Tao and the Tree of Life*. St. Paul, 1995.

–, *100 Days to Better Health, Good Sex, Long Life*. St. Paul, 1997.

Walker, Brian, *Dies sagte Laotse. Die unbekannten Lehren des Hua-Hu Ching*. Braunschweig, 1995.

Ware, James R., *Alchemy, Medicine and Religion in the China of A.D. 320, The Nei Pien of Ko Hung*. New York, 1966.

Wile, Douglas, *The Art of the Bedchamber – The Chinese Sexual Yoga Classics – Including Women's Solo Meditation Texts*. Albany, 1992.

Wilhelm, Richard, *Das Geheimnis der goldenen Blüte*. München, 1994.

Zong Wu und Mao, Li, *Exercises Illustrated: Ancient Way to Keep Fit*. Hongkong, 1990.

H.F. Xue, *Pa Tuan Chin – Chinese Health Giving Exercise*. Hongkong, 1988.

Register